2017年第二季度

Quarter Two, 2017

中国货币政策执行报告

CHINA MONETARY POLICY REPORT

中国人民银行货币政策分析小组

Monetary Policy Analysis Group of the People's Bank of China

China Financial Publishing House

责任编辑：童祎薇
责任校对：潘　洁
责任印制：裴　刚

图书在版编目(CIP)数据

2017年第二季度中国货币政策执行报告(2017 nian Dier Jidu Zhongguo Huobi Zhengce Zhixing Baogao)/中国人民银行货币政策分析小组.—北京：中国金融出版社，2018.1
ISBN 978-7-5049-9387-8

I.①2… II.①中… III.①货币政策—研究报告—中国—2017 IV.①F822.0

中国版本图书馆CIP数据核字(2018)第327906号

出版发行 中国金融出版社
社址 北京市丰台区益泽路2号
市场开发部 (010)63266347，63805472，63439533 (传真)
网 上 书 店 http://www.chinafph.com
(010)63286832，63365686 (传真)
读者服务部 (010)66070833，62568380
邮编 100071
经销 新华书店
印刷 北京侨友印刷有限公司
装订 平阳装订厂
尺寸 210毫米×285毫米
印张 13.25
字数 275千
版次 2018年1月第1版
印次 2018年1月第1次印刷
定价 98.00元
ISBN 978-7-5049-9387-8
如出现印装错误本社负责调换 联系电话 (010)63263947

本书执笔人

总　　纂：张晓慧　李　波

审　　稿：李　斌　霍颖励　纪志宏　陆　磊　阮健弘　朱　隽
　　　　　纪　敏　刘　芳

统　　稿：张　蓓　管　化

执　　笔：

第一部分：周轶海　曾冬青　尹　航

第二部分：董忆伟　陈　颖　穆争社　江霜铭

第三部分：朱海燕　张美娟　刘　溢

第四部分：王一飞　李　欣　马志扬　江　浩　钟　震

第五部分：张　翔　王翔宇

附录整理：段　炼　李晓闻　林振辉等

提供材料的还有：郑志丹　邱潮斌　苏小竞　张双长　程艳芬
　　　　　　　　王　炳　李　淼　张　易　郑小驹　吴　芳
　　　　　　　　孙　丹　王　楠　莫依依　刘　浏　欧阳昌民
　　　　　　　　刘　婕　郭　晶　赵　岳

英文总纂：朱　隽　张正鑫

英文统稿：曹志鸿　周　朔

英文翻译：曹志鸿　周　朔　韩士皓　马　辉　齐　喆
　　　　　腾　锐　程　琳　陈　松　任　浩　刘泓呈
　　　　　卢蕾蕾

英文审校：Nancy Hearst（美国哈佛大学费正清东亚研究中心）

Contributors to This Report

CHIEF EDITORS:

ZHANG Xiaohui LI Bo

READERS:

LI Bin HUO Yingli JI Zhihong LU Lei RUAN Jianhong ZHU Jun JI Min LIU Fang

EDITORS:

ZHANG Bei GUAN Hua

AUTHORS:

PART ONE: ZHOU Yihai ZENG Dongqing YIN Hang

PART TWO: DONG Yiwei CHEN Ying MU Zhengshe JIANG Shuangming

PART THREE: ZHU Haiyan ZHANG Meijuan LIU Yi

PART FOUR: WANG Yifei LI Xin MA Zhiyang JIANG Hao ZHONG Zhen

PART FIVE: ZHANG Xiang WANG Xiangyu

APPENDIX: DUAN Lian LI Xiaowen LIN Zhenhui et al.

OTHER CONTRIBUTORS: ZHENG Zhidan QIU Chaobin SU Xiaojing ZHANG Shuangchang CHENG Yanfen WANG Bing LI Miao ZHANG Yi ZHENG Xiaoju WU Fang SUN Dan WANG Nan MO Yiyi LIU Liu OUYANG Changmin LIU Jie GUO Jing ZHAO Yue

ENGLISH EDITION

CHIEF EDITORS: ZHU Jun ZHANG Zhengxin

EDITORS: CAO Zhihong ZHOU Shuo

TRANSLATORS: CAO Zhihong ZHOU Shuo HAN Shihao MA Hui QI Zhe TENG Rui CHENG Lin CHEN Song REN Hao LIU Hongcheng LU Leilei

PROOFREADER:

Nancy Hearst (Fairbank Center for East Asian Research, Harvard University)

内容摘要

2017年上半年，中国经济保持平稳较快增长，经济增长的稳定性、协调性和包容性增强，投资增长总体稳定，进出口较快增长，就业稳中向好，主要指标好于预期。上半年，国内生产总值（GDP）同比增长6.9%，居民消费价格（CPI）同比上涨1.4%。

中国人民银行继续实施稳健中性的货币政策，注重根据形势变化加强预调微调和预期管理，为经济稳定增长和供给侧结构性改革营造了良好的货币金融环境。综合运用公开市场操作、中期借贷便利等工具，保持银行体系流动性基本稳定，中标利率“随行就市”适度上行。运用支农支小再贷款、扶贫再贷款和抵押补充贷款等工具并发挥信贷政策的结构引导作用，支持经济结构调整和转型升级，将更多的金融资源配置到经济社会发展的重点领域和薄弱环节。进一步完善宏观审慎政策，将表外理财纳入广义信贷指标范围，并做好将同业存单纳入宏观审慎评估（MPA）同业负债占比指标的准备工作。完善全口径跨境融资宏观审慎管理，提高跨境融资的便利化程度。人民币兑美元汇率中间价报价模型中引入“逆周期因子”，对冲市场情绪的顺周期波动，更充分地反映基本面变化。

总体看，稳健中性的货币政策取得了较好效果。银行体系流动性保持中性，货币信贷和社会融资规模合理增长，利率水平总体适度，人民币汇率预期稳定。2017年6月末，广义货币供应量M2余额同比增长9.4%；人民币贷款余额同比增长12.9%，比年初增加79 678亿元，同比多增4 362亿元；社会融资规模存量同比增长12.8%，保持在年初预期增速之上。6月非金融企业及其他部门贷款加权平均利率为5.67%。6月末，CFETS人民币汇率指数为93.29，人民币兑美元汇率中间价为6.7744元，较上年年末升值2.40%。

当前全球经济延续平稳复苏态势，外需环境总体改善，同时国际金融危机的深层次影响尚未消除，地缘政治风险及不确定性仍然较多，主要央行货币政策将逐步回归正常化，也可能增加金融市场调整的风险。从国内看，随着供给侧结构性改革、简政放权和创新驱动战略深化实施，产业结构调整加快，过剩产能继续化解，适应消费升级的行业和战略性新兴产业快速发展，总供求更加平衡。但经济运行中的矛盾和问题还不少。要站在经济长周期和结构优化升级的角度，把握经济发展阶段性特征，坚定不移深化供给侧结构性改革，深入推进“三去一降一补”，紧紧抓住处置“僵尸企业”这个牛鼻子，更多运用市场机制实现优胜劣汰。

下一阶段，要按照党中央、国务院统一部署，贯彻落实好全国金融工作会议精神，遵循金融发展规律，紧紧围绕服务实体经济、防控金融风险、深化金融改革三项任务，继续实施稳健中性的货币政策，处理好稳增长、调结构、控总量的关系，为供给侧结构性改革营造中性适度的货币金融环境。保持总量稳定，综合运用价、量工具和宏观审慎政策加强预调微调，调节好货币闸门。把发展直接融资放在重要位置，改善间接融资结构。围绕实体经济全面提升金融服务效率和水平，加强对小微企业、“三农”和偏远地区的金融服务，鼓励发展绿色金融。完善宏观审慎政策框架，推进汇率和利率市场化改革，畅通政策传导渠道和机制。同时，履行好国务院金融稳定发展委员会办公室职责，加强金融监管协调，把主动防范化解系统性金融风险放在更加重要的位置，着力防范化解重点领域风险，牢牢守住不发生系统性金融风险的底线。

Executive Summary

During the first half of 2017, the Chinese economy maintained steady and relatively rapid growth in a more stable, better coordinated, and more inclusive manner. Growth of investment remained generally stable, imports and exports grew relatively rapidly, and employment improved. The performance of the major indicators exceeded expectations. In the first half of the year, the Gross Domestic Product (GDP) grew by 6.9 percent year on year and the Consumer Price Index (CPI) was up by 1.4 percent year on year.

The People's Bank of China (PBC) has continued to implement a sound and neutral monetary policy, and it has endeavored to create an appropriate monetary and financial environment for supply-side structural reform by strengthening preemptive adjustments, fine-tuning, and management of expectations. A mix of monetary policy instruments, such as open market operations and the Medium-term Lending Facility (MLF), have been employed to keep liquidity basically stable, with the bidding interest rates edging up in line with market conditions. Instruments such as central-bank lending for the agro-linked sector, small businesses, and poverty alleviation and the Pledged Supplementary Lending (PSL) were employed to guide the credit structure, support economic restructuring, transformation, and upgrading, and to allocate more financial resources to key areas and weak sectors in the economy. The macro-prudential policy framework was further improved by including off-balance sheet wealth management products into broad credit and preparing to include inter-bank certificates of deposit as part of inter-bank liabilities in the macro-prudential assessment (MPA). Macro-prudential management of all-system cross-border financing was improved to facilitate such financing. A "counter-cyclical factor" was introduced into the pricing model for the central parity of the RMB against the US dollar in order to moderate pro-cyclical fluctuations driven by market sentiment and to better reflect changes in the fundamentals.

In general, the sound and neutral monetary policy produced fairly good results. Liquidity in the banking system remained neutral; money, credit, and all-system financing aggregates grew at a reasonable pace; interest rates remained at broadly appropriate levels; and the RMB exchange rate was basically stable. At end-June 2017, outstanding M2 grew by 9.4 percent year on year. Outstanding RMB loans were up 12.9 percent year on year, representing an increase of RMB7.9678 trillion from the beginning of the year or an acceleration of RMB436.2 billion from the previous year. The stock of all-system financing aggregates grew by 12.8 percent year on year, faster than had been anticipated at the beginning of the year. In June, the weighted average interest rate of loans to non-financial enterprises and other sectors was 5.67 percent. At end-June, the CFETS RMB exchange rate index was 93.29, and the central parity of the RMB against the US dollar was RMB6.7744, representing an appreciation of 2.40 percent from end-2016.

The global economy has continued its momentum of a steady recovery, with external demand generally improving. Nevertheless, the deeply felt ramifications of the global financial crisis have not yet been eradicated, numerous geopolitical risks and uncertainties remain, and the expected monetary policy normalization of major central banks might increase the risks of financial market corrections. Domestically, with the deepening of the supply-side structural reform, efforts to streamline administration and to delegate powers to lower levels, and the implementation of innovation-driven strategies, industrial upgrading has continued to make progress, overcapacity has been reduced, and industries well-adapted to consumption upgrading and strategic emerging industries have witnessed rapid development. As a result, aggregate supply and demand have become more balanced. Nevertheless, problems and mismatches still remain. From the perspective of the long-term economic cycle and a structural upgrading, and in light of the current stage of development, steadfast efforts must be made to deepen the supply-side structural reform by deeply cutting overcapacity, reducing excess inventory, deleveraging, lowering costs and strengthening areas of weakness, and focusing on the resolution of "zombie enterprises" in order to bring about the survival of the fittest based on a market-oriented mechanism.

Going forward, the PBC will continue to follow the overall arrangements of the CPC Central Committee and the State Council, implement the principles announced at the National Financial Work Conference, conform to the law governing financial development, concentrate on the three tasks of serving the real economy, containing financial risks, and deepening financial reforms, continue to carry out a sound and neutral monetary policy, and strike a better balance among stabilizing growth, restructuring the economy, and controlling aggregates so as to create a neutral and appropriate monetary and financial environment for the supply-side structural reform. While keeping aggregate monetary supply stable, the PBC will use a mix of quantity- and price-based instruments as well as macro-prudential policies and it will strengthen preemptive adjustments and fine-tunings to better regulate monetary supply. High priority will be placed on developing direct financing, while at the same time improving the structure of indirect financing. Efforts will be made to improve financial support to the real economy in terms of efficiency and strength, to reinforce financial services to small and micro businesses, the agro-linked sector, and the outlying areas, and to encourage the development of green finance. The PBC will also improve the macro-prudential policy framework, promote the market-based exchange rate and interest rate reforms, and straighten out the monetary policy transmission channels and mechanisms. Meanwhile, the PBC will fulfill its mandate of the Office of the Financial Stability and Development Committee of the State Council, strengthen financial regulatory coordination, assign higher priority to the prevention and mitigation of systemic risks, and make all-out efforts to eliminate risks in key areas so as to safeguard the bottom line of preventing systemic financial risks.

目　录

图

①数据来源：中国人民银行、国家统计局、商务部、海关总署、国家外汇管理局、世界银行、国际货币基金组织、世界贸易组织、联合国贸易和发展会议等。

②数据来源：相关中央银行、国家统计机构、世界银行、国际货币基金组织等。

Contents

Figures

1. Sources: The People's Bank of China, National Bureau of Statistics, Ministry of Commerce, General Administration of Customs, State Administration of Foreign Exchange, the World Bank, International Monetary Fund, World Trade Organization, and United Nations Conference on Trade and Development, etc..

1. Sources: Central banks, national statistical agencies in relevant countries, the World Bank, IMF, etc..

第一部分　货币信贷概况

2017年上半年，银行体系流动性基本稳定，货币信贷和社会融资规模总体平稳增长，贷款结构继续改善，利率水平有所回升，人民币汇率弹性增强。

一、货币总量平稳增长

6月末，广义货币供应量M2余额为163.1万亿元，同比增长9.4%，增速比3月末低1.2个百分点。狭义货币供应量M1余额为51.0万亿元，同比增长15.0%，增速比3月末低3.8个百分点。流通中货币M0余额为6.7万亿元，同比增长6.6%。上半年现金净回笼1 326亿元，同比多回笼928亿元。M1与M2剪刀差缩窄至5.6个百分点，延续上年8月以来差幅缩小的趋势。

当前M2增速比过去低一些，需要全面客观认识。一是过去M2增速高于名义GDP增速较多与住房等货币化密切相关，而目前住房商品化率已经很高，货币需求增长相应降低。二是近些年M2增长较快还与金融深化有关，主要体现为同业、理财等业务发展较快，但金融深化进程并非是线性的，为了兴利除弊也会有一定起伏，近期M2增速有所降低正是加强金融监管、缩短资金链条、减少多层嵌套的合理反映。预计随着去杠杆的深化和金融进一步回归为实体经济服务，比过去低一些的M2增速可能成为新的常态。同时，随着市场深化和金融创新，影响货币供给的因素更加复杂，M2的可测性、可控性以及与经济的相关性也在下降，对其变化可不必过度关注。

6月末，基础货币为30.4万亿元，较年初减少3 048亿元。货币乘数为5.37，比3月末高0.08。金融机构超额准备金率为1.4%。其中，农村信用社为8.1%。

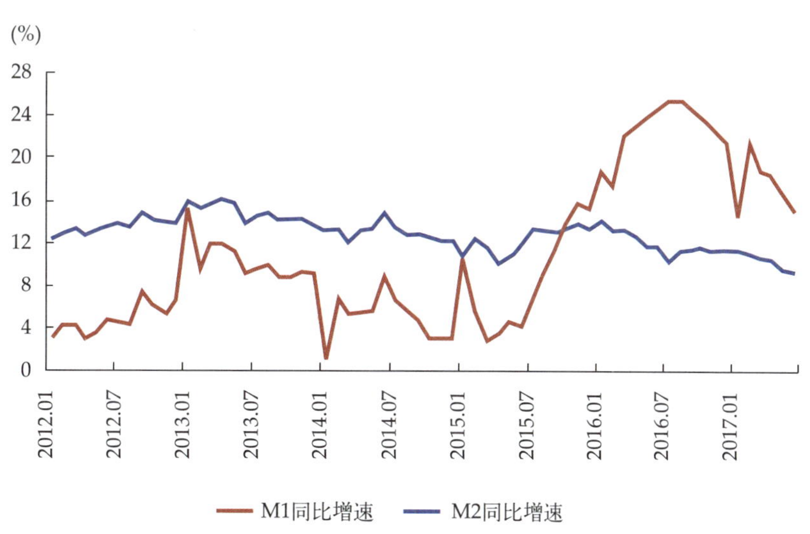

数据来源：中国人民银行。

图1　货币供应量增速走势

专栏1　如何看待超额存款准备金率变化

超额存款准备金是金融机构存放在中央银行、超出法定存款准备金的资金，主要用于支付清算、头寸调拨或作为资产运用的备用资金。金融机构保有的超额存款准备金占一般存款的比例称为超额存款准备金率。超额存款准备金是基础货币的重要组成部分，也是金融机构流动性最强的资产，其数额和比率一定程度上可以反映金融机构流动性状况，对金融机构至关重要：一是在有法定存款准备金率的要求下，随着存款增加，银行需要把更多的流动性（超额存款准备金）转缴为法定存款准备金，若流动性不足则无法再进行资产扩张；二是从个体看，银行都有资金跨行流动、支付清算的需要，也需要保留必要的流动性。若货币市场扰动因素较多，支付技术发展不足，银行的预防性流动性需求就会更高。

2017年以来基础货币总量略有下降，从结构上看主要与超额存款准备金总量出现一定下降有关。观察银行体系流动性状况，不仅要看超额存款准备金的绝对水平，也要看超额存款准备金率。近年来，我国金融机构超额存款准备金率总体呈下行态势。2001年超额存款准备金率超过7%，之后总体呈下降态势，2003～2008年平均超额存款准备金率在3.5%左右，之后进一步下行，目前超额存款准备金率在1.5%左右。这种趋势性下降与下列因素有关：一是支付体系现代化大大缩短了资金清算占用时间，基本消除了在途资金摩擦，降低了其他资产转换为超额存款准备金的资金汇划时间成本和交易成本。二是金融市场快速发展使得商业银行有更方便的融资渠道，在需要资金时可以随时从市场融入资金，从而降低预防性需求。三是商业银行流动性管理水平和精细化程度不断提高，可以更加准确地预测流动性影响因素，降低了不确定性冲击的影响。一些银行开发了先进的流动性管理系统，能够实时掌握全系统各分行的资金往来情况，

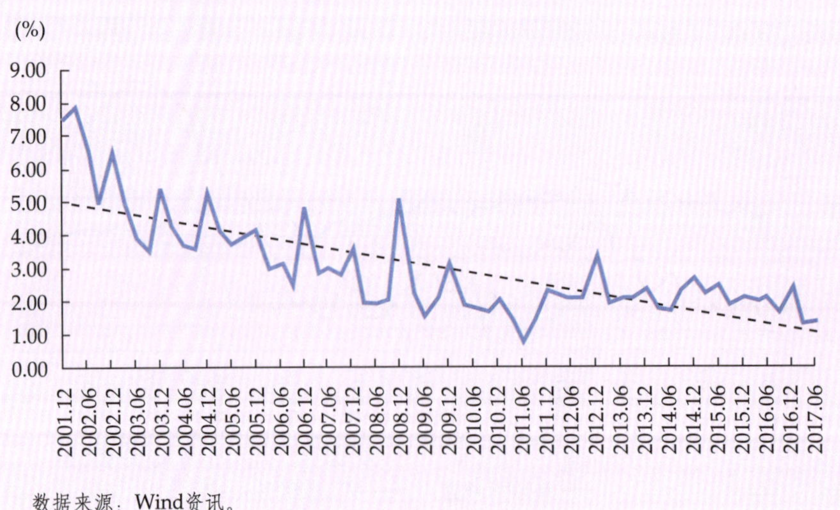

数据来源：Wind资讯。

图2　金融机构超额存款准备金率

能够把超额存款准备金维持在零附近从而提高资金使用效率，个别时点还在合规的法定存款准备金透支机制下将超额存款准备金临时性降至负值。

近年来央行不断完善货币政策操作框架，释放出制度红利，也使得银行体系超额存款准备金需求明显降低。如双平均法考核存款准备金给予商业银行在考核期内更加灵活摆布流动性的空间，常备借贷便利工具和自动质押融资工具使得商业银行在短期流动性不足的时候可以合格资产为抵押从央行获得流动性支持，而公开市场操作频率从每周两次提高到每日操作，从制度上保障央行能够及时应对多种因素可能对流动性造成的冲击，及时释放政策信号引导和稳定市场预期，这些都有效降低了商业银行超额存款准备金预防性需求。显然，这种下降并不意味着银行体系流动性收紧和货币政策取向发生变化。

还值得注意的是，我国金融机构超额存款准备金率存在比较明显的季节性波动。不仅季末月和非季末月存在差异，不同季末时点也有明显差别，如受到监管考核、财政集中支出、存款变化、银行财务核算等因素影响，年中、年末超额存款准备金率往往会临时"鼓肚子"，季节性因素消退后则明显回落。因此，不宜简单将不同时点的超额存款准备金率进行比较。

二、金融机构人民币存款平稳增长

6月末，金融机构本外币各项存款余额为165.0万亿元，同比增长9.6%，增速比3月末低1.1个百分点，比年初增加9.5万亿元，同比少增1.3万亿元。人民币各项存款余额为159.7万亿元，同比增长9.2%，增速比3月末低1.1个百分点，比年初增加9.1万亿元，同比少增1.5万亿元。外币存款余额为7 931亿美元，比年初增加801亿美元，同比多增513亿美元。

从人民币存款期限看，活期存款比重降低。上半年，住户存款和非金融企业存款增量中活期存款占比为32.1%，比上年同期低12.1个百分点，一定程度上与地方政府债和企业债发行放缓、房地产销售增速趋缓以及基数较高等因素有关。从人民币存款部门分布看，住户存款、非银行业金融机构存款分别同比多增3 951亿元、6 052亿元，非金融企业存款同比少增2.1万亿元。

表1　2017年上半年人民币存款结构

单位：亿元、%

	6月末余额	同比增速	当年新增额	同比多增额
人民币各项存款	1 596 636	9.2	90 712	-14 572
住户存款	637 138	9.6	39 355	3 951
非金融企业存款	515 971	10.9	14 471	-21 188
政府存款	295 245	8.6	24 585	-4 942
非银行业金融机构存款	137 624	4.3	10 341	6 052
境外存款	10 657	-8.5	1 959	1 554

数据来源：中国人民银行。

三、金融机构贷款较快增长

6月末，金融机构本外币贷款余额为120.2万亿元，同比增长12.7%，增速比3月末高0.4个百分点，比年初增加8.2万亿元，同比多增8 118亿元。6月末，人民币贷款余额为114.6万亿元，同比增长12.9%，增速比3月末高0.5个百分点，比年初增加79 678亿元，同比多增4 362亿元。2017年以来，月度贷款增量均在万亿元以上，上半年增量和6月增量还是历史同期最高水平，若考虑地方平台存量贷款置换因素，实际贷款增加更多。

从人民币贷款期限看，中长期贷款增量比重提高。中长期贷款比年初增加7.1万亿元，同比多增1.9万亿元，增量占比为88.9%，比上年同期提高19.8个百分点。产能过剩行业中长期贷款增速显著放缓。从人民币贷款部门分布看，住户贷款增速高位有所放缓，6月末为23.9%，比3月末低0.7个百分点。其中，个人住房贷款6月末增速回落至30.8%，较年内最高点低6.0个百分点，3月以来持续月度同比少增，上半年增量为2.2万亿元，同比少增708亿元，增量占比下降至27.8%，较上年同期低2.6个百分点。非金融企业及机关团体贷款回升，比年初增加4.4万亿元，其中4月、5月、6月分别新增5 087亿元、5 661亿元和 7 004亿元，同比分别多增3 672亿元、2 064亿元和914亿元。分机构看，中资中小型银行和小型农村金融机构贷款同比多增较多。

外币贷款增加较多。6月末，金融机构外

表2 2017年上半年人民币贷款结构

单位：亿元、%

	6月末余额	同比增速	当年新增额	同比多增额
人民币各项贷款	1 145 721	12.9	79 678	4 362
住户贷款	371 453	23.9	37 749	8 290
非金融企业及机关团体贷款	762 748	8.5	44 323	-972
非银行业金融机构贷款	7 055	-19.7	-2 487	-2 733
境外贷款	4 465	28.5	92	-224

数据来源：中国人民银行。

表3 2017年上半年分机构新增人民币贷款情况

单位：亿元

	新增额	同比多增
中资大型银行①	31 604	187
中资中小型银行②	42 149	1 177
小型农村金融机构③	10 468	1 698
外资金融机构	1 001	473

注：①中资大型银行是指本外币资产总量大于等于2万亿元的银行（以2008年年末各金融机构本外币资产总额为参考标准）。

②中资中小型银行是指本外币资产总量小于2万亿元的银行（以2008年年末各金融机构本外币资产总额为参考标准）。

③小型农村金融机构包括农村商业银行、农村合作银行、农村信用社。

数据来源：中国人民银行。

币贷款余额为8 327亿美元，比年初增加469亿美元，同比多增921亿美元。从投向看，非金融企业及机关团体短期贷款比年初增加70亿美元，同比多增650亿美元；境外贷款比年初增加398亿美元，同比多增267亿美元。

四、社会融资规模合理增长

初步统计，6月末社会融资规模存量为166.92万亿元，同比增长12.8%，增速比上年同期高0.4个百分点。上半年社会融资规模增量累计为11.17万亿元，比上年同期多1.36万亿元。上半年社会融资规模增量主要有以下三个特点：一是对实体经济发放的人民币贷款同比多增。上半年对实体经济发放的人民币贷款增加8.21万亿元，比上年同期多增7 288亿元，占同期社会融资规模增量的73.5%。二是信托贷款和未贴现银行承兑汇票同比多增较多，委托贷款同比明显少增。上半年信托贷款增加1.31万亿元，比上年同期多增1.03万亿元；未贴现银行承兑汇票增加5 696亿元，比上年同期多增1.85万亿元；委托贷款增加5 988亿元，比上年同期少增4 477亿元。三是企业债券融资同比多减较多，股票融资少于上年同期。上半年企业债券融资净减少3 708亿元，比上年同期多减2.14万亿元；非金融企业境内股票融资4 702亿元，比上年同期少1 321亿元。

表4 2017年6月末社会融资规模存量

单位：万亿元、%

	社会融资规模存量①	其中：						
		人民币贷款	外币贷款（折合人民币）	委托贷款	信托贷款	未贴现银行承兑汇票	企业债券	非金融企业境内股票融资
2017年6月末②	166.92	113.40	2.62	13.79	7.59	4.47	17.67	6.24
同比增速	12.8	13.1	-3.0	14.4	32.3	-2.3	7.1	21.7

注：①社会融资规模存量是指一定时期末实体经济（国内非金融企业和住户）从金融体系获得的资金余额。

②当期数据为初步统计数。存量数据基于账面值或面值计算。同比增速为可比口径数据，为年增速。

数据来源：中国人民银行、国家发展和改革委员会、中国证券监督管理委员会、中国保险监督管理委员会、中央国债登记结算有限责任公司和中国银行间市场交易商协会等。

表5 2017年上半年社会融资规模增量

单位：亿元

	社会融资规模增量①	其中：						
		人民币贷款	外币贷款（折合人民币）	委托贷款	信托贷款	未贴现银行承兑汇票	企业债券	非金融企业境内股票融资
2017年上半年②	111 684	82 097	473	5 988	13 115	5 696	-3 708	4 702
同比增速	13 625	7 288	4 260	-4 477	10 323	18 464	-21 381	-1 321

注：①社会融资规模增量是指一定时期内实体经济（国内非金融企业和住户）从金融体系获得的资金额。

②当期数据为初步统计数。

数据来源：中国人民银行、国家发展和改革委员会、中国证券监督管理委员会、中国保险监督管理委员会、中央国债登记结算有限责任公司和中国银行间市场交易商协会等。

五、金融机构存贷款利率小幅上升

6月，非金融企业及其他部门贷款加权平均利率为5.67%，同比上升0.41个百分点，比3月上升0.14个百分点，比上年12月上升0.4个百分点。其中，一般贷款加权平均利率为5.71%，比3月上升0.08个百分点；票据融资加权平均利率为5.39%，比3月上升0.62个百分点。个人住房贷款利率略有上升，6月加权平均利率为4.69%，比3月上升0.14个百分点。

从利率浮动情况看，执行上浮、基准利率的贷款占比上升，执行下浮利率的贷款占比下降。6月，一般贷款中执行上浮利率的贷款占比为64.39%，比3月上升5.82个百分点；执行基准利率的贷款占比为19.47%，比3月上升1.34百分点；执行下浮利率的贷款占比为16.13%，比3月下降7.17个百分点。

外币存贷款利率在国际金融市场利率波动、境内外币资金供求变化等因素的综合作用下小幅上升。6月，活期、3个月以内大额美元存款加权平均利率分别为0.22%和1.41%，分别与3月持平和上升0.27个百分点；3个月以内、3（含）～6个月美元贷款加权平均利率分别为2.43%和2.45%，分别比3月上升0.26个百分点和0.13个百分点。

表6　2017年1～6月金融机构人民币贷款各利率区间占比

单位：%

月份	下浮	基准	上浮					
			小计	(1.0，1.1]	(1.1，1.3]	(1.3，1.5]	(1.5，2.0]	2.0以上
1月	23.87	19.41	56.72	14.53	16.04	9.24	10.43	6.48
2月	27.64	18.55	53.81	15.12	15.14	8.17	9.12	6.27
3月	23.30	18.13	58.57	14.19	16.17	9.83	10.76	7.62
4月	21.41	17.71	60.88	15.23	17.60	9.75	10.83	7.46
5月	20.70	18.11	61.19	14.76	17.68	10.27	11.11	7.37
6月	16.13	19.47	64.39	15.12	19.06	11.77	11.45	6.99

数据来源：中国人民银行。

表7　2017年1～6月大额美元存款与美元贷款平均利率

单位：%

月份	大额存款						贷款				
	活期	3个月以内	3(含3个月)～6个月	6(含6个月)～12个月	1年	1年以上	3个月以内	3(含3个月)～6个月	6(含6个月)～12个月	1年	1年以上
1月	0.20	1.05	1.59	1.88	2.03	2.19	2.03	2.32	2.19	2.21	3.80
2月	0.20	1.05	1.57	1.89	2.13	2.24	1.95	2.30	2.02	2.28	4.07
3月	0.22	1.14	1.68	2.01	2.25	2.24	2.17	2.32	2.26	2.38	3.90
4月	0.25	1.22	1.59	2.02	2.14	2.25	2.31	2.45	2.42	2.55	3.22
5月	0.22	1.39	1.73	2.51	2.09	2.25	2.67	2.77	2.61	2.58	3.48
6月	0.22	1.41	1.93	2.02	2.35	1.87	2.43	2.45	2.71	2.46	3.50

数据来源：中国人民银行。

六、人民币汇率双向浮动弹性明显增强

第二季度，美元整体走弱，主要货币对美元多数升值，人民币兑美元汇率也有所升值。随着汇率形成机制的规则性、透明度和市场化水平不断提升，人民币兑美元双边汇率弹性进一步增强，双向浮动的特征更加显著，汇率预期总体平稳。6月末，CFETS人民币汇率指数为93.29，较上年年末下跌1.62%。参考BIS货币篮子和SDR货币篮子的人民币汇率指数分别为94.25和94.18，较上年年末分别下跌2.07%和1.38%。根据国际清算银行的计算，上半年，人民币名义有效汇率贬值2.27%，实际有效汇率贬值3.32%；2005年人民币汇率形成机制改革以来至2017年6月末，人民币名义有效汇率升值34.26%，实际有效汇率升值42.24%。6月末，人民币兑美元汇率中间价为6.7744元，比2016年年末升值1 626个基点，升值幅度为2.40%。2005年人民币汇率形成机制改革以来至2017年6月末，人民币兑美元汇率累计升值22.17%。

七、跨境人民币收付金额同比下降

上半年，跨境人民币收付金额合计3.74万亿元，同比下降22%，其中实收1.7万亿元，实付2.04万亿元，净流出3 354.0亿元，收付比为1：1.2。经常项目下跨境人民币收付金额合计2.15万亿元，同比下降19%，其中，货物贸易收付金额1.65万亿元，服务贸易及其他经常项目下收付金额5 058.1亿元；资本项目下人民币收付金额合计1.59万亿元，同比下降26%。

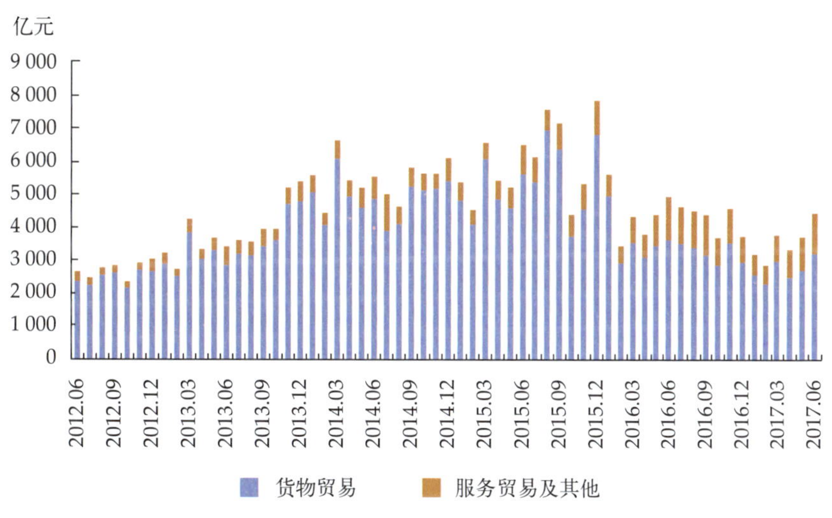

数据来源：中国人民银行。

图3　经常项目人民币收付金额按月情况

第二部分　货币政策操作

2017年上半年，中国经济保持了稳中向好态势，经济运行的稳定性增强，经济结构改善，外需进一步复苏，物价走势分化有所收窄，杠杆率增速放缓，房地产市场相对平稳。根据党中央、国务院的统一部署，中国人民银行保持货币政策稳健中性，调节好货币闸门，维护流动性基本稳定，为稳增长、调结构、促改革、惠民生、抑泡沫、防风险营造了适宜的货币金融环境。

一、张弛有度开展公开市场操作

按照稳健中性货币政策要求，为把握好去杠杆与维护流动性基本稳定的平衡，中国人民银行提高公开市场操作的前瞻性、灵活性和精细化程度，加强预调微调和预期管理，有机搭配公开市场操作工具组合，合理摆布操作力度和开停节奏，“削峰填谷”熨平流动性波动。货币市场、债券市场总体平稳运行，金融体系降低内部资金杠杆也取得进展。

第一季度，银行体系流动性运行平稳、中性适度，货币市场利率总体保持稳定，个别时点的利率波动很快在市场机制作用下得到修复。4月，针对金融体系存在的潜在风险因素，.监管力度加大，市场预期有所变化。按照部署，“一行三会一局”在金融监管协调部际联席会议机制下加强金融监管协调，有机衔接监管政策出台的时机和节奏，通过预调微调稳定市场预期，同时保持定力，注重发挥市场力量的修正作用。一方面，中国人民银行公开市场业务操作室在5月下旬释放操作信号，随即于6月6日开展4 980亿元MLF操作，提前对冲全月4 313亿元MLF到期并安排适中的增量资金供应；6月7日重启到期日跨过半年末的28天期逆回购，此后连续操作，对冲税期、金融机构缴纳法定存款准备金、央行流动性工具到期等影响流动性的客观因素，以中性适度的取向对流动性总量进行“填谷”。另一方面，考虑到每月下旬财政支出可大量投放流动性，为引导流动性总量向中性适度水平收敛，6月23日起公开市场业务操作室连续12个工作日暂停操作，利用央行逆回购到期对流动性总量进行“削峰”。同时，通过公开市场业务交易公告阐释操作力度调整或暂停操作的原因，加强与市场沟通，不断提高透明度。总体看，第二季度以来市场预期趋于稳定，金融机构对央行以中性适度取向对流动性进行“削峰填谷”的理解加深，舆论误读减少。银行间市场最具代表性的7天回购利率（DR007）总体在2.75%～3.0%的区间内运行，利率中枢稳中有降，债券市场也有所回暖。

随着经济总量增加、金融体系资产负债表规模扩大和资金跨市场、跨机构联动增强，近年来财政收入与支出、金融机构法定存款准备金缴纳与退缴、现金投放和回笼、市场预期等因素对流动性的影响放大，不同因素还容易叠加。如每月中旬往往是多个因素叠加收紧流动性的时点，故公开市场操作“填谷”的力度会大一些。而下旬则有财政支出供应流动性，公开市场操作的方向主要体现为“削峰”，削峰的尺度拿捏主要看财政支出的进度和力度，保持灵活性。为避免某一阶段资金面持续收紧或宽松引发市场对稳健中性货币政策取向的误读，公开市场操作将增强主动投放和回笼的灵活性，研究丰富逆回购期限品种，提高资金面稳定性并引导金融机构优化资产负债期限结构，维护银行体系流动性基本稳定、中性适度。

二、开展常备借贷便利和中期借贷便利操作

根据货币政策调控需要和银行体系流动性状况，上半年，中国人民银行综合运用临时流动性便利（TLF）、中期借贷便利（MLF）、常备借贷便利（SLF）等货币政策工具，进一步增强央行流动性管理的灵活性和有效性，保持银行体系流动性基本稳定。

2017年1月，为保障春节前由现金投放形成的集中性流动性需求，促进银行体系流动性和货币市场平稳运行，中国人民银行通过临时流动性便利（TLF）操作为现金投放量较大的大型商业银行提供了临时流动性支持，明显降低春节前现金投放因素对银行体系流动性和金融市场运行的扰动。

开展常备借贷便利操作，对地方法人金融机构按需足额提供短期流动性支持，发挥常备借贷便利利率作为利率走廊上限的作用，促进货币市场平稳运行。上半年，累计开展常备借贷便利操作共3 069亿元，期末余额为446亿元。为反映经济基本面企稳向好和货币市场利率中枢上行，第一季度两次上调常备借贷便利利率，其中7天、1个月利率分别上调20个基点，第二季度末利率水平与第一季度末持平，隔夜、7天、1个月利率分别为3.30%、3.45%和3.80%。

为促进经济平稳增长，保证基础货币供给，结合金融机构流动性需求情况，每月适时开展中期借贷便利操作。上半年，累计开展中期借贷便利操作28 940亿元，期末余额为42 245亿元，比年初增加7 672亿元，弥补银行体系中长期流动性缺口，成为央行基础货币供给的重要渠道。中期借贷便利采取招标方式，第二季度6个月期和1年期中期借贷便利中标利率分别为3.05%和3.20%。

三、继续完善宏观审慎政策框架

防止发生系统性金融风险是金融工作的永恒主题。宏观审慎政策本质上采用的是宏观、逆周期、跨市场的视角，以防范系统性风险为主要目标，着力于减缓金融体系的顺周期波动及跨市场风险传染对宏观经济和金融稳定造成的冲击。目前，宏观审慎评估（MPA）是我国构建宏观审慎政策框架的重要探索之一。MPA将信贷增长与资本水平、经济发展合理需要紧密挂钩，具有宏观审慎政策工具和货币政策工具的双重属性。根据形势变化和调控需要，中国人民银行不断完善MPA，在进行2017年第一季度MPA评估时正式将表外理财纳入广义信贷指标范围。从实施情况看，包括表外理财在内的广义信贷增速从高位有所回落，抑制金融体系内部杠杆过快增长、促进金融机构稳健经营、增强金融服务实体经济可持续性的作用进一步显现。同时，做好将同业存单纳入MPA同业负债占比指标的准备工作，并在利率定价自律机制会议等场合披露相关考虑，为平稳实施留出充分的过渡期。

四、综合运用货币政策工具，支持金融机构扩大重点领域和薄弱环节信贷投放

中国人民银行积极运用信贷政策支持再贷款、再贴现和抵押补充贷款等工具引导金融机构加大对小微企业、“三农”和棚改等国民经济重点领域和薄弱环节的支持力度。6月末，全国支农再贷款余额为2 360亿元，支小再贷款余额为759亿元，扶贫再贷款余额为1 429亿元，再贴现余额为1 402亿元。对国家开发银行、中国进出口银行和中国农业发展银行发放抵押补充贷款，主要用于支持三家银行发放棚改贷款、重大水利工程贷款、人民币“走出去”项目贷款等。根据三家银行贷款的发放进度，第二季度，中国人民银行向三家银行提供抵押补充贷款共1 953亿元，6月末抵押补充贷款余额为24 111亿元。

动态调整定向降准机构存款准备金率。2017年2月，中国人民银行根据2016年度金融机构信贷支农支小情况，实行了定向降准例行考核。大多数银行上年度信贷支农支小情况满足定向降准标准，可以继续享受优惠准备金率；部分此前未享受定向降准的银行达到了定向降准标准，可以在新年度享受优惠准备金率；部分银行不再满足定向降准标准，将不能继续享受优惠准备金率。

五、发挥信贷政策的结构引导作用

中国人民银行继续探索和发挥信贷政策的信号和结构引导作用，支持经济结构调整和转型升级。引导金融机构围绕去产能、去库存、去杠杆、降成本、补短板五大任务，更加注重供给侧的存量重组、增量优化、动能转换，合理使用央行提供的资金支持，探索创新组织架构、抵押品、产品和服务模式，将更多金融资源配置到经济社会发展的重点领域和薄弱环节，更好地满足人民群众和实体经济多样化的金融需求。一是鼓励和引导银行业金融机构全面支持制造强国建设，继续做好产业结构战略性调整、基础设施建设和棚改、地下管廊、船舶、铁路、流通、能源等重点领域改革发展的金融服务，以扩大服务消费为重点带动产业转型，引导金融机构创新组织、产品和服务方式，加大养老、健康等新消费重点领域支持力度。二是扎实做好涉农和小微企业金融服务，慎重稳妥推进“两权”抵押贷款试点，鼓励中小企业通过发行非金融企业债务融资工具募集资金，支持符合条件的金融机构发行金融债券专项用于发放小微企业贷款，鼓励发展中小银行和民营金融机构。三是督促银行业金融机构落实好金融支持钢铁、煤炭、煤电等行业化解过剩产能的各项政策，建立完善绿色金融政策体系，大力发展绿色金融。四是做好京津冀协同发展、“一带一路”、长江经济带发展、西部大开发等国家战略的金融支持工作，推动区域经济协调发展。五是继续完善扶贫、就业、助学、少数民族、农民工、大学生村官等民生金融服务。促进金融支持“双创”，积极推动科技金融结合试点。深入推进金融精准扶贫，加强易地扶贫搬迁信贷资金筹集、投放和管理工作，强化金融精准扶贫信息共享、统计监测和政策效果评估，着力支持贫困地区经济社会持续健康发展和贫困人口脱贫致富。此外，进一步完善信贷政策导向效果评估工作机制，进一步推进信贷资产证券化，以改革创新盘活存量资金。

六、完善人民币汇率形成机制

第二季度，外汇市场自律机制组织各美元报价行完善人民币兑美元汇率中间价报价机制，在原有“收盘价＋一篮子货币汇率变化”的报价模型中加入“逆周期因子”，以适度对冲市场情绪的顺周期波动，缓解外汇市场可能存在的“羊群效应”。调整后，“收盘价＋一篮子货币汇率变化+逆周期因子”的人民币兑美元汇率中间价形成机制有序运行，更好地反映了我国经济基本面和国际汇市的变化，人民币兑美元双边汇率弹性进一步增强，双向浮动的特征更加显著，汇率预期平稳。

第二季度，人民币兑美元汇率中间价最高为6.9066元，最低为6.7744元，60个交易日中29个交易日升值、31个交易日贬值，最大单日升值幅度为0.80%（543点），最大单日贬值幅度为0.25%（174点）。

人民币兑欧元、日元等其他国际主要货币汇率多数贬值。6月末，人民币兑欧元、日元汇率中间价分别为1欧元兑7.7496元人民币、100日元兑6.0485元人民币，分别较上年年末贬值5.71%和1.48%。2005年人民币汇率形成机制改革以来至2017年6月末，人民币兑欧元汇率累计升值29.22%，兑日元汇率累计升值20.79%。

6月末，在中国人民银行与境外货币当局签署的双边本币互换协议下，境外货币当局动用人民币余额为221.87亿元，中国人民银行动用外币余额折合15.48亿美元，对促进双边贸易投资发挥了积极作用。

表8　2017年上半年银行间外汇即期市场人民币对各币种交易量

单位：亿元人民币

币种	美元	欧元	日元	港元	英镑	澳大利亚元	新西兰元	新加坡元	瑞士法郎	加拿大元	马来西亚林吉特	俄罗斯卢布
交易量	192 112.52	2 978.80	1 727.73	1 078.06	250.36	513.37	105.95	94.17	75.81	320.10	20.42	54.17
币种	南非兰特	韩元	阿联酋迪拉姆	沙特里亚尔	匈牙利福林	波兰兹罗提	丹麦克朗	瑞典克朗	挪威克朗	土耳其里拉	墨西哥比索	
交易量	1.42	184.67	0.60	5.82	0.00	0.03	10.57	12.78	2.70	0.00	0.01	

数据来源：中国外汇交易中心。

专栏2　外汇市场自律机制在人民币中间价报价模型中引入“逆周期因子”

随着汇率市场化改革持续推进，近年来人民币汇率中间价形成机制不断完善。2015年8月11日，中国人民银行组织中间价报价行进一步改进了人民币兑美元汇率中间价形成机制，强调中间价报价要参考前一日收盘价；2015年12月11日，中国外汇交易中心发布人民币汇率指数，加大了参考一篮子货币的力度，以更好地保持人民币兑一篮子货币汇率基本稳定，初步形成了“收盘价+一篮子货币汇率变化”的人民币兑美元汇率中间价形成机制。2016年6月成立了外汇市场自律机制，以更多地发挥金融机构在维护外汇市场运行秩序和公平竞争环境方面的作用，其中汇率工作组主要负责规范人民币汇率中间价报价行为。2017年2月，外汇市场自律机制将中间价对一篮子货币的参考时段由报价前24小时调整为前一日收盘后到报价前的15小时，避免了美元汇率日间变化在次日中间价中重复反映。总体看，中间价形成机制在不断完善，有效提升了汇率政策的规则性、透明度和市场化水平，在稳定汇率预期方面发挥了积极作用。

2017年以来，我国经济增长的稳定性增强，主要经济指标总体向好，出口同比增速也明显加快。同时，美元汇率持续走弱，其他主要货币对美元汇率升值较多。1～5月，欧元、日元、英镑和澳大利亚元对美元汇率分别升值6.91%、5.58%、4.46%和3.08%，俄罗斯卢布、印度卢比、墨西哥比索和南非兰特等新兴市场货币对美元汇率也分别升值8.31%、5.29%、11.32%和4.74%。同期，人民币兑美元汇率中间价仅升值1.07%，不符合经济基本面和国际汇市变化。其中一个重要原因是外汇市场存在一定的顺周期性，市场主体容易受到非理性预期的影响，忽视宏观经济等基本面向好对汇率的支持作用，放大单边市场预期并自我强化，增大市场汇率超调的风险。针对这一问题，以中国工商银行为牵头行的外汇市场自律机制汇率工作组总结相关经验，建议将中间价报价模型由原来的“收盘价+一篮子货币汇率变化”调整为“收盘价+一篮子货币汇率变化+逆周期因子”。这一建议得到了外汇市场自律机制核心成员的赞同，并于2017年5月末由外汇市场自律机制秘书处宣布正式实施。在计算“逆周期因子”时，可先从上一日收盘价较中间价的波幅中剔除篮子货币变动的影响，由此得到主要反映市场供求的汇率变化，再通过逆周期系数调整得到“逆周期因子”。逆周期系数由各报价行根据经济基本面变化、外汇市场顺周期程度等自行设定。

在中间价报价模型中引入“逆周期因子”，对于人民币汇率市场化形成机制的进一步优化和完善具有重要意义。一是有助于中间价更好地反映宏观经济基本面。如前所述，前期人民币兑美元汇率走势与经济基本面和国际汇市变化明显不符，表明在市场单边预期的背景下，简单的“收盘价+一篮子货币汇率变化”可能会导致中间价比较多地反映与预期方向一致的变化，少反映或不反映与预期方向不一致的基本面变化，呈现出一定的非对称性，在中间价报价模型中引入“逆周期因子”有助于校正这种非对称性。不少市场人士也认为，引入“逆周期因子”是解决“非对称贬值”问题很好的数学方式。二是有助于对冲外汇市场的顺周期波动，使中间价更加充分地反映市场供求的合理变化。汇率作为本外币的比价，具有商品和资产的双重属性，后者意味着汇率波动可能触发投资者“追涨杀跌”的心理，导致外汇市场出现顺周期波动，进而扭曲与基本面相一致的合理市场供求，放大供求缺口。在中间价报价模型中引入“逆周期因子”，可通过校正外汇市场的顺周期性，在一定程度上将市场供求还原至与经济基本面相符的合理水平，从而更加充分地发挥市场供求在汇率形成中的决定性作用，防止人民币汇率单方面出现超调。事实上，引入“逆周期因子”不会改变外汇供求的趋势和方向，只是适当过滤了外汇市场的“羊群效应”，并非逆市场而行，而是在尊重市场的前提下促进市场行为更加理性。由于适当对冲了外汇供求中的非理性因素，引入“逆周期因子”的中间价报价模型适当加大了参考篮子的权重，有助于保持人民币对一篮子货币汇率基本稳定，也能够更好地防止预期发散。当然，加大参考篮子的权重并不是盯住篮子，市场供求仍对汇率变动起决定性作用。三是完善后的中间价报价机制保持了较高的规则性和透明度。基准价格报价机制的规则性和透明度，取决于其规则、制度是否明确以及报价机构能否自行对机制的规则性进行验证。在中间价报价机制中引入“逆周期因子”的调整方案，是由外汇市场自律机制汇率工作组成员提出，经全部14家人民币兑美元汇率中间价报价行充分讨论并同意后实施的，每一家报价行均在充分理解新机制的基础上进行报价，并可结合本行报价结果和市场公开数据自行计算验证实际发布的中间价。此外，“逆周期因子”计算过程中涉及的全部数据，或取自市场公开信息，或由各报价行自行决定，不受第三方干预。总的来看，引入“逆周期因子”后，中间价报价机制的规则性、透明度和市场化水平得到进一步提升。

从运行情况看，新机制有效抑制了外汇市场上的羊群效应，增强了我国宏观经济等基本面因素在人民币汇率形成中的作用，保持了人民币汇率在合理均衡水平上的基本稳定。2017年6月30日，人民币兑美元汇率中间价报6.7744元，较上年年末升值2.40%，市场汇率收于6.7796元，较上年年末升值2.51%。

七、深入推进金融机构改革

全面落实开发性、政策性金融机构改革方案。自国家开发银行、中国进出口银行、中国农业发展银行改革方案获批以来，中国人民银行积极发挥统筹协调作用，多次召开改革工作小组会议，稳步推动落实改革方案。目前，中国人民银行正会同改革工作小组成员单位有序推动建立健全董事会和完善治理结构、划分业务范围等改革举措，并配合有关部门做好完善风险补偿机制、制定审慎监管办法等相关工作。

着力完善存款保险制度功能。2015年5月1日《存款保险条例》施行以来，制度实施各项工作稳步推进。金融机构存款平稳增长，大、中、小银行存款格局保持稳定。金融机构50万元限额内的客户覆盖率为99.6%，保持稳定。继续做好风险差别费率实施工作，开展存款保险评级和费率核定，发挥差别费率的风险约束和正向激励作用。做好投保机构风险监测、识别，依法采取风险警示和早期纠正措施。积极与地方政府、监管部门沟通协调，推动风险依法处置。发布存款保险标识，积极开展存款保险宣传和业务培训，扎实、规范做好基金管理工作。

农村信用社改革取得重要成果。农村信用社经营财务状况持续改善，涉农信贷投放继续扩大，产权制度改革稳步推进。按贷款五级分类口径统计，6月末，全国农村信用社不良贷款余额和比例分别为5 755亿元和4%，不良贷款比例同比下降0.2个百分点；资本充足率为12%，同比提高0.8个百分点。全国农村信用社各项存款和贷款余额分别为23.15万亿元和14.47万亿元，同比分别增长9.2%和12.9%；各项贷款占全国金融机构各项贷款的比例为12.6%；涉农贷款和农户贷款余额分别为8.69亿元和4.25万亿元，同比分别增长9.7%和10.6%。截至6月末，全国共组建以县（市）为单位的统一法人农村信用社997家，农村商业银行1 171家，农村合作银行37家。

八、深化外汇管理体制改革

积极促进贸易投资便利化。一是推动“债券通”正式上线试运行，便利境外投资者通过香港投资内地银行间债券市场，稳步推进我国金融市场对外开放进程。二是开展并扩大跨境电子商务、旅游采购、第三方支付机构外汇支付试点，加大对外贸新业态的支持力度。三是完善全口径跨境融资宏观审慎管理政策，提高了跨境融资的便利化程度。

继续加强真实性、合规性审核。一是完善货物贸易外汇管理，向银行开放企业报关电子信息，便利银行贸易单证审核。二是完善境外投资外汇管理，严格真实性审核，密切关注房地产等五大行业出现的非理性对外投资倾向，以及大额非主业投资、有限合伙企业对外投资、“母小子大”、“快设快出”等四类风险隐患，促进我国对外投资持续健康发展。

提升事中事后监管能力。一是完善银行卡境外交易统计，要求金融机构报送银行卡境外交易信息，维护银行卡境外交易秩序。二是与海关、税务部门完善联合监管合作机制，推动实施信息共享，开展联合监管合作。三是加强典型案例通报和宣传警示教育，震慑外汇违法违规行为。

第三部分 金融市场分析

2017年上半年，金融市场整体平稳运行。货币市场利率总体有所上升，市场流动性基本稳定。在经济基本面回暖、美联储加息以及金融体系适度去杠杆等的大背景下，债券市场收益率呈平坦化上行趋势，债券现券交易量和发行量有所下降。股票市场指数基本平稳，成交量和筹资额同比继续下降，保险业资产和保费收入增速均有所放缓。

一、金融市场运行分析

（一）货币市场回购交易有所回升，隔夜品种占比下降，市场利率上升

银行间回购交易量有所回升，拆借交易量继续下降。上半年，银行间市场债券回购累计成交275.7万亿元，日均成交2.2万亿元，同比下降4.5%，比第一季度增长8.6%；同业拆借累计成交38.8万亿元，日均成交3 156亿元，同比下降14.1%，比第一季度下降7.3%。从期限结构看，市场交易隔夜品种占比下降，上半年回购和拆借隔夜品种的成交量分别占各自总量的80.5%和87%，占比较上年同期分别低5.9个百分点和1.3个百分点。交易所债券回购累计成交127万亿元，同比增长28.5%。

从融资主体结构看，主要呈现以下特点：一是中资大型银行与保险业机构均为货币市场的资金融出方，上半年大型银行经回购和拆借净融出资金75.6万亿元，保险业机构自上年第三季度以来持续作为资金供给

表9　2017年上半年金融机构回购、同业拆借资金净融出、净融入情况

单位：亿元

	回购市场		同业拆借	
	2017年上半年	2016年上半年	2017年上半年	2016年上半年
中资大型银行[①]	-677 604	-1 062 405	-78 314	-115 269
中资中小型银行[②]	109 966	202 445	3 552	-414
证券业机构[③]	190 655	253 768	54 562	83 589
保险业机构[④]	-23 178	6 550	18	20
外资银行	31 198	45 490	4 444	4 682
其他金融机构及产品[⑤]	368 963	554 151	15 739	27 393

注：①中资大型银行包括中国工商银行、中国农业银行、中国银行、中国建设银行、国家开发银行、交通银行、中国邮政储蓄银行。

②中资中小型银行包括招商银行等17家中型银行、小型城市商业银行、农村商业银行、农村合作银行、村镇银行。

③证券业机构包括证券公司和基金公司。

④保险业机构包括保险公司和企业年金。

⑤其他金融机构及产品包括城市信用社、农村信用社、财务公司、信托投资公司、金融租赁公司、资产管理公司、社保基金、基金、理财产品、信托计划、其他投资产品等，其中部分金融机构和产品未参与同业拆借市场。

⑥负号表示净融出，正号表示净融入。

数据来源：中国外汇交易中心。

方，上半年经回购和拆借净融出2.3万亿元；二是其他金融机构及产品、证券业机构是主要的资金融入方，其他金融机构及产品上半年净融入38.5万亿元，占市场净融入资金的49.4%，占比较第一季度高1.9个百分点，证券业机构上半年净融入24.5万亿元，占市场净融入资金的31.5%，占比较第一季度高1.7个百分点。

利率互换交易活跃。上半年，人民币利率互换市场达成交易61 192笔，同比增长50.0%；名义本金总额55 343.8亿元，同比增长26.7%。从期限结构来看，1年及1年期以下交易最为活跃，名义本金总额达41 982.0亿元，占总量的75.9%。从参考利率来看，人民币利率互换交易的浮动端参考利率主要包括7天回购定盘利率和Shibor，与之挂钩的利率互换交易名义本金占比分别为88.9%和10.9%。

同业存单市场发展趋于平稳，大额存单业务进一步发展。截至6月末，共有527家金融机构披露了2017年同业存单年度发行计划，其中377家机构已在银行间市场完成发行。上半年，银行间市场陆续发行同业存单1.26万只，发行总量为9.52万亿元，二级市场交易总量为47.17万亿元。其中，第二季度同业存单发行量为4.53万亿元，较第一季度减少0.46万亿元。同业存单发行交易全部参照Shibor定价，发行利率与中长端Shibor保持较强的相关性。6月，3个月期同业存单发行加权平均利率为4.88%，较3个月Shibor高21个基点。上半年，金融机构已陆续发行大额存单1.14万期，发行总量为3.12万亿元，同比增加0.43万亿元。

货币市场利率总体有所上升。随着金融机构主动调整资产负债，3月下旬开始银行间市场活跃度减弱，利率有所抬升。进入5月，随着预期逐步稳定，市场利率有所回落。6月，拆借月加权平均利率为2.94%，比3月高32个基点，比上年12月高50个基点；质押式回购月加权平均利率为3.03%，比3月高19个基点，比上年12月高47个基点。6月，银行业存款类金融机构间利率债质押式回购月加权平均利率为2.83%，低于银行间市场质押式回购月加权平均利率20个基点。Shibor总体有所上升。截至6月末，隔夜、1周Shibor分别为2.62%和2.85%，分别较上年年末上升39个和30个基点；3个月和1年期Shibor为4.5%和4.42%，分别较上年年末上升123个和105个基点。

（二）债券市场收益率整体平坦化上行，成交量、发行量有所下降

上半年，机构整体交投偏谨慎，银行间债券市场现券交易44.6万亿元，日均成交3 623亿元，同比下降21.9%。从交易主体看，中资中小型银行和证券业机构是净卖出方，净卖

表10　2017年上半年利率互换交易情况

单位：笔、亿元

	交易笔数	名义本金额
2017年上半年	61 192	55 343.8
2016年上半年	40 795	43 693.5

数据来源：中国外汇交易中心。

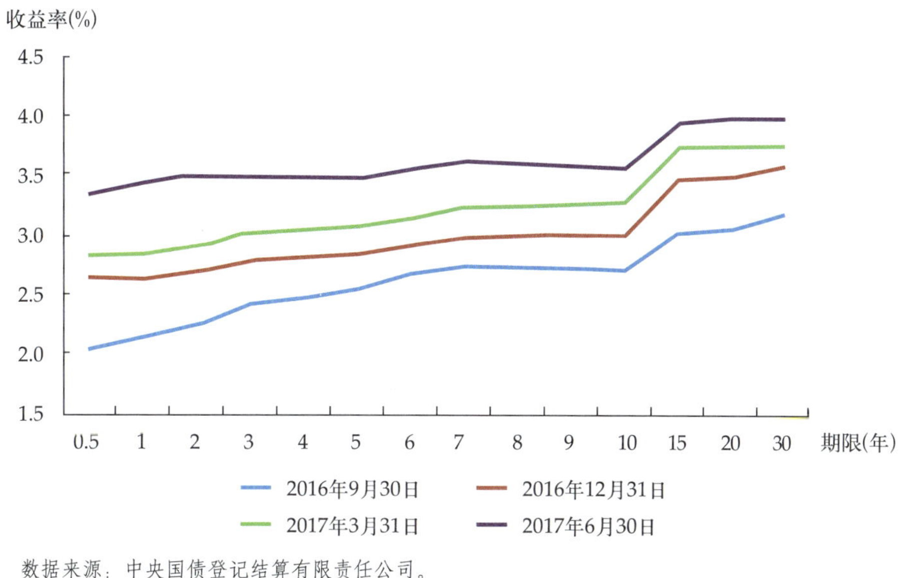

数据来源：中央国债登记结算有限责任公司。

图4　银行间市场国债收益率曲线变化情况

出现券2.2万亿元；其他金融机构及产品是主要的净买入方，净买入现券1.7万亿元。从交易品种看，上半年银行间债券市场国债现券交易累计成交4.8万亿元，占银行间市场现券交易的10.9%；金融债券和公司信用类债券现券交易分别累计成交30.6万亿元和8.7万亿元，占比分别为68.6%和19.4%。交易所债券现券成交2.6万亿元，同比增长19.7%。

债券市场收益率呈平坦上行趋势。4月以来，金融监管加强，同时叠加我国经济稳中向好、美联储缩表预期升温等，国债收益率水平抬升明显，曲线进一步平坦化。5月下旬以来，监管加强预期减弱，资金面趋稳，国债收益率有所回落。6月末，1年期、3年期、5年期、7年期和10年期收益率较3月末分别上升60个基点、48个基点、41个基点、39个基点和29个基点。6月末，1年期和10年期国债利差为11个基点，较3月末收窄31个基点。

银行间债券市场指数小幅下行。中债综合净价指数由3月末的100.73点下降至6月末的99.77点，降幅为0.95%；中债综合全价指数由3月末的115.89点下降至6月末的114.87点，降幅为0.88%。交易所上证国债指数由3月末的160.18点上升至6月末的160.41点，升幅为0.14%。

债券发行规模同比下降。上半年累计发行各类债券17.6万亿元，同比下降2%。其中，同业存单发行增长较快，地方政府债券和公司信用类债券发行量比上年同期明显减少。6月末，国内各类债券余额为68.6万亿元，同比增长19.4%。

各类债券发行利率总体上升。6月发行的10年期国债发行利率为3.52%，比3月发行的同期限国债利率上升12个基点；国家开发银行发行的10年期金融债利率为4.15%，比3月发行的同期限金融债利率下降14个基点；主体评级AAA的企业发行的1年期短期融资券（债券评级A-1）平均利率为5.16%，比3月高53个基点；5年期中期票据平均发行利率为6.01%，比3月高78个基点。Shibor继续对债券及同业存单产品定价发挥重要的基准作用。上半年，发行以Shibor为基准定价的

表11　2017年上半年各类债券发行情况

单位：亿元

债券品种	发行额	较上年同期增减
中央政府债券	13 652	-25
地方政府债券	18 610	-17 145
中央银行票据	0	0
金融债券[①]	121 371	32 985
其中：国家开发银行及政策性金融债	16 273	-3 751
同业存单	95 225	35 010
公司信用类债券[②]	22 456	-19 493
其中：非金融企业债务融资工具	16 676	-10 697
企业债券	2 092	-1 165
公司债	3 688	-7 445
国际机构债券	233	127
合计	176 322	-3 552

注：①金融债券包括国家开发银行金融债、政策性金融债、商业银行普通债、商业银行次级债、商业银行资本混合债、证券公司债券、同业存单等。

②公司信用类债券包括非金融企业债务融资工具、企业债券以及公司债、可转债、可分离债、中小企业私募债等。

数据来源：中国人民银行、国家发展和改革委员会、中国证券监督管理委员会、中央国债登记结算有限责任公司。

浮动利率债券及同业存单66只，总量为443.6亿元；发行固定利率企业债92只，总量为891.6亿元，全部参照Shibor定价；发行参照Shibor定价的固定利率短期融资券1 352.3亿元，占固定利率短期融资券发行总量的68.5%。

（三）票据融资持续下降，利率小幅震荡

票据承兑业务持续下降。上半年，企业累计签发商业汇票9.5万亿元，同比上升0.6%；期末商业汇票未到期金额为8.3万亿元，同比下降15.6%。票据承兑余额逐月下降，6月末较年初下降7 503亿元。从行业结构看，企业签发的银行承兑汇票余额仍集中在制造业、批发和零售业；从企业结构看，由中小型企业签发的银行承兑汇票约占三分之二。

票据融资余额下降，票据市场利率小幅震荡。上半年，金融机构累计贴现22.4万亿元，同比下降56.9%；期末贴现余额为3.9万亿元，同比下降27.0%。票据融资余额逐月下降，6月末较年初下降15 882亿元，占各项贷款的比重为3.39%，同比下降1.85个百分点。票据市场利率小幅震荡，略有上行。

（四）股票市场指数基本平稳，成交量和筹资额同比下降

股票市场指数基本平稳，大盘蓝筹股涨势较好。6月末，上证综合指数收于3 192点，比3月末低0.9%，比上年年末高2.9%；深证成份指数收于10 530点，比3月末高1%，比上年年末高3.5%；上证50指数收于2 550点，比3月末高8.1%，比上年年末高11.5%；创业板指数收于1 818点，比3月末低4.7%，比上年年末低7.3%。6月末，沪市A股加权平均市盈率从上年年末的15.9倍升至17倍，深市A股加权平均市盈率从上年年末的41.6倍降至36倍。

股票市场成交量同比继续下降。上半年，沪、深股市累计成交52.3万亿元，日均成交4 391亿元，同比下降17.7%，比第一季度下降2%；创业板累计成交7.8万亿元，同比下降32.1%。6月末，沪、深股市流通市值41.6万亿元，同比增长14.5%；创业板流通市值为3万亿元，同比下降1.3%。

股票市场筹资额同比下降。上半年，各类企业和金融机构在境内外股票市场上通过发行、增发、配股、权证行权等方式累计筹资5 626亿元，同比下降15%，其中A股筹资5 244亿元，同比下降18.6%。

（五）保险业资产和保费收入增速均有所放缓

上半年，保险业累计实现保费收入2.3万亿元，同比增长23%，增速比上年同期下降14.3个百分点；累计赔款、给付5 786亿元，同比增长9.9%，其中，财产险赔付同比增长6%，人身险赔付同比增长12.7%。

保险业资产增速继续放缓。6月末，保险业总资产16.4万亿元，同比增长15.2%，增速比第一季度低1.6个百分点。其中，银行存款同比下降8.5%，投资类资产同比增长21%。

（六）外汇掉期交易增长较快

外汇市场交易量保持平稳增长。人民币外汇即期成交2.9万亿美元，同比增长14.6%；人民币外汇掉期累计成交金额折合5.6万亿美元，同比增长25.6%，其中隔夜美元掉期成交3.3万亿美元，占掉期总成交额的60%；人民币外汇远期市场累计成交404亿美元，同比减少8.5%。上半年“外币对”累计成交金额折合558亿美元，同比减少18.8%，其中成交最多的产品为美元对欧元，占市场份额比重为32.4%。

外汇市场交易主体进一步扩展。截至6月末，共有即期市场会员601家，远期、外汇掉期、货币掉期和期权市场会员各167家、167家、138家和96家，即期市场做市商32家，远掉期市场做市商27家。

（七）黄金交易规模保持增长

黄金价格震荡上行。上半年，美国减税等财政刺激政策不及预期、国际地缘政治事件频发促使市场避险情绪升温，推升黄金价格总体波动上行，6月有所回落。国际黄金价格最高1 293.50美元/盎司，最低1 151.00美元/盎司，6月末收于1 242.25美元/盎司，较上年年末上涨7.17%。受此带动，国内黄金价格也呈现出先上涨后回落的趋势。上海黄金交易所AU9999最高价为300.00元/克，最低价为258.00元/克，6月末收于273.10元/克，较上年年末上涨3.49%。

表12 2017年6月末主要保险资金运用余额及占比情况

单位：亿元、%

	余额		占资产总额比重	
	2017年6月末	2016年6月末	2017年6月末	2016年6月末
资产总额	164 304	142 661	100.0	100.0
其中：银行存款	21 593	23 605	13.1	16.5
投资	123 406	102 024	75.1	71.5

数据来源：中国保险监督管理委员会。

上海黄金交易所总体交易规模保持增长。上半年，上海黄金交易所总成交金额为8.92万亿元，同比增长12.36%。其中，黄金累计成交2.41万吨，同比下降4.56%；成交金额6.66万亿元，同比增长2.31%。白银累计成交55.76万吨，同比增长38.35%；成交金额2.26万亿元，同比增长58.38%。铂金累计成交19.87吨，同比下降33.37%；成交金额45.24亿元，同比下降29.03%。

二、金融市场制度建设

（一）积极发展银行间债券市场

积极稳妥推进内地与香港债券市场互联互通合作（简称“债券通”）。发布《内地与香港债券市场互联互通合作管理暂行办法》及有关配套文件，同时与香港金融管理局就“债券通”所涉及的跨境监管合作原则等相关事项达成共识，签署了相关监管合作谅解备忘录。2017年7月3日，“债券通”正式试运行，境外投资者可经由香港与内地基础设施间互联互通的机制安排，通过“北向通”参与银行间债券市场的发行认购。“债券通”试运行首月，国家开发银行、中国农业发展银行等机构通过“债券通”同时面向境内外投资者发行债券515亿元。

进一步便利境外机构投资者投资银行间债券市场，银行间债券市场对外开放稳步推进。一是延长境外机构投资者的债券交易结算周期，为境外机构投资者参与的债券交易额外提供T+2结算的选择。二是在中国人民银行英文网站建立境外机构投资者进入银行间债券市场专栏，并不断丰富英文网站内容，向境外机构投资者提供英文服务。此外，发布中国人民银行公告〔2017〕第7号，推动符合条件的境外信用评级机构进入银行间债券市场开展信用评级业务，规范银行间债券市场信用评级业务，促进银行间债券市场平稳健康发展。截至6月末，共有506家境外机构进入银行间债券市场，包括境外中央银行或货币当局、主权财富基金、国际经济组织、港澳地区人民币业务清算行、跨境贸易人民币结算境外参加行、境外保险机构、RQFII、QFII等类型，总投资规模约8 500亿元人民币。

此外，配合财政部开展国债做市支持操作，正式启动国债做市支持机制，推动完善国债收益率曲线。

（二）加强资本市场制度建设和监管

多层次资本市场制度建设取得进展。证监会发布《区域性股权市场监督管理试行办法》，建立了合格投资者标准及穿透核查制度和投资者资金管理制度，明确了运营机构可开展的中介业务范围及其应承担的义务，并加强市场自律。该《办法》统一了区域性股权市场业务及监管规则，有利于完善监管协同机制，打击各类违法违规行为，防止监管空白和监管套利，保护投资者合法权益，有助于防范和化解金融风险，促进区域性股权市场健康稳定发展。

对证券公司、证券投资基金公司和期货公司的监管进一步强化。一是证监会发布《证券公司和证券投资基金管理公司合规管理办法》，通过明晰董事会、监事会、高级管理人员、合规负责人等各方职责，提高合规履职保障，加大违法违规追责力度等措施，切实提升公司合规管理有效性，不断增强公司自我约束能力，促进行业持续健康发展。二是证监会发布《期货公司风险监管指标管理办法》及配套文件，提高最低净资本要求至3 000万元，按流动性、可回收性及风险度大小进一步细化资产调整比例，调整资产管理业务风险资本准备计提范围与计提标准，进一步提高了期货行业风险监管指标体系的适应性和有效性，加强了对期货公司的监管。

上市公司股份减持制度进一步完善。证监会发布了《上市公司股东、董监高减持股份的若干规定》，完善大宗交易制度和减持计划的信息披露制度，引导上市公司控股股东、持股5%以上股东及董事、监事、高级管理人员规范、理性、有序减持，有利于促进上市公司稳健经营、回报中小股东，提振市场信心，保护投资者合法权益。

（三）加强保险业监管制度建设

一是加强保险业风险防控。保监会发布了《关于进一步加强保险业风险防控工作的通知》，指出当前保险业风险较为突出的九个领域：流动性风险、资金运用风险、战略风险、新型保险业务风险、外部传递性风险、群体性事件风险、底数不清风险、资本不实风险、声誉风险，并提出防控风险的具体要求。二是完善保险公司治理规则。保监会发布了《保险公司章程指引》，以规范章程必备条款的方式，细化保险公司及其股东、董事、监事、管理层的权利义务。三是鼓励保险资金支持实体经济。保监会发布了《关于保险业支持实体经济发展的指导意见》，在保险资金投资PPP项目、支农支小融资、基础设施建设等方面给予更大的支持，引导保险业更好服务国家战略和实体经济发展。同时，还发布了《关于债权投资计划投资重大工程有关事项的通知》，提高注册效率，降低增信要求，疏通保险资金进入实体经济的渠道。四是允许保险资金参与深港通。保监会发布了《保险资金参与深港通业务试点监管口径》，明确了保险机构可以投资深港通下的港股通股票，以及通过证券投资基金投资港股通股票。五是深化商业车险改革。保监会将商业车险费率浮动系数下限从0.85下调至0.70～0.75（各省份不同），进一步扩大了保险公司自主定价权。

第四部分　宏观经济分析

一、世界经济金融形势

上半年，全球经济总体保持复苏态势，国际货币基金组织（IMF）和经济合作与发展组织（OECD）先后上调2017年全球经济增速预期至3.5%。但主要经济体的表现有所分化，美国经济复苏波折反复，欧元区和日本经济持续改善，新兴市场经济体总体增长较快，但仍面临调整与转型压力。主要经济体通胀水平仍在低位运行。

（一）主要经济体经济形势

美国经济复苏过程波折反复。2017年第一季度，美国经济开局疲弱，GDP增速环比折年率经三次修正至1.2%，较上年年末下降0.6个百分点。受益于个人消费支出提升、制造业回暖和联邦政府支出增长等因素支撑，第二季度美国GDP增速环比折年率升至2.6%。失业率保持低位运行，5月失业率降至4.3%的10年来新低，6月略升至4.4%。但新增非农就业人数在经历了年初的高增长后近期略有波动，个人消费支出（PCE）物价指数和CPI自3月以来也逐渐走低，并均低于市场预期。由于美国推出财政刺激计划的进程不及预期，IMF下调了其2017年经济增长预期0.2个百分点至2.1%。

欧元区政治不确定性有所下降，经济基本面持续改善。欧元区第一季度GDP同比增速为1.9%，第二季度继续回升至2.1%。制造

表13　主要发达经济体宏观经济金融指标

经济体	指　标	2016年第二季度			2016年第三季度			2016年第四季度			2017年第一季度			2017年第二季度		
		4月	5月	6月	7月	8月	9月	10月	11月	12月	1月	2月	3月	4月	5月	6月
美国	实际GDP增速(环比折年率，%)	2.2			2.8			1.8			1.2			2.6		
	失业率(%)	5.0	4.7	4.9	4.9	4.9	4.9	4.8	4.6	4.7	4.8	4.7	4.5	4.4	4.3	4.4
	CPI(同比，%)	1.1	1.0	1.0	0.9	1.1	1.5	1.6	1.7	2.1	2.5	2.8	2.4	2.2	1.9	1.6
	道琼斯工业平均指数(期末)	17 774	17 787	17 930	18 432	18 401	18 308	18 161	19 124	19 763	19 864	20 812	20 663	20 941	21 009	21 350
欧元区	实际GDP增速(当季同比，%)	1.8			1.7			1.9			2.1			2.4		
	失业率(%)	10.2	10.1	10.1	10.0	9.9	9.9	9.8	9.7	9.6	9.6	9.5	9.4	9.2	9.2	9.1
	HICP综合物价指数(同比，%)	-0.2	-0.1	0.1	0.2	0.2	0.4	0.5	0.6	1.1	1.8	2.0	1.5	1.9	1.4	1.3
	EURO STOXX 50(期末)	3 028	3 063	2 865	2 990	3 023	3 002	3 055	3 052	3 291	3 231	3 320	3 501	3 560	3 555	3 442
日本	实际GDP增速(环比折年率，%)	1.6			0.9			1.4			1.5			2.9		
	失业率(%)	3.2	3.2	3.1	3.0	3.1	3.0	3.0	3.1	3.1	3.0	2.8	2.8	2.8	3.1	2.8
	CPI(同比，%)	-0.3	-0.5	-0.4	-0.4	-0.5	-0.5	0.1	0.5	0.3	0.4	0.3	0.2	0.4	0.4	0.4
	日经225指数(期末)	16 666	17 235	15 576	16 569	16 887	16 450	17 425	18 308	19 114	19 041	19 119	18 909	19 197	19 651	20 033

数据来源：各经济体相关统计部门及中央银行。

业PMI指数连续10个月上升，并于6月创出57.4的六年来新高。失业率持续改善，6月为9.1%，创欧洲债务危机以来最低。但欧元区通胀动力不足，在第一季度接近欧央行目标水平后，综合消费者物价指数（HICP）同比涨幅回落至6月的1.3%。

日本经济复苏动能积累。第一季度，日本GDP增速环比折年率为1%，虽不及预期，但连续五个季度保持正增长，已是国际金融危机以来的最好表现。通胀水平也趋向回升，5月CPI同比涨幅为0.4%，已连续8个月处于正值区间。

新兴市场经济体总体增长较快，但部分经济体仍面临调整与转型压力。印度经济保持较快增长，第一季度GDP增长6.1%，但也面临银行坏账率较高、私人投资疲软等挑战，改革效果也有待观察。由于石油等大宗商品价格回升，俄罗斯和巴西经济逐步企稳，通胀也得到一定控制，但近期巴西政治动荡、原油价格下行，也增加了两国经济的不确定性。在全球总需求增长仍较缓慢、发达经济体货币政策可能转向的背景下，部分新兴市场经济体仍面临外需较弱与跨境资本波动等潜在风险，存在调整与转型压力。

（二）国际金融市场概况

美元指数走低，欧元和英镑对美元大幅升值，日元相对保持稳定，新兴市场经济体汇率升贬不一。6月末，美元指数收于95.638，较3月末下跌4.89%；欧元、英镑对美元汇率分别为1.1423美元/欧元和1.3025美元/英镑，较3月末分别升值7.27%和7.83%；日元对美元汇率收于112.35日元/美元，较3月末微跌0.86%。新兴市场经济体方面，印度卢比、土耳其里拉和墨西哥比索对美元汇率分别较3月末升值0.36%、3.24%与3.30%，俄罗斯卢布、巴西雷亚尔分别贬值4.56%与5.54%。

全球货币市场利率继续分化。受美联储加息等因素影响，伦敦同业拆借市场美元Libor略有上升。截至6月30日，1年期Libor为1.7384%，比上年年末上升0.05个百分点。欧元区同业拆借利率Euribor继续走低。截至6月30日，1年期Euribor为-0.156%，比上年年末下降0.07个百分点。

主要经济体国债收益率有所分化。截至6月30日，美国、法国10年期国债收益率收于2.302%和0.817%，较3月末分别下降9.3个和14.6个基点。日本、德国、英国10年期国债收益率分别收于0.084%、0.470%和1.259%，分别提高1.3个基点、14个基点和11.9个基点。新兴市场经济体方面，俄罗斯、印度、墨西哥和土耳其10年期国债收益率分别下降24个基点、18.3个基点、22.7个基点和37个基点，巴西10年期国债收益率上升42个基点。

主要经济体股市涨跌互现。截至6月30日，美国道琼斯工业平均指数、德国法兰克福DAX指数、日本日经225指数较3月末分别上涨了3.32%、0.10%和5.95%，欧元区STOXX50指数与英国富时100指数分别下跌1.69%、0.14%。新兴市场经济体中，俄罗斯和印度股市分别上涨10.13%和4.39%，巴西股市下降3.21%。

（三）主要经济体货币政策

主要发达经济体已经启动或者正在酝酿货币政策正常化进程。美联储3月15日和6月14日分别提高联邦基金利率目标区间25个基点至1%～1.25%，同时维持2017年再加息1次、2018年加息3次的预期不变。此外，6月公布的联邦公开市场委员会（FOMC）会议纪要中披露了资产负债表正常化的路径，美联储将逐步减少到期证券本金再投资，起初每月缩减国债和机构抵押支持证券（MBS）的规模上限分别为60亿美元和40亿美元，之后每季度增加一次，增幅分别为60亿美元和40亿美元，直至每月缩减规模上限达到300亿美元和200亿美元。美联储7月发布的货币政策声明表示，只要经济大体上朝着预期发展，美联储将会相对较快地启动资产负债表正常化进程。欧央行3月9日、4月27日和6月8日均决定维持主要再融资操作利率0%、边际贷款便利利率0.25%、存款便利利率-0.4%不变，维持当前每月购买600亿欧元资产的计划至2017年12月（如有必要将继续延长）。欧央行明确表示通缩风险已经消失，并删除了货币政策指引中"可能进一步下调利率"的表述。日本银行1月31日、3月16日、4月27日及6月16日均宣布维持原有负利率与资产购买规模不变，同时继续通过收益率曲线调控政策将10年期国债收益率维持在0附近。4月11日，日本银行行长黑田东彦在国会会议上首度公开讨论退出量化宽松政策的细节，称利率水平和资产负债表规模将是考虑退出策略的首要主题。此外，英格兰银行3月16日和6月15日均决定维持基准利率0.25%不变，维持4 350亿英镑的资产购买计划数量不变，同时维持100亿英镑企业债购买规模不变，以实现通胀目标，维持就业与经济增长。对于近期英镑贬值导致通胀攀升，英格兰银行表示，将继续密切监测相关情况，随时准备对经济前景的变化作出反应，以确保通胀回稳至2%的目标水平。

新兴市场经济体货币政策有所分化。一方面，为应对汇率贬值、资本外流和通胀压力等问题，墨西哥央行于2月9日、3月30日、5月18日和6月22日宣布将基准利率分别上调50个基点、25个基点、25个基点和25个基点至7.00%。另一方面，部分新兴市场经济体为促进经济增长，进一步放松了货币政策。俄罗斯央行于3月24日、4月28日和6月16日宣布将关键利率分别下调25个基点、50个基点和25个基点至9.00%；巴西央行于1月11日、2月22日、4月12日和5月31日分别下调政策利率75个基点、75个基点、100个基点和100个基点至10.25%。

（四）国际经济展望及面临的主要风险

主要经济体货币政策正常化将对经济金融带来挑战。虽然当前全球经济呈现复苏趋势，但国际金融危机的深层次影响尚未消除，各国债务水平仍处于高位，货币政策转向后复苏态势能否持续仍然存疑，经济下行风险不容忽视。且在当前金融市场估值较高、市场波动较低的情况下，若货币政策正常化步伐过快，国际金融市场出现调整的概率将增加，不排除利率攀升和资产价格显著下降的可能性，由此对金融稳定造成一定冲击。此外，新兴市场经济体也可能再次遭遇负面溢出效应影响。

中长期消费和投资增长仍有不确定性。全球范围非金融部门杠杆率仍在攀升。如果货币政策收紧导致利率抬升，居民部门偿债压力加重，消费支出将会受到制约。近年来，发达国家和新兴市场经济体的劳动收入占比均出现下降，中低技能劳动者收入持续低迷，收入不平等加剧，可能进一步影响消费对经济复苏的拉动作用。受劳动生产率增速放缓、人口老龄化、政治不确定性上升、企业债务高企等因素影响，全球投资前景也不容乐观。

去全球化和贸易投资保护主义等相关风险仍需高度关注。一旦全球保护主义情绪加剧，将放缓甚至逆转国际政策协调和经济全球化进程，阻碍贸易自由化、资本和劳动力流动，并可能引发不可持续的政策，拖累全球生产率和经济增长，加剧金融市场动荡。

此外，地缘政治冲突及政治不确定性等风险因素加大，对全球经济金融领域也会产生较大影响。

二、中国宏观经济运行分析

2017年上半年，中国经济总体运行平稳，供给侧结构性改革深入推进，转型升级步伐加快，经济发展的稳定性、协调性和可持续性增强。消费需求对经济增长的拉动作用保持强劲，投资增长总体稳定，进出口较快增长。工业生产加快，第三产业增加值占GDP的比重为54.1%，高于第二产业14个百分点。就业稳中向好，消费价格温和上涨。初步核算，上半年国内生产总值（GDP）为38.15万亿元，按可比价格计算，同比增长6.9%，环比增长1.7%；居民消费价格（CPI）同比上涨1.4%，贸易顺差为12 782亿元人民币。

（一）消费增长稳健，投资增长总体稳定，进出口较快增长

城乡居民收入较快增长，消费增长稳健。上半年，全国居民人均可支配收入12 932元，同比增长8.8%，扣除价格因素实际增长7.3%。其中，城镇居民人均可支配收入18 322元，同比增长8.1%，实际增长6.5%；农村居民人均可支配收入6 562元，同比增长8.5%，实际增长7.4%。消费需求对经济增长的拉动作用保持强劲，最终消费支出对国内生产总值增长的贡献率为63.4%。中国人民银行第二季度城镇储户问卷调查显示，居民消费意愿持续增强，倾向于“更多消费”的居民占25.4%，比上季度和上年同期分别高1.7个百分点和4.2个百分点。上半年，社会消费品零售总额为17.24万亿元，同比增长10.4%，增速比第一季度加快0.4个百分点。乡村消费品零售额增长继续快于城镇，上半年乡村消费品零售额同比增长12.3%，比城镇高2.2个百分点。消费升级类可选品销售增长较快，如文化办公用品、化妆品、通信器材、汽车等。网上零售增势强劲，实体零售呈现回暖态势，上半年全国网上零售额3.11万亿元，同比增长33.4%；商务部重点监测的专业店、百货店销售额同比分别增长5.6%和1.3%，较上年同期分别加快3.6个百分点和0.7个百分点。

固定资产投资增长总体稳定，制造业投资和民间投资增速回升。上半年固定资产投资（不含农户）28.06万亿元，同比名义增长8.6%，增速与1～5月持平。当前投资呈现以下几个特征：一是制造业投资、民间投资增速回升。上半年民间投资同比增长7.2%，比上年同期高4.4个百分点；制造业投资增长5.5%，增速连续两个月回升。二是基础设施投资增长较快。上半年，基础设施投资（不含电力、热力、燃气及水生产和供应业）同比增长21.1%，对全部投资增长的贡献率为46.5%，拉动投资增长4个百分点。三是东北地区投资降幅收窄，其他地区投资增速总体稳定。

进出口较快增长，外贸结构优化。按人民币计价，上半年进出口总额为13.14万亿元，同比增长19.6%。其中，出口额为7.21万亿元，同比增长15.0%；进口额为5.93万亿元，同比增长25.7%；贸易顺差1.28万亿元，

同比收窄17.7%。按美元计价，上半年进出口总值为1.91万亿美元，同比增长13%。对传统市场进出口全面回升，对部分“一带一路”沿线国家进出口增长。从企业主体看，民营企业继续保持第一大出口主体地位，其出口占出口总值的46.7%，比重同比提升1.1个百分点。从贸易方式看，一般贸易进出口比重提升，占进出口总值的56.7%，同比提升0.4个百分点，贸易方式结构有所优化。从商品结构看，机电产品、传统劳动密集型产品仍为出口主力，分别占出口总值的57.2%和20.5%。铁矿砂、原油和天然气等大宗商品进口量价齐升。

外商直接投资延续向高端产业聚集的态势，对外投资降幅收窄。上半年实际使用外商直接投资4 415.4亿元人民币，同比下降0.1%，全国吸收外资规模基本稳定。从产业分布看，上半年，服务业实际使用外资3 099.9亿元人民币，占外资总量的70.2%；高技术服务业实际使用外资349.7亿元人民币，同比增长11.1%；制造业实际使用外资1 286亿元人民币，同比增长3%，占外资总量的29.1%。上半年，境内投资者非金融类直接投资481.9亿美元，同比下降45.8%，其中6月当月环比增长65.5%，实现连续第二个月正增长。对“一带一路”沿线国家投资合作稳步推进，上半年直接投资66.1亿美元，占同期对外投资总额的13.7%，同比上升6.0个百分点。对外投资行业结构持续优化，上半年，对外投资主要流向租赁和商务服务业、制造业、批发和零售业以及信息传输、软件和信息技术服务业，分别占同期投资总额的28.3%、18.3%、12.7%和11.4%。

（二）农业生产总体稳定，工业生产增速加快

分产业看，第三产业增加值增长快于第二产业，但第二产业占比回升。上半年，三次产业增加值分别为2.2万亿元、15.3万亿元和20.7万亿元，同比分别增长3.5%、6.4%和7.7%，占GDP比重分别为5.8%、40.1%和54.1%，第三产业占比高于第二产业14个百

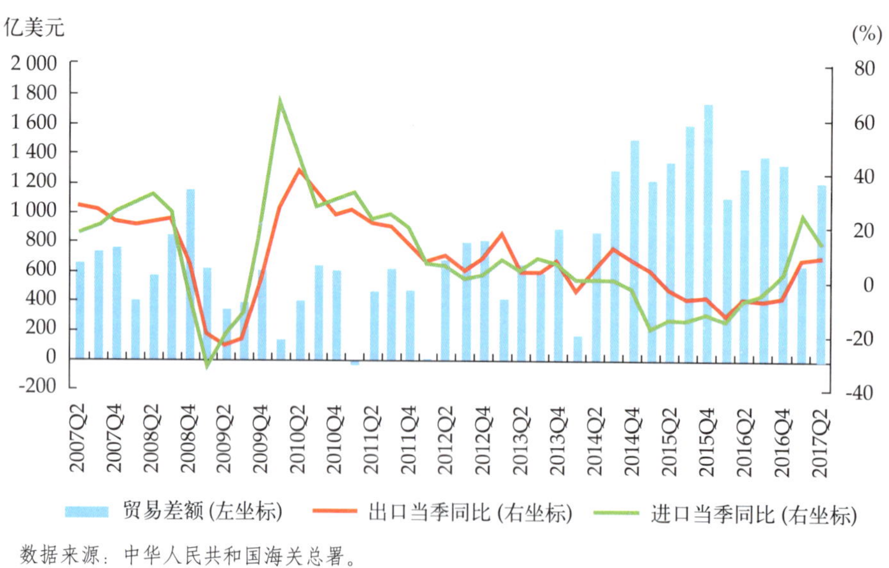

数据来源：中华人民共和国海关总署。

图5 进出口增速与贸易差额

分点，但第二产业占比较上季度提高1.4个百分点。

农业生产形势较好。全国夏粮总产量14 052万吨，比上年增加131万吨，增长0.9%。上半年，猪牛羊禽肉产量3 892万吨，同比增长1.0%，增速比第一季度高0.8个百分点。

工业生产加快，企业效益持续改善。上半年，全国规模以上工业增加值按可比价格计算同比增长6.9%，增速比第一季度加快0.1个百分点。制造业加快向中高端迈进，上半年高技术产业和装备制造业增加值同比分别比规模以上工业快6.2个百分点和4.6个百分点，占规模以上工业比重分别为12.2%和32.2%。企业效益持续改善。上半年，全国规模以上工业企业实现利润总额36 337.5亿元，同比增长22%，其中6月同比增长19.1%，增速比5月加快2.4个百分点。6月，主营业务收入利润率为6.35%，同比提高0.29个百分点，延续了同比上升的趋势。中国人民银行第二季度5 000户工业企业调查显示，企业生产经营景气指数为54.6%，比上季度高1.9个百分点，连续四个季度高于50%；企业盈利指数为56.1%，比上季度和上年同期分别提高6.2个百分点和3.4个百分点；国内订单指数为50.6%，出口订单指数为50.4%，自2011年第四季度以来首次均突破50%。

（三）居民消费价格温和上涨，生产价格涨幅回落

居民消费价格温和上涨。上半年居民消费价格（CPI）同比上涨1.4%，第二季度各月分别上涨1.2%、1.5%和1.5%，平均上涨1.4%，涨幅与上个季度持平。从食品和非食品分类看，食品价格降幅略有加深，非食品价格涨幅保持稳定。第二季度，食品价格同比下降2.1%，降幅比上个季度加深0.1个百分点；非食品价格同比上涨2.3%，涨幅与上个季度持平。从消费品和服务分类看，消费品价格涨幅有所回落，服务价格上涨略有加快。消费品价格同比上涨0.5%，涨幅比上个季度回落0.2个百分点；服务价格同比上涨2.9%，涨幅比上个季度扩大0.1个百分点。

生产价格涨幅回落。上半年，工业生产者出厂价格（PPI）同比上涨6.6%，第二季度各月分别上涨6.4%、5.5%和5.5%，平均上涨5.8%，涨幅比上个季度回落1.6个百分点。分生产资料和生活资料看，生产资料价格涨幅回落较快，生活资料价格涨幅小幅回落。第二季度，生产资料价格同比上涨7.7%，涨幅比上个季度回落2.2个百分点；生活资料价格同比上涨0.6%，涨幅较上个季度回落0.2个百分点。上半年工业生产者购进价格同比上涨8.7%，第二季度各月分别上涨9.0%、8.0%和7.3%，平均上涨8.1%，涨幅比上个季度回落1.3个百分点。第二季度，农产品生产价格同比下降6.4%，降幅比上个季度加深4.2个百分点；农业生产资料价格同比上涨0.1%，涨幅比上个季度回落1.1个百分点。上半年，中国人民银行监测的企业商品价格（CGPI）同比上涨7.6%。其中，初级产品价格回升较快，同比上涨8.5%；投资品价格同比上涨6.8%，消费品价格同比下降0.03%。

国际大宗商品价格总体有所下行，进口价格涨幅有所回落。第二季度，洲际交易所布伦特原油期货当季平均价格同比上涨8.0%，环比下跌6.9%。伦敦金属交易所铜现货当季平均价格同比上涨19.7%，环比下跌2.9%；铝现货当季平均价格同比上涨17.3%，环比下跌0.3%。上半年，进口和出口价格同比分别上涨12.6%和5.5%，第二季度各月，进

口价格分别上涨13.5%、12.4%和9.5%，平均上涨11.8%，涨幅比上个季度回落1.6个百分点；出口价格分别上涨6.9%、5.4%和5.1%，平均上涨5.8%，涨幅比上个季度扩大0.7个百分点。

GDP平减指数涨幅有所回落。上半年，GDP平减指数（按当年价格计算的GDP与按固定价格计算的GDP的比率）同比上涨4.3%，其中第二季度同比上涨3.9%，涨幅比上个季度回落0.7个百分点。

价格改革继续稳步推进。6月6日，国家发展改革委等部门就推进农业水价综合改革印发通知，要求各省（自治区、直辖市）在选择具备条件的地区先行开展农业水价综合改革、充分发挥好典型示范引领作用的同时，统筹农业水价形成机制与精准补贴和节水奖励机制、工程建设和管护机制、用水管理机制的协同推进，在总体上不增加农民负担的前提下，建立健全促进农业节水的体制机制。

（四）财政收支增长较快

上半年，全国财政收入94 305.95亿元，同口径[①]同比增长9.8%，增速比上年同期高2.7个百分点。全国财政支出103 483.34亿元，同口径同比增长15.8%，增速比上年同期高0.7个百分点。收支相抵，财政支大于收9 177.4亿元，上年同期为收支赤字3 651.2亿元。

税收收入较快增长，非税收入低增长。上半年税收收入8.01万亿元，同比增长10.9%，增速比上年同期高2.3个百分点，税收收入增收额占财政增收总额的92.9%；非税收入14 232亿元，同比增长4.4%。其中，国内增值税、国内消费税同比分别增长2.2%、7.1%，企业所得税和个人所得税同比分别增长15.6%和18.6%，进口货物增值税和消费税同比增长34.0%。从支出结构看，财政支出增长较快的有节能环保支出、社会保障和就业支出、科学技术支出等，同比分别增长39.8%、24.6%和22.7%。

（五）就业稳中向好

中国人力资源市场信息监测中心对95个城市的公共就业服务机构市场供求信息进行的统计分析显示，第二季度劳动力市场需求略大于供给，求人倍率约为1.11，比上年同期上升0.05，比上季度下降0.02。与上年同期相比，用人需求和求职人数分别增加25.6万人和1.0万人；与上季度相比，用人需求和求职人数分别减少27.6万人和21.3万人。从行业需求看，与上年同期和上季度相比，租赁和商务服务业、卫生社会保障和社会福利业、信息传输计算机服务和软件业、建筑业、科学研究技术服务和地质勘查业等行业的用人需求均有所增长，金融业、水利环境和公共设施管理业、住宿和餐饮业、电力煤气及水的生产和供应业、文化体育和娱乐业等行业的用人需求均有所减少。市场对具有技术等级和专业技术职称劳动者的用人需求均大于供给。与上年同期和上季度相比，对具有高级技能以上技术等级和具有中级以上专业技术职称劳动者的用人需求均有所增长。

---

①2017年1月1日起将新增建设用地土地有偿使用费、南水北调工程基金、烟草企业上缴专项收入3项政府性基金调整转列一般公共预算。相关文件3月印发，4月起在上年基数中考虑3项政府性基金转列一般公共预算的影响，并以此为基础计算同比增减额和增减幅。

（六）国际收支呈现“双顺差”

上半年，经常账户顺差712亿美元，与同期GDP之比为1.3%，仍保持在合理区间；非储备性质的金融账户顺差156亿美元，上年同期为逆差2 259亿美元。截至6月末，外汇储备余额为30 568亿美元。

外债规模继续稳步增长。截至3月末，全口径（含本外币）外债余额为14 378亿美元，较上年年末上涨1.2%。其中，短期外债余额为9 164亿美元，占外债余额的64%。

（七）行业分析

1. 房地产行业

上半年，全国商品房销售较快增长，但增速放缓，房地产开发投资回升，但势头趋缓，房地产贷款增速放缓。

房价上涨城市增多，但同比涨幅收窄。6月，全国70个大中城市中，新建商品住宅价格环比上涨的城市有60个，比3月减少2个，平均涨幅与3月基本持平；价格同比上涨的城市有57个，比3月增加17个，平均涨幅较3月低0.7个百分点。二手住宅价格环比上涨的城市有60个，比3月减少4个；价格同比上涨的城市有66个，比3月增加20个。

商品房销售较快增长，但增速放缓。上半年，全国商品房销售面积为7.5亿平方米，同比增长16.1%，增速较第一季度低3.4个百分点。商品房销售额为5.9万亿元，同比增长21.5%，增速较第一季度低3.6个百分点。其中，商品住宅销售面积和销售额分别占商品房销售面积和销售额的86.8%和83.3%。

房地产开发投资回升，但势头趋缓。上半年，全国房地产开发投资完成额为5.1万亿元，同比增长8.5%，增速较第一季度低0.6个百分点。其中，住宅开发投资额为3.4万亿元，同比增长10.2%，增速较第一季度低1.0个百分点，占房地产开发投资的比重为67.8%。全国房屋新开工面积为8.6亿平方米，同比上升10.6%，增速较第一季度低1.0个百分点。全国房屋施工面积为69.2亿平方米，同比增长3.4%，增速较第一季度高0.3个百分点。全国房屋竣工面积为4.2亿平方米，同比上升5.0%，增速较第一季度低10.1个百分点。

房地产贷款增速放缓。6月末，全国主要金融机构（含外资）房地产贷款余额为29.7万亿元，同比增长24.2%，增速较3月末低2.0个百分点。房地产贷款余额占各项贷款余额的25.9%，较3月末高0.3个百分点。其中，个人住房贷款余额为20.1万亿元，同比增长30.8%，较3月末低4.8个百分点；住房开发贷款余额为5.0万亿元，同比增长20.2%，增速较3月末高0.5个百分点；地产开发贷款余额为1.4万亿元，同比下降17.9%，降幅较3月末缩小3.6个百分点。2017年上半年，新增房地产贷款3.0万亿元，同比多增0.1万亿元，占各项贷款新增额的38.1%，较第一季度下降2.2个百分点。

保障房信贷支持力度仍较大。截至6月末，全国保障性住房开发贷款余额为3.0万亿元，同比增长36.2%，增速较3月末低11.5个百分点；上半年新增4 514.7亿元，占同期房产开发贷款增量的60.4%①，较第一季度上升11.7个百分点。此外，利用住房公积金贷款支

①2017年上半年新增房产开发贷款7 472.8亿元，其中保障房开发贷款新增4 514.7亿元。

持保障性住房建设试点工作稳步推进，截至6月末，已有85个城市的373个保障房建设项目通过贷款审批，并按进度发放871.2亿元，收回贷款本金763.8亿元。

2. 商业性养老保险业

商业养老保险是商业保险机构提供的，以养老风险保障、养老资金管理等为主要内容的保险产品和服务，是养老保障体系的重要组成部分。加快发展商业养老保险，对于完善养老保障体系、推动养老服务业发展、促进经济提质增效升级具有重要意义。

经过二十多年的发展，我国初步形成了以基本养老保险、企业补充养老保险和个人商业养老保险为主的“三支柱”养老保障体系，对支持保障离退休人员基本生活、促进经济发展、维护社会稳定发挥了重要作用。但近年来，随着人口老龄化趋势加剧，并与经济发展新常态和社会转型相交织，我国现有的养老保障体系面临诸多挑战。尤其是在国外养老保障体系中普遍发挥主导作用的商业养老保险发展相对缓慢，距离“多层次、可持续”还有一定的差距，尚未对第一支柱的基本养老保险形成有效补充。第一，与国际相比，商业养老保险发展相对滞后。2016年，我国具备养老功能的人身保险（年金险为主）保费收入为8 600亿元，在人身保险保费收入中的占比为25%。但真正意义上的商业养老保险（退休后分期领取）的保费收入为1 500亿元，占比仅为4.4%，而美国、英国、加拿大等国均超过35%。第二，国民的风险和保险意识不强，购买积极性不高。受制于保险市场发展滞后以及国民投保意识薄弱，我国商业养老保险的参与度较低，人均长期寿险保单持有量仅为0.1份，远低于发达国家1.5份以上的水平。第三，商业保险机构的专业水平和服务能力有待进一步提升，个性化、差异化的产品较少，产品同质化现象较为严重，导致相关产品和服务供给不足且覆盖面小。此外，相关政策支持力度不足，存在优化空间，如商业养老保险税收优惠政策有待进一步完善，为养老保障第三支柱发展提供更强的激励。

为应对人口老龄化，满足人民群众日益增长的养老保障需求，需充分发挥商业养老保险在健全养老保障体系方面的生力军作用。近期，国务院印发《关于加快发展商业养老保险的若干意见》，制定了商业养老保险到2020年的发展目标，部署推动商业养老保险发展工作。下一步，应通过以下几方面加快推动商业养老保险发展：一是创新商业养老保险产品和服务。支持商业保险机构开发多样化商业养老保险产品，积极发展安全性高、保障性强、满足长期或终身领取要求的商业养老年金保险，积极参与个人税收递延型商业养老保险试点。推动商业保险机构提供企业（职业）年金计划等产品和服务，面向创新创业企业就业群体需求，提供多样化养老保障选择。鼓励商业保险机构依法依规有序参与基本养老保险基金和全国社会保障基金投资运营。二是促进养老服务业健康发展。鼓励商业保险机构投资养老服务产业，为养老机构提供风险保障服务，建立完善老年人综合养老保障计划。三是推进商业养老保险资金安全稳健运营。坚持风险可控、商业可持续原则，发挥商业养老保险资金长期投资优势，稳步有序参与国家重大战略实施，促进商业养老保险资金与资本市场协调发展，审慎开展境外投资业务。四是加强制度建设，提升服务质量，发展专业机构，强化监督管理，实现商业养老保险资金保值及合理回报，提升保险保障水平。

第五部分　货币政策趋势

一、中国宏观经济展望

展望未来一段时期，有利于经济稳定增长的因素不少。从国际上看，全球经济总体表现较好，国际货币基金组织（IMF）和经合组织（OECD）先后上调了2017年全球经济增速预期。从国内看，作为发展中大国，中国经济增长的潜力巨大，新型城镇化、服务业、高端制造业以及消费升级有很大的发展空间，经济韧性好、潜力足、回旋空间大的特质没有改变。尤其是随着供给侧结构性改革、简政放权和创新驱动战略不断深化实施，中国经济新的动能正在增强，内需对经济增长的拉动作用保持强劲，产业结构调整加快，过剩产能继续化解，适应消费升级的行业和战略性新兴产业快速发展，各产业内部组织结构改善，去杠杆取得进展，全社会杠杆率高位有所趋稳，金融体系控制内部杠杆也取得阶段性成效。一系列宏观调控措施在适度扩大总需求方面发挥重要作用，货币信贷和社会融资总量保持适度增长，有助于经济实现中高速增长。在多种因素的共同推动下，2017年以来中国经济运行稳中向好的态势较为明显，主要指标好于预期，总供求更加平衡，结构有所优化，制造业投资和民间投资增速有所回升，企业利润和居民收入较快增长，就业形势稳定，经济增长的稳定性、协调性和包容性增强。中国人民银行第二季度企业家及银行家问卷调查显示，宏观热度指数、信心指数等自2016年以来逐季回升；城镇储户问卷调查显示居民就业预期指数总体稳定。

但也要看到，当前经济金融领域的结构调整虽然出现了积极变化，但一些老问题依然存在，结构性矛盾仍然突出。从国际环境看，全球经济仍处在大调整过程中，深层次问题尚未根本解决，强劲增长的动力依然不足，过去几年极度宽松货币政策环境下逐渐积累的全球资产泡沫有内在调整的可能，加之美联储加息和缩表、欧央行和日本央行也可能退出量化宽松，同时地缘政治风险及不确定性也可能加大，我们仍将面临高度复杂多变的国际环境。从国内看，当前经济稳中向好一定程度上受全球经济复苏背景下外需回暖的推动，企业效益改善仍多集中在煤炭、钢铁、有色等上中游行业，部分短板领域瓶颈尚未打破，总杠杆水平仍然偏高，经济内生增长动力仍待增强，结构性矛盾还比较突出。要从经济长周期和结构优化升级的视角，把握经济发展阶段性特征，在适度扩大总需求的同时，以推进供给侧结构性改革为主线，加快培育新的发展动能，改造提升传统比较优势，持续深化"放、管、服"和财税等重点领域改革，全面落实"去产能、去库存、去杠杆、降成本、补短板"五大任务，紧紧抓住处置"僵尸企业"这个牛鼻子，深化国有企业改革，推进新型城镇化发展，加快形成促进房地产市场稳定发展的长效机制，增加劳动力市场灵活性，抑制资产泡沫，降低宏观税负，更充分地发挥市场在资源配置中的决定性作用。把顶层设计和基层创新结合起来，进一步理顺中央和地方财政关系，在新形势下运用新机制发挥好地方的积极性和主动性，加强产权保护，改善营商环境，稳定市场预期，促进非公有制经济健康发展，继续在扩大消费和发展服务业的短板领域取得突破，提高增长的质量和效益，完善金融机构的激励约束机制，保持融资的可持续性，拓展金融资源有效配置的领域和空间。

物价形势总体较为稳定。物价涨幅根本上取决于经济基本面状况和供求的相对变化。从上行推动因素看，当前全球经济总体延续复苏态势，不少经济体经济趋向好转，大宗商品价格震荡上行。国内经济运行稳中向好，加之近期企业库存有所去化，钢铁、煤炭等工业品价格再次出现回升迹象。2017年第二季度GDP平减指数为3.9%，仍处在较高水平。当然也要看到，当前全球主要经济体通胀水平多在低位运行，国内经济既有上行动力但也有下行压力，同时基数因素也可能使未来一段时期物价同比涨幅放缓。综合来看，通胀预期大体保持稳定。中国人民银行第二季度城镇储户问卷调查显示，未来物价预期指数较上季度微降了0.2个百分点。对未来可能的不确定变化，也须继续关注。

二、下一阶段主要政策思路

中国人民银行将认真贯彻落实中央经济工作会议和全国金融工作会议精神，按照党中央和国务院的战略部署，坚持稳中求进工作总基调和宏观政策要稳、微观政策要活的总体思路，紧紧围绕服务实体经济、防控金融风险、深化金融改革三项任务，创新金融调控思路和方式，保持政策连续性和稳定性，实施好稳健中性的货币政策，增强调控的针对性和有效性，做好供给侧结构性改革中的总需求管理，为结构性改革营造中性适度的货币金融环境。更加注重改革创新，寓改革于调控之中，把货币政策调控与深化改革紧密结合起来，更充分地发挥市场在资源配置中的决定性作用。进一步完善调控模式，强化价格型调节和传导，完善宏观审慎政策框架，畅通政策传导渠道和机制，着力强实抑虚，重视防控金融风险，加强金融监管协调，提高金融服务实体经济的效率和水平，同时牢牢守住不发生系统性金融风险的底线。

一是保持总量稳定，综合运用价、量工具和宏观审慎政策加强预调微调，调节好货币闸门。适应货币供应方式变化和金融创新发展，密切关注国内外形势变化对流动性的可能冲击，更准确地监测和把握全社会的实际融资状况，灵活运用多种货币政策工具组合，合理安排工具搭配和操作节奏，“削峰填谷”维护流动性基本稳定，处理好稳增长、调结构、控总量的关系；加强和改善宏观审慎管理，组织实施好宏观审慎评估，逐步探索将更多金融活动和金融市场纳入宏观审慎管理框架。为了更全面地反映金融机构对同业融资的依赖程度，引导金融机构做好流动性管理，拟于2018年第一季度评估时起，将资产规模5 000亿元以上的银行发行的一年以内同业存单纳入MPA同业负债占比指标进行考核。对其他银行继续进行监测，适时再提出适当要求。

二是促进结构优化，支持经济结构调整和转型升级。围绕实体经济全面提升金融服务效率和水平，继续优化流动性的投向和结构，强化信贷政策的重要作用，推进供给侧结构性改革，把更多金融资源配置到经济社会发展的重点领域和薄弱环节，促进融资便利化，降低实体经济成本。继续支持工业稳增长、调结构、增效益，全力做好制造强国建设的金融服务，扎实做好钢铁、煤炭和煤电等去产能的金融服务。继续做好基础设施建设及铁路、船舶等重点行业和领域转型调整的金融服务，加大对京津冀协同发展等国家重大战略以及养老等新消费领域的金融支持力度。以市场化为主，坚持可持续性和互利共赢原则，丰富并用好各种投融资方式，深入推进金融支持“一带一路”建设。扎实做好新型农业经营主体金融服务，深入推进农村“两权”抵押贷款试点，引导银行业金融机构进一步加大对农业基础设施、一二三产业融合、新型城镇化等重点领域的支持力度，严格限制信贷流向投资投机性购房。完善对普惠金融的货币信贷支持政策，发挥好信贷政策支持再贷款、宏观审慎评估有关政策参数、信贷政策导向评估等对普惠金融业务的正向激励和引导作用，加强对小微企业、“三农”和偏远地区的金融服务。健全金融扶贫工作机制，开展金融精准扶贫政策效果评估和示范区创建，加大金融精准扶贫力度，引导金融机构加大对贫困地区的信贷投放。开展小微企业应收账款融资专项行动，优化小微企业融资环境。加大创业担保贷款实施力度，深化科技金融结合试点，积极探索金融支持创业创新市场化运作的长效机制，加大对科技、文化、消费、战略性新兴产业等国民经济重点领域的金融支持力度。

三是进一步推进利率市场化和人民币汇率形成机制改革，提高金融资源配置效率，完善金融调控机制。进一步督促金融机构健全内控制度，增强自主合理定价能力和风险管理水平，从提高金融市场深度入手继续培育市场基准利率和完善国债收益率曲线，不断健全市场化的利率形成机制。探索利率走廊机制，增强利率调控能力，进一步疏通央行政策利率向金融市场及实体经济的传导。加强对金融机构非理性定价行为的监督管理，发挥好市场利率定价自律机制的重要作用，采取有效方式激励约束利率定价行为，强化行业自律和风险防范，维护公平定价秩序。进一步完善人民币汇率市场化形成机制，加大市场决定汇率的力度，增强人民币汇率双向浮动弹性，保持人民币汇率在合理均衡水平上的基本稳定。加快发展外汇市场，坚持金融服务实体经济的原则，为基于实需原则的进出口企业提供汇率风险管理服务。进一步深化外汇管理制度改革，促进贸易和投资便利化，支持人民币在跨境贸易和投资中的使用，积极发挥本币在“一带一路”建设中的作用。稳步推进人民币对其他货币直接交易市场发展，完善人民币跨境使用政策的框架和基础设施，坚持发展改革和风险防范并重。密切关注国际形势变化对资本流动的影响，完善对跨境资本流动的宏观审慎管理。

四是完善金融市场体系，切实发挥好金融市场在稳增长、调结构、促改革和防风险方面的作用。积极促进债券市场产品创新，丰富商业银行资本补充工具，推动绿色金融债券评估认证相关事宜，推进资产证券化。进一步完善金融债券发行管理制度，积极发展商业银行柜台债券业务，优化债券及衍生品交易机制，健全市场化的风险处置机制，维护债券市场平稳运行。稳步推动债券市场双向开放，完善相关政策制度安排，进一步完善“债券通”等市场基础设施跨境合作，给境外发行人和投资人创造更加友好、便利的制度环境。加强金融市场基础设施建设和统筹管理，维护市场安全高效运行和整体稳定。加强债券市场管理协调和跨部门监管协作，切实发挥债券市场在提高直接融资比重、防范化解金融风险、优化资源配置方面的作用。

五是深化金融机构改革，通过增加供给和竞争改善金融服务。继续深化大型商业银行和其他大型金融企业改革，完善国有金融资本管理，完善现代金融企业制度，完善公司法人治理结构，优化股权结构，形成有效的决策、执行、制衡机制，强化金融机构防范风险主体责任，把公司治理的要求真正落实于日常经营管理和风险控制之中。继续推动农业银行“三农金融事业部”深化管理体制和运行机制改革，密切监测评估改革成效，不断提高县事业部服务县域经济的能力和水平。继续推动落实交通银行深化改革方案，不断提高其市场竞争力。推动全面落实开发性、政策性金融机构改革方案，会同有关单位根据改革方案要求和职责分工，抓紧做好健全治理结构、业务范围划分、完善风险补偿机制、制定审慎监管办法等后续工作，通过深化改革加快建立符合中国特色、能更好地为当前经济发展服务、可持续运营的开发性和政策性金融机构及其政策环境。继续推动资产管理公司转型发展。

六是把主动防范化解系统性金融风险放到更加重要的位置，采取多种措施，切实维护金融安全和稳定。坚持金融服务实体经济这个根本，努力畅通货币政策传导渠道和机制，保持总量稳定、促进结构优化。加强风险监测预警，着力防范化解重点领域风险，完善金融安全防线和风险应急处置机制。防范化解银行业不良资产风险，控制不良贷款增量。统一资产管理业务的标准规制，强化实质性和穿透式监管，减少监管套利，规范市场秩序。严格执行差别化信贷政策，限制信贷流向投资投机性购房。坚持积极稳妥去杠杆的总方针不动摇，在控制总杠杆率的前提下，把国有企业降杠杆作为重中之重，抓好处置“僵尸企业”工作，稳步推进市场化法治化债转股。积极稳妥化解累积的地方政府债务风险，有效规范地方政府举债融资。继续做好互联网金融风险专项整治工作。履行好国务院金融稳定发展委员会办公室职责。加强金融监管协调，把握好政策力度、节奏，稳定市场预期。加强对系统重要性金融机构和金融基础设施的统筹监管，继续推进金融业综合统计和监管信息共享。加快完善存款保险风险监测和早期纠正机制，充分发挥存款保险市场化风险化解机制的作用。积极规范发展多层次资本市场，促进资本市场稳定健康发展。坚持综合施策，有效处置金融风险点，防范道德风险，牢牢守住不发生系统性风险的底线。

专栏3 促进资产管理业务规范健康发展

近年来，在政策推动和市场力量的共同作用下，中国资产管理业务规模不断攀升，银行、信托、证券、基金、保险等金融机构均参与其中，跨行业合作日益密切。截至2016年年末，银行表外理财产品资金余额为23.1万亿元；信托公司受托管理的资金信托余额为17.5万亿元；公募基金、私募基金、证券公司资产管理计划、基金及其子公司资产管理计划、保险资产管理计划的规模分别为9.2万亿元、10.2万亿元、17.6万亿元、16.9万亿元和1.7万亿元。剔除交叉持有的因素后，估计各行业金融机构资产管理业务总规模超过60万亿元。同时，互联网企业、各类投资顾问公司等非金融机构开展资产管理业务也十分活跃，以货币市场基金为代表的互联网理财产品因门槛低、收益高、可即时赎回等特点发展迅速。

资产管理业务有效连通了投资与融资，对促进直接融资市场发展、拓宽居民投资渠道、扩展金融机构服务领域、支持实体经济融资需求发挥了积极作用，但资金池操作、产品嵌套、刚性兑付等问题也逐渐显现，市场秩序有待规范，需重点关注以下问题。一是资金池操作存在流动性风险隐患。资产管理机构通过滚动发行、集合运作、分离定价等方式，将募集的低价、短期资金投放到长期的债权或股权项目，以寻求收益最大化。一旦难以募集到后续资金，可能会发生流动性紧张，并通过产品链条向对接的其他资产管理机构传导。二是产品多层嵌套导致风险传递。由于拥有大量资金来源但投资范围基本局限于债权，一些银行理财以信托、证券、基金、保险资产管理产品为通道，将资金投向股权等产品。嵌套产品结构复杂，底数不清，加剧风险传递和市场波动，发生损失时也容易出现责任推诿。三是影子银行面临监管不足。银行表外理财，银信合作、银证合作、银基合作中投向非标准化债权类资产（以下简称“非标”）的产品，保险机构“名股实债”类投资等，具有影子银行特征。这类业务透明度低，容易规避监管要求，实质具有类信贷投资属性，部分投向限制性领域。四是刚性兑付使风险仍停留在金融体系。部分资产管理产品以自有资金或资金池资金确保预期收益，无法与自身的资产负债业务充分隔离。刚性兑付背离资产管理业务的本质特征，不但使风险在金融体系累积，也抬高了无风险收益率水平，加剧了道德风险。五是部分非金融机构无序开展资产管理业务。例如，将线下私募发行的资产管理产品通过线上分拆向非特定公众销售；向不具有风险识别能力的投资者推介产品；开展虚假误导宣传，未充分揭示投资风险；未采取资金托管等方式保障投资者资金安全，甚至演变为非法集资。

对资产管理业务快速发展过程中暴露出的突出风险和问题，要注意到资产管理业务不是债权债务关系，坚持有的放矢的问题导向，厘清资产管理业务的本质属性，逐步引导其回归“受人之托、代客理财、投资者风险自担”的本质。当前，应从统一同类产品的监管差异入手，建立有效的资产管理业务监管制度。一是分类统一标准规制，逐步消除套利空间。建立资产管理业务的宏观审慎政策框架，完善政策工具，从宏观、逆周期、跨市场的角度加强监测、评估和调节。强化功能监管和穿透式监管，同类产品适用同一标准，消除套利空间，有效遏制产品嵌套导致的风险传递。二是引导资产管理业务回归本源，有序打破刚性兑付。资产管理业务投资产生的收益和风险均应由投资者享有和承担，委托人只收取相应的管理费用。资产管理机构不得承诺保本保收益，避免误导投资者，要加强投资者适当性管理和投资者教育，强化“卖者尽责、买者自负”的投资理念。加强资产管理业务与自营业务之间的风险隔离，严格受托人责任。逐步减少预期收益型产品的发行，向净值型产品转型。三是加强流动性风险管控，控制杠杆水平。强化单独管理、单独建账、单独核算要求，使产品期限与所投资产存续期相匹配。鼓励金融机构设立具有独立法人地位的子公司专门开展资产管理业务。建立健全独立托管制度，充分隔离不同资产管理产品之间以及资产管理机构自有资金和受托管理资金之间的风险。统一同类产品的杠杆率，合理控制股票市场、债券市场杠杆水平，抑制资产泡沫。四是消除多层嵌套，抑制通道业务。对各类金融机构开展资产管理业务实行平等准入、给予公平待遇。限制层层委托下的嵌套行为，强化受托机构的主动管理职责，防止其为委托机构提供规避投资范围、杠杆约束等监管要求的通道服务。对基于主动管理、以资产配置和组合管理为目的的运作形式，给出合理空间。五是加强“非标”业务管理，防范影子银行风险。继续将银行表外理财产品纳入广义信贷范围，引导金融机构加强对表外业务风险的管理。规范银行信贷资产及其收益权转让业务。控制并逐步缩减“非标”投资规模，加强投前尽职调查、风险审查和投后风险管理。六是建立综合统计制度，为穿透式监管提供基础。加快建设覆盖全面、标准统一、信息共享的综合统计体系，逐只产品统计基本信息、募集信息、资产负债信息、终止信息，实现对底层投资资产和最终投资者的穿透识别，及时、准确掌握行业全貌，完整反映风险状况。

PART 1

Money and Credit Analysis

During the first half of 2017, liquidity in the banking sector was generally stable, with money, credit, and all-system financing aggregates growing at a steady pace and lending structures continuing to improve. Interest rates recovered, and RMB exchange rates became more flexible.

I. Monetary aggregates grew steadily

At end-June, outstanding M2 stood at RMB163.1 trillion, up 9.4 percent year on year, representing a deceleration of 1.2 percentage points from end-March. Outstanding M1 stood at RMB51.0 trillion, up 15.0 percent year on year, a deceleration of 3.8 percentage points from end-March. Outstanding M0 was RMB6.7 trillion, which represented a year-on-year increase of 6.6 percent. On a net basis, the PBC withdrew RMB132.6 billion during the first two quarters of the year, an increase of RMB92.8 billion from the same period of the last year. The gap between M1 and M2 posted 5.6 percentage points, continuing its narrowing trend since last August.

It is important to comprehensively and objectively understand the recent slowdown in M2 growth. First, because the strong M2 expansion that formerly outpaced nominal GDP growth was closely related to the monetization in housing and other sectors, liquidity demand weakened after the share of commercial residential housing reached a very high level. Second, the strong M2 growth in recent years had also been supported by the financial deepening, as reflected in the rapid development of inter-bank financial activities and wealth management businesses. Progress in financial deepening does not follow a linear path; rather it is subject to ups and downs as a result of regulatory efforts to address associated risks. A moderating M2 growth reflects the impact of measures taken to strengthen financial regulation, shorten financing chains, and reduce layers in the financing structure. A slower M2 growth is expected to become the new normal as the deleveraging proceeds and the financial sector places a greater focus on serving the real economy. In the meantime, as money supply is now influenced by more complex dynamics due to the deepening of the financial market and financial innovation, it has become increasingly difficult to measure and control M2, which is less relevant to economic development. It is thus not necessary to place too much focus on M2 changes.

Base money totaled RMB30.4 trillion at end-June, which represented a decrease of RMB304.8 billion from the beginning of the year. The money multiplier was 5.37, which was 0.08 higher than that at end-March. The overall excess reserve ratio of financial institutions was 1.4 percent, and that of rural credit cooperatives was 8.1 percent.

Figure 1 Growth of Money Supply

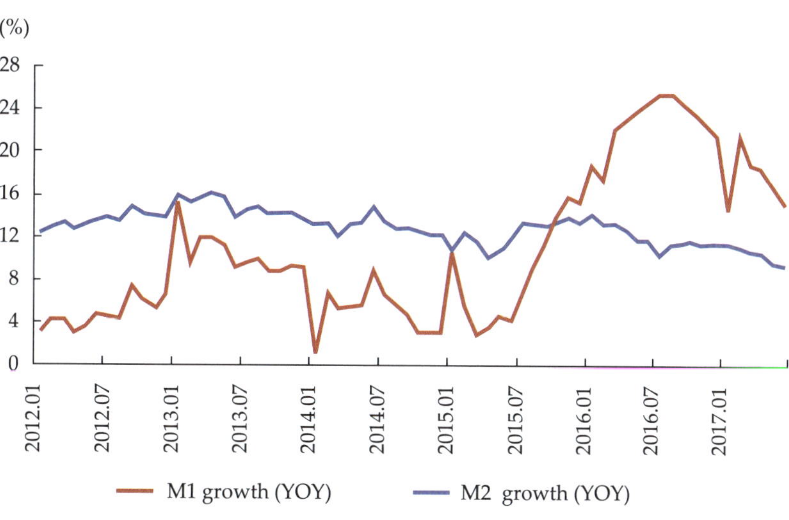

Source: The People's Bank of China.

Box 1 Understanding Changes in the Excess Reserve Ratio

Excess reserves are funds deposited by financial institutions in a central bank in excess of the required reserves, mainly as back-up funds for payments, clearing, liquidity position management, or asset allocations. They are measured by the excess reserve ratio, which is the share of a financial institution's excess reserves in its general deposits. As a key component of the monetary base, excess reserves are the most liquid assets for financial institutions. The size of the excess reserves and their ratio are critical indicators of financial institutions, which, to some extent, reflect their liquidity position. First, under the reserve requirement, banks must increase their required reserves by drawing on liquidity (i.e., excess reserves) to sustain their deposit growth, as insufficient liquidity means they are not able to expand their assets. Second, at the individual level, banks must hold liquidity to meet demands for inter-bank flows, payments, and clearing. Banks must hold more liquidity for precautionary purposes in cases of money-market disruptions or weak payment technologies.

Decline in overall amount of excess reserves was a key structural factor that led to the moderate fall in the aggregate monetary base since the beginning of 2017. It is important to note that the excess reserve ratio is an indicator of liquidity in the banking system that is equally important as the size of the excess reserves. The excess reserve ratio of financial institutions in China has been on a downward trend in recent years. It peaked above 7 percent in 2001 before moving down to an average of about 3.5 percent between 2003 and 2008 and then falling further to the present level of 1.5 percent. This downward trend has been driven by a number of factors. First, the modernized payment system has significantly shortened

Figure 2 Excess Reserve Ratio of Financial Institutions

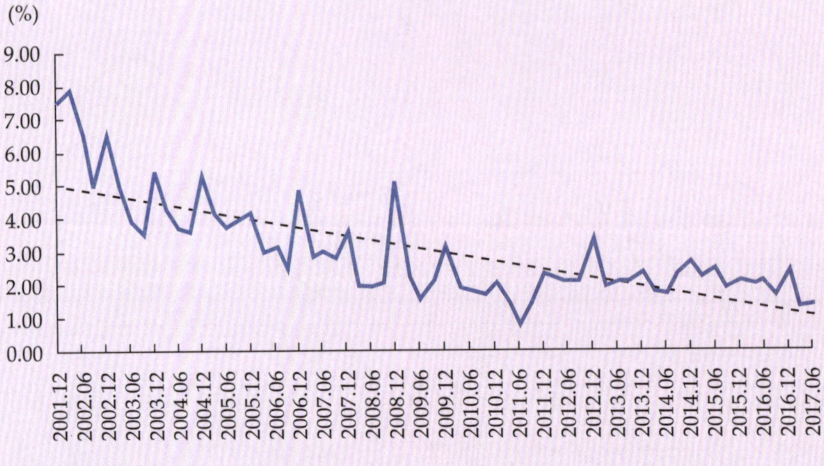

Source: Wind.

the time required for clearing, largely removed frictions in the flow of funds, and lowered the time and transaction costs for transferring funds from other assets to excess reserves. Second, as an easier financing option the rapid financial market development has enabled banks to borrow from the market at any time needed to cover liquidity shortages, thus reducing the banks' precautionary liquidity needs. Third, liquidity management has been improved and become more granular, allowing banks to have a more accurate understanding of the factors that affect liquidity movements and to reduce the impact of uncertain shocks. Some banks have developed advanced liquidity management systems that allow them to monitor the flows of real-time funds among their branches, thus making it possible to achieve higher efficiency of funds utilization by keeping their excess reserve ratios at a level close to zero, or even temporarily below zero at certain points in time, under the mechanism that allows them to overdraw the required reserves.

The need to hold excess reserves has also been weakened by the stronger institutional flexibility that is a result of the PBC's recent continuous efforts to improve the framework for monetary policy operations. For example, the twin-average assessment approach has given banks more flexibility to manage liquidity during the assessment period. Introduction of the Standing Lending Facility and the Automatic Pledge Financing Facility has offered banks the option to request liquidity support from the central bank against eligible collaterals. More frequent open market operations—from twice a week to daily—provide an institutional guarantee for the central bank to timely address liquidity shocks from various sources and to send policy signals to manage and stabilize market expectations. All these developments have weakened the need to hold excess reserves for precautionary purposes. Obviously, this trend does not signal a tightening of liquidity in the banking system or changes in the monetary policy stance.

Moreover, excess reserve ratios of Chinese financial institutions are subject to notable seasonal fluctuations at the end of each quarter and between different quarters, with the ratios moving up at end-June and at end-December due to regulatory assessments, extensive disbursements of fiscal funds, changes in deposits, or the banks' own accounting operations, before they fall back again when the impact of these seasonal factors disappear. This is why simple comparisons of excess reserves ratios at different points of time are ill-advised.

II. Stable growth of RMB deposits in financial institutions

At end-June, outstanding deposits of domestic and foreign currencies in all financial institutions posted RMB165.0 trillion, up 9.6 percent year on year and representing a deceleration of 1.1 percentage points from end-March. This was an increase of RMB9.5 trillion from the beginning of the year, which was RMB1.3 trillion less than the increase during the same period of the last year. Outstanding RMB deposits registered RMB159.7 trillion, up 9.2 percent year on year and representing a deceleration of 1.1 percentage points from end-March. This marked an increase of RMB9.1 trillion from the beginning of the year, or a year-on-year deceleration of RMB1.5 trillion. Outstanding deposits in foreign currencies registered USD793.1 billion, which was an increase of USD80.1 billion from the beginning of the year, representing a year-on-year acceleration of USD51.3 billion.

In terms of the maturities of RMB deposits, demand deposits constituted a smaller share. During the first half of 2017, demand deposits accounted for 32.1 percent of the new deposits by the household sector and the non-financial enterprise sector, down 12.1 percentage points from the same period of the last year. This decrease was partly due to slower issuance of local government and enterprise bonds, a slowdown in real estate sales, and a strong base effect. Broken down by sector, deposits of households and non-

Table 1 Structure of RMB Deposits during the First Half of 2017

Unit: RMB100 million, %

	Deposits at end-June	YOY growth	New deposit in the year	YOY acceleration
RMB deposits	1,596,636	9.2	90,712	-14,572
Deposits of households	637,138	9.6	39,355	3,951
Deposits of non-financial enterprises	515,971	10.9	14,471	-21,188
Deposits of government	295,245	8.6	24,585	-4,942
Deposits of non-banking financial institutions	137,624	4.3	10,341	6,052
Overseas deposits	10,657	-8.5	1,959	1,554

Source: The People's Bank of China.

banking financial institutions registered an acceleration of RMB395.1 billion and RMB605.2 billion respectively year on year, whereas non-financial enterprise deposits recorded a deceleration of RMB2.1 trillion year on year.

III. Rapid growth in lending by financial institutions

At the end of June, outstanding loans in domestic and foreign currencies of all financial institutions posted RMB120.2 trillion, up 12.7 percent year on year and representing an acceleration of 0.4 percentage point from end-March. This was an increase of RMB8.2 trillion from the beginning of the year, which was RMB811.8 billion more than the increase during the same period of the last year. As of end-June, outstanding RMB loans stood at RMB114.6 trillion, which represented a year-on-year growth of 12.9 percent, an acceleration of 0.5 percentage point from end-March. This was an increase of RMB7,967.8 billion from the beginning of the year and an acceleration of RMB436.2 billion year on year. Monthly increases in lending have been exceeding RMB1 trillion since the beginning of 2017, with loans extended during the first half of the year and in June reaching record levels as compared with the highest levels in history during the same periods. Actual increases in loans are even stronger if swaps of the debt stock of local governments are taken into consideration.

In terms of maturities, the share of new medium- and long-term RMB loans expanded. These loans increased by RMB7.1 trillion from the beginning of the year, which represented an acceleration of RMB1.9 trillion year on year and accounted for 88.9 percent of the total new loans, up 19.8 percentage points over the same period of the last year. There was a notable slowdown in medium- and long-term lending to overcapacity industries. Broken down by sectors, loans to the household sector moderated from their high levels, growing 23.9 percent at end-June, which was 0.7 percentage point lower than the growth at end-March. Among this total, growth of mortgage loans slowed down to 30.8 percent at end-June, down 6.0 percentage points from their highest level in 2017. Continued moderation in year-on-year monthly mortgage growth since March led to smaller mortgage lending of RMB2.2 trillion in the first half of the year, which represented a deceleration of RMB70.8 billion year on year and accounted for a lower share of the total new lending, at 27.8 percent, down by 2.6 percentage points from the same period of the last year. Lending to non-financial enterprises, government departments and organizations increased by RMB4.4 trillion from the beginning of the year. On a monthly basis, it grew by RMB508.7 billion, RMB566.1 billion, and RMB700.4 billion in April, May, and June respectively, representing year-on-year accelerations of RMB367.2 billion, RMB206.4 billion, and RMB91.4 billion. Broken down by the type of institutions, Chinese-funded small- and medium-sized banks and small-sized rural financial institutions saw the stronger acceleration in lending growth on a year-on-year basis.

Table 2 Structure of RMB Loans during the First Half of 2017

Unit: RMB100 million, %

	Outstanding amount at end-June	YOY growth	Increase from the beginning of the year	YOY acceleration
RMB loans	1,145,721	12.9	79,678	4,362
Loans to households	371,453	23.9	37,749	8,290
Loans to non-financial enterprises, government departments and organizations	762,748	8.5	44,323	-972
Loans to non-banking financial institutions	7,055	-19.7	-2,487	-2,733
Overseas loans	4,465	28.5	92	-224

Source: The People's Bank of China.

Table 3 New RMB Loans by Financial Institutions during the First Half of 2017

Unit: RMB100 million

	New loans	YOY acceleration
Chinese-funded large-sized banks [1]	31,604	187
Chinese-funded small- and medium-sized banks[2]	42,149	1,177
Small-sized rural financial institutions[3]	10,468	1,698
Foreign-funded financial institutions	1,001	473

Notes: 1. Chinese-funded large-sized banks refer to banks with total assets (both in domestic and foreign currencies) of RMB2 trillion or more (according to the amount of total assets in both domestic and foreign currencies at end-2008).
2. Chinese-funded small- and medium-sized banks refer to banks with total assets (both in domestic and foreign currencies) of less than RMB2 trillion (according to the amount of total assets in both domestic and foreign currencies at end-2008).
3. Small-sized rural financial institutions include rural commercial banks, rural cooperative banks, and rural credit cooperatives.
Source: The People's Bank of China.

Loans in foreign currencies increased considerably. As of end-June, outstanding loans in foreign currencies of all financial institutions stood at USD832.7 billion, representing an increase of USD46.9 billion from the beginning of the year and an acceleration of USD92.1 billion year on year. In terms of the use of loans, short-term loans to non-financial enterprises, government departments and organizations increased by USD7.0 billion from the beginning of the year, an acceleration of USD65.0 billion; overseas loans increased by USD39.8 billion from the beginning of the year, an acceleration of USD26.7 billion.

IV. All-system financing aggregates grew at a reasonable pace

According to preliminary statistics, at the end of June stocks of all-system financing aggregates reached RMB166.92 trillion, up 12.8 percent year on year and representing an acceleration of 0.4 percentage point from the same period of the last year. During the first half of 2017, incremental all-system financing aggregates reached RMB11.17 trillion, up RMB1.36 trillion year on year. Incremental all-system financing aggregates was characterized by the following three features. First, growth of RMB loans to the real economy registered a year-on-year acceleration. During the first half of 2017, RMB loans to the real economy increased by RMB8.21 trillion, an acceleration of RMB728.8 billion from the same period of the last year, accounting for 73.5 percent of incremental all-system financing aggregates. Second, growth of trust loans and undiscounted bankers' acceptances registered a significant year-on-year acceleration, whereas growth of entrusted loans registered a considerable year-on-year deceleration. During the first half of 2017, trust loans increased by RMB1.31 trillion, representing an acceleration of RMB1.03 trillion from the same period of the last year; undiscounted bankers' acceptances increased by RMB569.6 billion, representing an acceleration of RMB1.85 trillion; and entrusted loans increased by RMB598.8 billion, representing a deceleration of RMB447.7 billion. Third, the decline in enterprise bond financing posted a significant year-on-year acceleration and stock financing registered a year-on-year decrease. During the first half of 2017, enterprise bond financing decreased by RMB370.8 billion,

Table 4 Stocks of All-system Financing Aggregates at End-June, 2017

Unit: RMB1 trillion, %

	All-system financing aggregates[1]	Of which:						
		RMB loans	Foreign-currency denominated loans (RMB equivalent)	Entrusted loans	Trust loans	Undiscounted bankers' acceptances	Enterprise bonds	Financing by non-financial institutions via domestic stock markets
End-June. 2017[2]	166.92	113.40	2.62	13.79	7.59	4.47	17.67	6.24
YOY change	12.8	13.1	-3.0	14.4	32.3	-2.3	7.1	21.7

Notes: 1. Stocks of all-system financing aggregates refer to the total outstanding volume of financing provided by the financial system to the real economy (the non-financial corporate sectors and the household sectors in the domestic market) at the end of a certain period of time.

2. Data for the current period are preliminary. Stocks are based on the book value or the face value. The year-on-year change is annualized and based on comparable data.

Sources: The People's Bank of China, National Development and Reform Commission, China Securities Regulatory Commission, China Insurance Regulatory Commission, China Central Depository & Clearing Co., Ltd., National Association of Financial Market Institutional Investors, and so forth.

Table 5 Increments in All-system Financing Aggregates during the First Half of 2017

Unit: RMB100 million

	Incremental all-system financing aggregates[1]	Of which:						
		RMB loans	Foreign-currency denominated loans (RMB equivalent)	Entrusted loans	Trust loans	Undiscounted bankers' acceptances	Enterprise bonds	Financing by non-financial institutions via domestic stock markets
First half of 2017[2]	111,684	82,097	473	5,988	13,115	5,696	-3,708	4,702
YOY change	13,625	7,288	4,260	-4,477	10,323	18,464	-21,381	-1,321

Notes: 1. An increment in all-system financing aggregates refers to the total volume of financing provided by the financial system to the real economy (the non-financial corporate sectors and the household sectors in the domestic market) during a certain period of time.

2. Data for the current period are preliminary.

Sources: The People's Bank of China, National Development and Reform Commission, China Securities Regulatory Commission, China Insurance Regulatory Commission, China Central Depository & Clearing Co., Ltd., National Association of Financial Market Institutional Investors, and so forth.

RMB2.14 trillion more than that during the same period of the last year, and financing by non-financial institutions via domestic stock markets recorded RMB470.2 billion, which was a decrease of RMB132.1 billion from the same period of the last year.

V. Interest rates of deposits and loans increased slightly

In June, the weighted average interest rate of loans offered to non-financial enterprises and other sectors was 5.67 percent, an increase of 0.41, 0.14, and 0.4 percentage point compared with June 2016, March of this year, and December of last year, respectively. In particular, the weighted average interest rate of ordinary loans posted 5.71 percent, up 0.08 percentage point from March; the weighted average bill financing rate posted 5.39 percent, up 0.62 percentage point from March. The interest rate of home mortgage loans edged up, with its weighted average interest rate posting 4.69 percent in June, up 0.14 percentage point from March.

Broken down by the floating interest rates, the share of loans with interest rates above and at the benchmark rate increased and the share of loans with interest rates below the benchmark rate decreased. In June, the share

Table 6 Shares of Loans with Rates at, above, or below the Benchmark Rate, January through June 2017

Unit: %

Month	Lower than the benchmark	At the benchmark	Higher than the benchmark					
			Subtotal	(1.0,1.1]	(1.1,1.3]	(1.3,1.5]	(1.5,2.0]	Above 2.0
January	23.87	19.41	56.72	14.53	16.04	9.24	10.43	6.48
February	27.64	18.55	53.81	15.12	15.14	8.17	9.12	6.27
March	23.30	18.13	58.57	14.19	16.17	9.83	10.76	7.62
April	21.41	17.71	60.88	15.23	17.60	9.75	10.83	7.46
May	20.70	18.11	61.19	14.76	17.68	10.27	11.11	7.37
June	16.13	19.47	64.39	15.12	19.06	11.77	11.45	6.99

Source: The People's Bank of China.

Table 7 Average Interest Rates of Large-value Deposits and Loans Denominated in US Dollars, January through June 2017

Unit: %

Month	Large-value deposits						Loans				
	Demand deposits	Within 3 months	3-6 months (including 3 months)	6-12 months (including 6 months)	1 year	More than 1 year	Within 3 months	3-6 months (including 3 months)	6-12 months (including 6 months)	1 year	More than 1 year
January	0.20	1.05	1.59	1.88	2.03	2.19	2.03	2.32	2.19	2.21	3.80
February	0.20	1.05	1.57	1.89	2.13	2.24	1.95	2.30	2.02	2.28	4.07
March	0.22	1.14	1.68	2.01	2.25	2.24	2.17	2.32	2.26	2.38	3.90
April	0.25	1.22	1.59	2.02	2.14	2.25	2.31	2.45	2.42	2.55	3.22
May	0.22	1.39	1.73	2.51	2.09	2.25	2.67	2.77	2.61	2.58	3.48
June	0.22	1.41	1.93	2.02	2.35	1.87	2.43	2.45	2.71	2.46	3.50

Source: The People's Bank of China.

of loans with interest rates higher than the benchmark rate was 64.39 percent, up 5.82 percentage points from March; the share of loans with interest rates at the benchmark rate was 19.47 percent, up 1.34 percentage points from March; and the share of loans with interest rates lower than the benchmark rate was 16.13 percent, down 7.17 percentage points from March.

Against the background of interest rate fluctuations in international financial markets and changes in the supply and demand of foreign currencies in the domestic market, the interest rates of foreign currency deposits and loans increased slightly. In June, the weighted average interest rate of large-value US dollar demand deposits registered 0.22 percent, on a par with that in March; the weighted average interest rate of deposits with maturities within 3 months registered 1.41 percent, up 0.27 percentage point from March. The weighted average interest rates of US dollar loans with maturities within 3 months and with maturities between 3 months (including 3 months) and 6 months posted 2.43 percent and 2.45 percent respectively, up 0.26 and 0.13 percentage point respectively from March.

VI. The RMB exchange rate was more flexible in terms of two-way fluctuations

In the second quarter, the US dollar generally weakened, with most of the major currencies appreciating against the US dollar, and the RMB exchange rate also appreciated against the US dollar. The exchange rate mechanism became more rule-based, transparent, and market-oriented. The flexibility of the RMB exchange rate against the US dollar was further strengthened, exhibiting larger two-way fluctuations. Exchange rate expectations remained generally well anchored. At the end of June, the CFETS RMB exchange rate index closed at 93.29, down by 1.62 percent from the end of 2016; the RMB exchange rate index based on the Bank for International Settlements (BIS) basket and the SDR basket closed at 94.25 and 94.18 respectively, depreciating by 2.07 percent and 1.38 percent respectively from the end of the last year. According to calculations by the BIS, the NEER and the REER of the RMB depreciated by 2.27 percent and 3.32 percent respectively during the first half of 2017. From the RMB exchange rate regime reform in 2005 to end-June 2017, the NEER and the REER of the RMB appreciated by 34.26 percent and 42.24 percent respectively. At end-June, the central parity of the RMB against the US dollar was 6.7744, an appreciation of 1,626 basis points, or 2.40 percent, from the end of 2016. From the reform of the RMB exchange rate regime in 2005 to end-June 2017, the RMB appreciated by a cumulative 22.17 percent against the US dollar.

VII. Cross-border RMB receipts and payments fell on a year-on-year basis

During the first half of 2017, cross-border receipts and payments in RMB totaled RMB3.74 trillion, a decrease of 22 percent year on year. In particular, RMB receipts and payments registered RMB1.7 trillion and RMB2.04 trillion respectively, resulting in a net outflow of RMB335.40 billion and a receipt-to-payment ratio of 1 : 1.2. RMB cross-border receipts and payments under the current account posted RMB2.15 trillion, down 19 percent year on year. In particular, settlements of trade in goods registered RMB1.65 trillion, whereas settlements of trade in services and other items registered RMB505.81 billion. Receipts and payments under the capital account totaled RMB1.59 trillion, down 26 percent year on year.

Figure 3 Monthly RMB Payments and Receipts under the Current Account

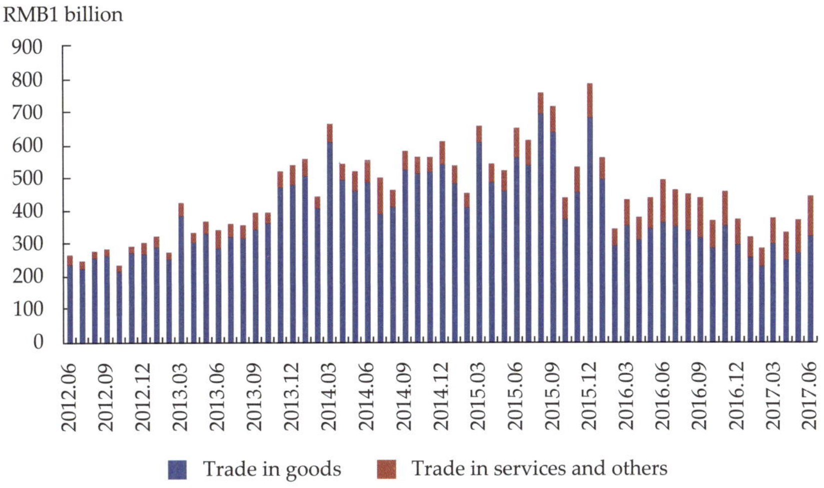

RMB1 billion

900
800
700
600
500
400
300
200
100
0

2012.06 2012.09 2012.12 2013.03 2013.06 2013.09 2013.12 2014.03 2014.06 2014.09 2014.12 2015.03 2015.06 2015.09 2015.12 2016.03 2016.06 2016.09 2016.12 2017.03 2017.06

Trade in goods   Trade in services and others

Source: The People's Bank of China.

PART 2 Monetary Policy Operations

During the first half of 2017, the upward momentum in the Chinese economy was sustained, with a strengthening of stabilization, improvements in the economy, a further recovery of external demand, a closing of the divergence in price trends, a dropping of the growth rate of the leverage ratio, and stabilization of the real estate market. In accordance with the overall arrangements of the Central Committee of the Communist Party of China (CPC) and the State Council, the PBC maintained a prudent and neutral monetary policy and properly managed the cash supply to ensure the stability of liquidity, building favorable monetary and financial environments for efforts to stabilize growth, restructure the economy, advance the reforms, improve the people's livelihood, contain bubbles, and prevent risks.

I. Open market operations were conducted in a flexible manner

As required by the prudent and neutral monetary policy and to strike a balance between deleveraging and the need to maintain liquidity stability, the PBC improved the forward-guidance nature, flexibility, and precision of open market operations, enhanced preemptive fine-tuning and management of expectations, properly arranged the combinations of open market operations tools, and reasonably adjusted the intensity and pace of operations and mitigated liquidity volatility by addressing excesses and shortages. As a result, the money market and bond market both functioned well, and progress was also made in lowering the leverage ratio of internal funding within the financial system.

During the first quarter, liquidity in the banking system remained at a stable, neutral, and appropriate level, with interest rates in the money market generally stabilizing and volatilities at specific spots were soon mitigated under the market mechanism. In April, financial regulations were tightened against potential risks in the financial system and market expectations also changed. The PBC, CBRC, CSRC, CIRC, and SAFE enhanced financial regulatory coordination under the Ministerial Inter-Agency Meeting for Financial Regulatory Coordination, worked closely in terms of time and pace when launching supervisory policies, stabilized market expectations through preemptive fine-tunings, and refrained from excessive interventions to allow market forces to play a corrective role. On the one hand, in late May the PBC Open Market Operations Office sent out operations signals and on June 6 it conducted MLF operations totaling RMB498 billion to offset beforehand the MLF maturity that totaled RMB431.3 billion in June and to provide a reasonable amount of incremental liquidity. On June 7, the PBC restarted the 28-day repos, with maturities spanning to the end of the first half of 2017 and thereafter it continuously conducted repo operations to offset the impact of taxes and the required reserves of financial institutions as well as the maturities of PBC liquidity tools, and to address liquidity shortages in a neutral and moderate manner. On the other hand, considering that fiscal expenditures at the end of each month injected a great amount of liquidity into the system, in order to contain total liquidity at a neutral and reasonable level, the PBC's Open Market Operations Office suspended operations for 12 consecutive working days beginning on June 23 and it used the PBC's maturing repo operations to address the excesses of total liquidity. Meanwhile, the PBC issued statements to explain the adjustments and suspensions of operations to enhance communications with the market and to improve transparency. In general, market expectations have been stable since the second quarter, and financial institutions have deepened their understandings on the PBC's measures to address liquidity excesses and shortages to maintain a neutral and reasonable stance. As a result, there have been fewer market misinterpretations. The 7-day repo rate (DR007)–the most representative inter-bank market rate–was generally moving within a range between 2.75 and 3.0 percent, pointing to a slightly downward trend, and the bond market was recovering.

Along with increasing scale of the total economy, the growing size of the financial system's balance sheet, and the enhancement of the correlations of cross-market funds and institutions, the impact of liquidity has been amplified due to factors such as fiscal revenue and expenditures, payments and refunds of the required reserves of financial institutions, cash injections and recycling, and market expectations, and these impacts easily overlapped. For example, the middle of each month is usually the time when the tightening effect of multiple factors overlap, therefore open market operations to address liquidity shortages are intensified. In contrast, at the end of each month fiscal expenditures inject liquidity, so open market operations are mainly conducted to address liquidity excesses and to maintain flexibility according to the pace and scale of fiscal expenditures. To avoid market misinterpretations of the prudent and neutral monetary policy stance due to a sustained tightening or loosening of liquidity during a certain period of time, the open market operations will enhance the flexibility of cash injections and recycling, enrich the maturities of PBC repo products, improve the stability of liquidity, and guide financial institutions to improve the maturity structures of their balance sheets so as to maintain liquidity in the banking system at a stable and neutral level.

II. Standing Lending Facility (SLF) and Medium-term Lending Facility (MLF) operations were conducted

Based on the need for monetary policy management as well as the liquidity situation in the banking system, the PBC comprehensively employed different monetary policy tools during the first half of 2017, including the Temporary Liquidity Facility (TLF), the MLF, and the SLF, to maintain liquidity stability in the banking system.

In January 2017, the PBC provided temporary

liquidity support with significant cash injections through the TLFs to a number of large banks in an effort to meet the intense liquidity demand ahead of the Spring Festival and to ensure liquidity stability in the banking system and the smooth functioning of the money market. As a result, the impact of substantial cash injections before the Spring Festival on liquidity stability in the banking system and on the functioning of the financial market was significantly reduced.

SLFs were conducted to fully cover the short-term liquidity needs of locally incorporated financial institutions and to promote the steady functioning of the money market, leveraging the role of the SLF rate as the ceiling of the interest rate corridor. In the first half of 2017, the PBC conducted a total of RMB306.9 billion of SLF operations, with outstanding SLFs of RMB44.6 billion at end-June. To reflect the stabilization and growing momentum of the economic fundamentals and the upward trend of interest rates in the money market, the PBC raised SLF rates twice during the first quarter, adding 20 basis points to the 7-day and 1-month SLF interest rates and bringing the overnight, 7-day, and 1-month SLF interest rates to 3.30 percent, 3.45 percent, and 3.80 percent respectively. Interest rates at the end of the second quarter were at the same level as those at the end of the first quarter.

MLFs were conducted as necessary on a monthly basis to promote steady economic growth and to ensure a supply of base money in consideration of the liquidity demand of financial institutions. MLF operations during the first half of 2017 reached RMB2,894.0 billion on a cumulative basis, with RMB4,224.5 billion remaining outstanding at end-June, an increase of RMB767.2 billion from the beginning of the year. MLFs have been an important channel for the PBC to make base money injections as a means to bridge the mid-to-long-term liquidity gap in the banking system. MLF operations were conducted through an auction process, and the auction prices for 6-month and 1-year MLFs during the second quarter posted at 3.05 percent and 3.20 percent respectively.

III. Further improvements in the macro-prudential policy framework

The prevention of systemic financial risks is an ongoing theme in financial work. The macro-prudential policies are mainly targeted to prevent systemic financial risks from macro, counter-cyclical, and cross-market perspectives, with a focus on addressing the shocks of pro-cyclical volatilities and cross-market risks stemming from the financial system to the macroeconomy and to financial stability. Currently, the Macro-Prudential Assessment (MPA) is one of the important means to build the macro-prudential policy framework. The MPA closely links credit growth to capital adequacy and a reasonable demand for economic development, featuring the characteristics of both macro-prudential policy and monetary policy. Based on changes in the situation and the demand for adjustments and control, the PBC has been improving the MPA. During the first quarter of 2017 it officially included off-balance-sheet wealth management businesses in the scope of broad credit indicators while also conducting

MPA assessments. From the perspective of implementation, the growth rate of broad credit, including that of off-balance-sheet wealth management business, has dropped from high levels, which has played a significant role in containing the rapid growth of the leverage ratio within the financial system, facilitating the healthy operations of financial institutions, and enhancing the sustainability of financial support to the real economy. At the same time, the PBC has been focusing on preparatory work to include inter-bank certificates of deposit in the scope of the MPA inter-bank debt ratio indicator and on occasions it has disclosed relative considerations, such as during the conference on the disciplinary mechanism for interest rate pricing, in an aim to provide an adequate transition period to ensure smooth implementation.

IV. Underpinning financial institutions with various monetary policy tools to provide stronger credit support to key areas and weak sectors in the economy

The PBC made strong efforts to encourage financial institutions to increase their support for small and micro businesses, agriculture, rural areas, and farmers, renovation of shanty towns, and other key areas and weak sectors in the economy by using tools such as central-bank loans, central-bank discounts, and Pledged Supplementary Lending (PSL). At end-June, outstanding central-bank loans for agriculture, small enterprises, and poverty alleviation, as well as central-bank discounts, posted RMB236.0 billion, RMB75.9 billion, RMB142.9 billion, and RMB140.2 billion respectively. The PSL was used to extend credit to China Development Bank, the Export-Import Bank of China, and Agricultural Development Bank of China to support their lending for the renovation of shanty towns, key hydraulic projects, and projects to support overseas operations of Chinese enterprises. The PBC provided RMB195.3 billion of PSLs to China Development Bank, the Export-Import Bank of China, and Agricultural Development Bank of China during the second quarter, with outstanding PSLs posting RMB2,411.1 billion at end-June.

The reserve requirement ratio (RRR) for banks under the targeted RRR program was adjusted on a dynamic basis. In February 2017, the PBC implemented a regular assessment under the targeted RRR reduction program based on bank performance in 2016 to support agriculture and small enterprises. Most banks were assessed to have met the criteria for the annual credit supply to agriculture and small enterprises and they continued to be eligible for the preferential RRR. A number of banks that had not been covered by the program were assessed this year to have met the criteria and thus became eligible for the program. Some banks failed the assessment and were removed from the program.

V. The structural guidance role of credit policies

The PBC continued to explore and assume the role of signaling and guiding the structure of credit policies to support economic restructuring, industrial transformation, and upgrading. To support the five major tasks of cutting over capacity, reducing excess inventory, deleveraging, lowering costs, and strengthening areas of weakness, the PBC focused on guiding financial institutions to restructure the stock of credit assets on the supply side, improve the use of new loans and the transition to the new growth model, appropriately use central bank financial support, and explore new models of organizational structures, collaterals, products, and services so as to allocate more credit resources to key areas and weak sectors of the economy, with the aim of satisfying the diversified financial demands of the people and the real economy. First, banking institutions were encouraged and guided to provide comprehensive support to build China into a manufacturing power; to continue providing proper financial services for strategic industrial restructuring, infrastructure development, and reform and development in key areas, such as shantytown renovations, underground utility tunnels, ship-building, railways, logistics, and energy; to drive industrial transformation by focusing on expanding service consumption; to make innovations in organizational arrangements, products, and service modes; and to step up financial support for new priorities in consumption, such as retirement services and healthcare. Second, financial services for agriculture-related areas and small businesses were enhanced. The PBC prudently promoted the pilot program of loans collateralized with the operational rights of contracted land and rural housing property, encouraged small- and medium-sized enterprises (SMEs) to use non-financial enterprise debt financing instruments to raise funds, supported eligible financial institutions to issue financial bonds to extend loans exclusively to small businesses, and encouraged the development of small- and medium-sized banks and private financial institutions. Third, the PBC urged banking institutions to implement various policies to provide financial support to address overcapacity issues in the coal, steel, and coal-fired power-generation sectors. It also improved the system of policies to support green finance and stepped up efforts to develop green financing. Fourth, the PBC provided financial support to promote coordinated regional development for national strategies, which include the Coordinated Development Plan of the Beijing-Tianjin-Hebei Area, the Belt and Road Initiative, Development of the Yangtze River Economic Belt, and the Western China Development Drive. Fifth, the PBC continued to improve financial services related to the people's livelihood, such as poverty reduction, employment, education, minority ethnic groups, migrant workers, and college graduates who have become rural officials. It boosted financial support for mass entrepreneurship and innovation and actively promoted pilot programs related to the integration of technology and finance. The PBC further promoted financial services designed to targeted poverty reduction programs, strengthened the collection, distribution, and management of funds for poverty alleviation by relocation, and improved information-sharing, statistical monitoring, and evaluations of targeted poverty reduction, with the objective of promoting sound and sustainable economic and social development in poverty-stricken areas and lifting people out of poverty. Moreover, the mechanism to assess the effectiveness of guiding credit policies was improved, and the credit asset securitization program was further promoted to revitalize the stock of credit assets.

VI. The RMB exchange rate regime was improved

During the second quarter, the Foreign Exchange Self-disciplinary Mechanism led member banks to improve the CNY/USD central parity formation mechanism and introduced "the counter-cyclical factor" into the existing formation mechanism of "closing rate + exchange rate movements against a basket of currencies", with the aim of offsetting pro-cyclical volatilities due to market sentiments and alleviating the potential "herding effect" in the foreign exchange market. After the adjustment, the new formation mechanism of "closing rate + exchange rate movements against a basket of currencies + the counter-cyclical factor" operated in an orderly way and better reflected the fundamentals of the Chinese economy and changes in the international foreign exchange market. The flexibility of the CNY/USD exchange rate further improved and two-way movements became more obvious. Exchange rate expectations were generally stable.

During the second quarter, the highest and lowest central parities of the RMB against the US dollar were RMB6.7744 and RMB6.9066 respectively. During the 60 trading days, the RMB appreciated on 29 days and depreciated on 31 days. The largest daily appreciation and depreciation were 0.80 percent (543 bps) and 0.25 percent (174 bps) respectively.

The RMB depreciated against the euro, the Japanese yen, and other major currencies. At end-June, the central parities of the RMB against the euro and the Japanese yen stood at RMB7.7496 per euro and RMB6.0485 per 100 yen, depreciating 5.71 percent and 1.48 percent respectively from the end of 2016. From the exchange rate reform in 2005 to end-June 2017, the RMB appreciated by a cumulative 29.22 percent against the euro and a cumulative 20.79 percent against the Japanese yen.

Table 8 The Trading Volume of the RMB against Foreign Currencies in the Inter-bank Foreign Exchange Spot Market during the First Half of 2017

Unit: RMB100 million

Currency	USD	EUR	JPY	HKD	GBP	AUD	NZD	SGD	CHF	CAD	MYR	RUB
Trading volume	192,112.52	2,978.80	1,727.73	1,078.06	250.36	513.37	105.95	94.17	75.81	320.10	20.24	54.17
Currency	ZAR	KRW	AED	SAR	HUF	PLN	DKK	SEK	NOK	TRY	MXN	
Trading volume	1.42	184.67	0.60	5.82	0.00	0.03	10.57	12.78	2.70	0.00	0.01	

Source: China Foreign Exchange Trade System.

At end-June, under the bilateral currency swap agreements between the PBC and overseas monetary authorities, the latter utilized a total of RMB22.187 billion and the former used foreign currencies equivalent to USD1.548 billion. These swap agreements had played a positive role in promoting bilateral trade.

Box 2 "The Counter-cyclical Factor" was Introduced into the RMB Exchange Rate Regime by the Foreign Exchange Self-disciplinary Mechanism

As the market-oriented reform of the RMB exchange rate has been advancing steadily, the central parity of the RMB exchange rate formation mechanism has improved. On August 11, 2015, the PBC led central parity quoting banks to further improve the formation mechanism of the RMB against the US dollar, indicating that the central parity quoting price shall be decided with reference to the closing price on the previous trading day. On December 11, 2015, the China Foreign Exchange Trade System launched the RMB exchange rate index, which strengthened the reference to a currency basket to better maintain the stability of the RMB exchange rate against the currencies in the basket. As a result, the CNY/USD central parity formation mechanism of "closing rate + exchange rate movements against a basket of currencies" was developed. In June 2016, the Foreign Exchange Self-disciplinary Mechanism was established, allowing financial institutions to play a more important role in maintaining orderly operations in the foreign exchange market and in an environment for fair competition. The Exchange Rate Working Group was asked to mainly regulate the RMB exchange rate central parity quoting activities. In February 2017, the Foreign Exchange Self-disciplinary Mechanism adjusted the reference period for the central parity against the currency basket from 24 hours ahead of submitting the quotes to 15 hours between the closing on the previous trading day and the submission of the quotes, which avoided repeated references to the daily movements of the USD exchange rate in the central parity of the following day. In general, the RMB exchange rate central parity formation mechanism has been improving, which has effectively improved the rule-based, transparent, and market-oriented nature of RMB exchange rate policies and has played an active role in stabilizing exchange rate expectations.

Since 2017, stabilization of the Chinese economy has been strengthened, with major indicators indicating better-performing trends and an obvious acceleration in the growth rate of exports. At the same time, the US dollar has been weakening, with other major currencies significantly appreciating against the US dollar. From January to May of this year, the euro, the Japanese yen, the British pound, and the Australian dollar appreciated against the US dollar by 6.91 percent, 5.58 percent, 4.46 percent, and 3.08 percent respectively, and some emerging market currencies also appreciated against the US dollar, for example, the Russian ruble, the Indian rupee, the Mexican peso, and the South African rand appreciated against the US dollar by 8.31 percent, 5.29 percent, 11.32 percent, and 4.74 percent respectively. During the same period, the RMB appreciated only 1.07 percent against the US dollar, which did not reflect economic fundamentals and changes in the international foreign exchange market. One of the important reasons for this is that to some extent there is a pro-cyclicality in the foreign exchange market, and market participants are easily affected by irrational expectations and they overlook the supporting effects of the economic fundamentals for a better exchange rate. As a result, a one-sided market may be amplified and self-reinforced, thus exacerbating the risk of overshooting market exchange rates. To address this issue, the Exchange Rate Working Group, led by the ICBC under the Foreign Exchange Self-disciplinary Mechanism, suggested adjusting the RMB central parity formation mechanism of "closing rate + exchange rate movements against a basket of currencies" to "closing rate + exchange rate movements against a basket of currencies + the counter-cyclical factor". This suggestion was agreed upon by core members of the Foreign Exchange Self-disciplinary Mechanism and implementation was officially announced by its Secretariat. To calculate the counter-cyclical factor, one begins by removing the impact of the currency basket from the movement between the previous closing rates and the central parity, after which the exchange rate movements mainly reflect market supply and demand. The counter-cyclical factor can be found by adjusting the counter-cyclical coefficient, which is set by the quoting banks based on changes in the economic fundamentals and the extent of pro-cyclicality in the foreign exchange market.

The introduction of "the counter-cyclical factor" into the central parity formation mechanism has further improved the market-based RMB exchange rate formation mechanism. First, it helps the central parity better reflect the fundamentals of the macro-economy. As described above, there has been a significant discrepancy between the movement of the CNY/USD exchange rate and the economic fundamentals and the international foreign exchange market. This might imply that under one-sided market expectations, the simple mechanism of "closing rate + exchange rate movements against a basket of currencies" might cause the central parity to reflect changes in line with the expectations, but few if any changes against the expectations. The introduction of "the counter-cyclical factor" is helpful to correct this asymmetry. Many market participants also believe that the introduction of "the counter-cyclical factor" is a very good mathematical way to solve the issue of asymmetric depreciation. Second, it may help offset pro-cyclical volatilities in the foreign exchange market so that the central parity better reflects reasonable changes in market supply and demand. The exchange rate, as the price of the local currency and the foreign currency, features both goods and assets. The nature of assets means that movements in the exchange rate might trigger investors to buy on the upswing and to sell on the downswing, thus bringing pro-cyclical volatilities to the foreign exchange market. As a result, a reasonable market supply and demand that is in line with the fundamentals might be distorted and the gap between supply and demand might be amplified. The introduction of "the counter-cyclical factor" into the central parity formation mechanism can restore market supply and demand to a level that is in line with the economic fundamentals so that market supply and demand can play a more decisive role in the exchange rate formation and prevent one-sided overshooting of the RMB exchange rate. In fact, the introduction of "the counter-cyclical factor" will not change the trend or direction in the supply and demand of foreign exchange. A screening of the herding effect on the foreign exchange market is not against market forces, but rather it is aimed to facilitate the rationality of market activities while respecting the market. Since the irrational factor in foreign exchange demand and supply has been properly offset, after the introduction of "the counter-cyclical factor", the central parity formation mechanism has increased the weight of the reference to the currency basket, which may help maintain the stability of the RMB exchange rate against the currency basket and prevent a divergence of expectations. Of course, the increased weight of the reference to the currency basket is not pegged to the basket, and market demand and supply still play a decisive role in exchange rate movements. Third, the improved central parity formation mechanism has maintained its rule-based nature and a high level of transparency. The rule-based nature and transparency of the benchmark price formation mechanism are decided by the clarity of its rules and its mechanism as well as by the feasibility of verification of the rules and mechanism by the quoting institutions. The adjustment to introduce "the counter-cyclical factor" into the central parity formation mechanism was proposed by the Exchange Rate Working Group under the Foreign Exchange Self-disciplinary Mechanism and implementation was agreed upon after extensive discussions among all fourteen members of the RMB exchange rate central parity against the US dollar quoting banks. Each member bank provided their quotes based on a thorough understanding of the new mechanism, and they also verified the released central parity based on their own quotes and data from the public. In addition, all the data used for the calculation of "the counter-cyclical factor" come from public information or from internal data of their own discretion, without interference from third parties. In general, after the introduction of "the counter-cyclical factor", the rule-based nature, transparency, and market orientation were further improved.

From the perspective of actual operations, the new mechanism has effectively contained the herding effect in the foreign exchange market, enhanced the role of China's macroeconomic fundamentals in the formation of the RMB exchange rate, and maintained the basic stabilization of the RMB exchange rate at a reasonable and equilibrium level. On June 30, 2017, the central parity of the RMB exchange rate against the USD was RMB6.7744 per US dollar, appreciating 2.40 percent from the end of the last year, and the market exchange rate closed at RMB6.7796 per US dollar, appreciating by 2.51 percent from the end of the last year.

VII. Deepening the reform of financial institutions

The reform plan of development and policy financial institutions has been fully implemented. Since the reform plan of China Development Bank, the Export-Import Bank of China, and Agricultural Development Bank of China was approved, the PBC has played an active role in coordinating reform efforts by convening working group meetings on a number of occasions to steadily promote implementation of the reform plan. At present, the PBC, together with the members of the working group on reforms, is gradually carrying out reform measures, such as establishing and improving the role of the board of directors and the governance structure and clarifying the business boundaries. The PBC is also cooperating with the relevant departments in efforts to improve the risk compensation mechanism and to develop prudential regulatory rules.

The deposit insurance scheme has been improved. Since implementation of the *Regulations on Deposit Insurance* on May 1, 2015, relevant work has proceeded smoothly. As deposits in financial institutions grew steadily, the structure of deposits at large, medium-sized, and small banks remained generally the same. The coverage ceiling of RMB500,000 covers 99.6 percent of the depositors, which has remained stable. The PBC has continued to implement a risk-based differentiated premium rate arrangement, including deposit insurance rating and pricing, which takes effect by limiting risks and providing positive incentives for insured institutions. The PBC has also made efforts to monitor, identify, and resolve the risks of the insured institutions through risk warnings and early corrections. The PBC actively coordinated with local governments and supervisory bodies to promote risk resolution in line with the rules and regulations. The PBC released the logo for deposit insurance, enhanced publicity and training, and improved the management of premium funds.

The reform of the rural credit cooperatives (RCCs) has produced fruitful results. The operation and financial status of the RCCs continued to improve, with stronger credit support to the agriculture-related areas and steady progress in the reform of the property rights system. As reported under the five tiers of classifications of loans at end-June, outstanding non-performing loans (NPLs) of all RCCs in China stood at RMB575.5 billion, with the NPL ratio at 4 percent, a year-on-year decrease of 0.2 percentage point. The capital adequacy ratio stood at 12 percent, a year-on-year increase of 0.8 percentage point. Outstanding deposits and loans of all RCCs in China posted RMB23.15 trillion and RMB14.47 trillion, up 9.2 percent and 12.9 percent respectively compared with the previous year. Loans extended by RCCs accounted for 12.6 percent of the total loans extended by all financial institutions in China. Outstanding agro-linked loans and rural household loans stood at RMB8.69 trillion and RMB4.25 trillion respectively, a year-on-year increase of 9.7 percent and 10.6 percent respectively. As of end-June, there were 997 county/municipal-level RCCs with legal-person status, 1,171 rural commercial banks, and 37 rural cooperative banks.

VIII. Deepening the reform of foreign exchange administration

Trade and investment facilitation has been promoted. First, Bond Connect operations were officially launched as an important measure to facilitate progress in opening up China's financial market, which promotes conveniences for overseas investors to make investments in the Mainland inter-bank bond market through Hong Kong. Second, the PBC initiated and extended the pilot program of foreign exchange payments for cross-border e-commerce, tourism procurement, and third-party payment institutions, and enhanced support for new business models for external trade. Third, the PBC improved macro-prudential management policies for all currencies and promoted the convenience of cross-border financing.

Reviews of authenticity and compliance were enhanced. First, administrative measures for foreign exchange of trade in goods were improved by granting commercial banks access to digital customs information, so that banks could review trade documents more conveniently. Second, administration of foreign exchange used for overseas investments was optimized, with stricter reviews of the authenticity and close monitoring of irrational overseas investments in real estate and four other sectors as well as other potential risks in overseas investments, including large investments in non-core businesses, investments through limited partnerships, investments to subsidiaries that are significantly larger than the parent company, and rapidly establishing overseas institutions and transferring funds. The measures were aimed at promoting sustainable and healthy development of China's overseas investments.

Measures were taken to improve capabilities for supervision in action and ex post. First, statistics on bank card overseas transactions were improved, with measures to request financial institutions to report bank card overseas transaction information in an effort to maintain order in overseas transactions through bank cards. Second, the PBC worked with the customs and taxation departments to improve the cooperation mechanism for joint supervision, promoted implementation of information-sharing, and conducted practical cooperation in joint supervision. Third, measures were enhanced to issue notices on typical cases and to publicize warnings and provide education to deter illegal foreign exchange activities.

PART 3 Financial Market Analysis

During the first half of 2017, the financial market as a whole functioned soundly. Interest rates in the money market generally moved up and liquidity was broadly stable. Against the backdrop of recovering fundamentals, the U.S Federal Reserve rate hike, and the moderate deleveraging in the domestic financial system, the bond market yield curve flattened and shifted upward, whereas the trading volume and the issuance of spot bonds declined. The stock indices remained generally stable, while the trading volume and the amount of equity financing continued to decline year on year. The growth of asset and premium income in the insurance sector moderated.

I. Financial market analysis

1. Money market repo transactions rebounded, the share of transactions of overnight products fell, and market interest rates rose

Repo transactions on the inter-bank market rebounded and the growth rate of inter-bank lending continued to decline. During the first half of 2017, the cumulative turnover of bond repos reached RMB275.7 trillion on the inter-bank market, representing an average daily turnover of RMB2.2 trillion, a decrease of 4.5 percent year on year and an increase of 8.6 percent from Q1 2017. The cumulative turnover of inter-bank lending reached RMB38.8 trillion, with an average daily turnover of RMB315.6 billion,

Table 9 Fund Flows among Financial Institutions during the First Half of 2017

Unit: RMB100 million

	Repos		Inter-bank borrowing	
	H1 2017	H1 2016	H1 2017	H1 2016
Chinese-funded large banks[1]	-677,604	-1,062,405	-78,314	-115,269
Chinese-funded small- and medium-sized banks[2]	109,966	202,445	3,552	-414
Securities institutions[3]	190,655	253,768	54,562	83,589
Insurance institutions[4]	-23,178	6,550	18	20
Foreign-funded banks	31,198	45,490	4,444	4,682
Other financial institutions and vehicles[5]	368,963	554,151	15,739	27,393

Notes: 1. Chinese-funded large banks include Industrial and Commercial Bank of China, Agricultural Bank of China, Bank of China, China Construction Bank, China Development Bank, Bank of Communications, and Postal Savings Bank of China.

2. Chinese-funded small- and medium-sized banks include China Merchants Bank and sixteen other medium-sized banks, small-sized city commercial banks, rural commercial banks, rural cooperative banks, and village and township banks.

3. Securities institutions include securities firms and fund management companies.

4. Insurance institutions include insurance firms and company annuities.

5. Other financial institutions and vehicles include urban credit cooperatives, rural credit cooperatives, finance companies, trust and investment companies, financial leasing companies, asset management companies, social security funds, funds, wealth management products, trust plans, and other investment vehicles. Some of these financial institutions and vehicles do not participate in the inter-bank borrowing market.

6. A negative sign indicates net lending and a positive sign indicates net borrowing.

Source: China Foreign Exchange Trade System.

a decrease of 14.1 percent year on year and a decrease of 7.3 percent from Q1 of 2017. In terms of the maturity structure, the share of transactions of overnight products fell, as overnight repos and overnight lending accounted for 80.5 percent and 87 percent respectively of the turnover in bond repos and inter-bank lending during the first half of the year, shrinking by 5.9 percentage points and 1.3 percentage points respectively from the corresponding period of the previous year. The turnover of bond repos on the stock exchanges increased 28.5 percent year on year to RMB127 trillion.

In terms of financing among financial institutions, the flow of funds displayed the following characteristics. First, both Chinese-funded large banks and insurance institutions were net lenders. Specifically, net lending by large banks through repos and inter-bank lending totaled RMB75.6 trillion in H1, whereas insurance institutions have been net lenders since Q3 2016, with net lending through repos and inter-bank lending amounting to RMB2.3 trillion in H1. Second, other financial institutions and vehicles and securities institutions were the main net borrowers. In particular, net borrowing by other financial institutions and vehicles totaled RMB38.5 trillion in H1, accounting for 49.4 percent of the total amount of net borrowing, 1.9 percentage points more than that in Q1; net borrowing by securities institutions posted RMB24.5 trillion in H1, accounting for 31.5 percent of the total amount of net borrowing, 1.7 percentage points higher than that in Q1.

Interest rate swap trading was brisk. In H1, 61,192 RMB interest rate swap deals were reached, an increase of 50.0 percent year on year, with the notional principal volume totaling RMB5,534.38 billion, an increase of 26.7 percent year on year. In terms of the maturity structure, contracts with maturities of up to one year traded most briskly and the volume of their aggregate notional principal posted RMB4,198.20 billion, accounting for 75.9 percent of the total. In terms of the reference rates, the 7-day fixing repo rate and the Shibor were the two major floating reference rates for RMB interest rate swap transactions. The notional principal of the interest rate swaps with the two reference rates as benchmarks accounted for 88.9 percent and 10.9 percent of the total respectively.

Growth of the inter-bank CD market leveled off and the CD business made further progress. By end-June, 527 financial institutions had disclosed their annual CD issuance plans for 2017, among which 377

Table 10 Transactions of Interest Rate Swaps during the First Half of 2017

	Transactions (lots)	Amount of the notional principal (RMB100 million)
H1 2017	61,192	55,343.8
H1 2016	40,795	43,693.5

Source: China Foreign Exchange Trade System.

had already completed their issuances on the inter-bank market. In H1, a total of 12,600 inter-bank CDs were issued on the inter-bank market, raising RMB9.52trillion. Trading volume on the secondary market totaled RMB47.17 trillion. In Q2, CD issuances registered a total of RMB4.53 trillion, a decline of RMB0.46 trillion from Q1. Both the issuance and trading of CDs were priced based on the Shibor, and the correlation between the issuance interest rates and the medium- and long-end Shibor remained strong. In June, the average weighted issuance interest rate of 3-month inter-bank CDs was 4.88 percent, 21 basis points higher than that of the 3-month Shibor. In H1, a total of 11,400 CDs were issued by financial institutions, raising RMB3.12 trillion, an increase of RMB0.43 trillion year on year.

Money market interest rates moved up. As financial institutions took an initiative to adjust assets and liabilities, in late March activities in the inter-bank market began to decline, pushing up the interest rates. In May, market interest rates declined as expectations stabilized. In June, the weighted average interest rate of inter-bank lending was 2.94 percent, up 32 and 50 basis points respectively from March 2017 and December 2016; the weighted average interest rate of pledged repos reached 3.03 percent, up 19 and 47 basis points respectively from March 2017 and December 2016. In June, the weighted average interest rate of repos among deposit-taking institutions with rate securities as pledges was 2.83 percent, 20 basis points lower than the weighted average interest rate of pledged repos in the inter-bank market. Shibor rates went up. At end-June, the overnight and 7-day Shibor posted 2.62 percent and 2.85 percent respectively, up 39 and 30 basis points from end-2016 respectively. The 3-month and 1-year Shibor posted 4.5 percent and 4.42 percent respectively, up 123 and 105 basis points from end-2016 respectively.

2.The bond market yield curve flattened and shifted upward, and the trading volume and issuance of spot bonds declined

In H1, institutions tended to issue and trade more cautiously. The volume of spot bond trading on the inter-bank market posted RMB44.6 trillion, representing an average daily turnover of RMB362.3 billion and a decrease of 21.9 percent year on year. With respect to the trading entities, Chinese-funded small- and medium-sized banks and securities institutions were net bond sellers, with their net sales totaling RMB2.2 trillion; other financial institutions and vehicles were net bond buyers, with their net purchases totaling RMB1.7 trillion. In terms of products, a total of RMB4.8 trillion of spot government bonds was traded, accounting for 10.9 percent of the total spot bond transactions on the inter-bank market; turnovers of spot financial bonds and corporate debenture bonds were RMB30.6 trillion and RMB8.7 trillion, respectively, accounting for 68.6 percent and 19.4 percent, respectively, of the total spot bond transactions on the inter-bank market. Separately, the volume of spot bond trading on the stock exchanges totaled RMB2.6 trillion, an increase of 19.7 percent year on year.

Figure 4 Yield Curves of Government Securities on the Inter-bank Bond Market

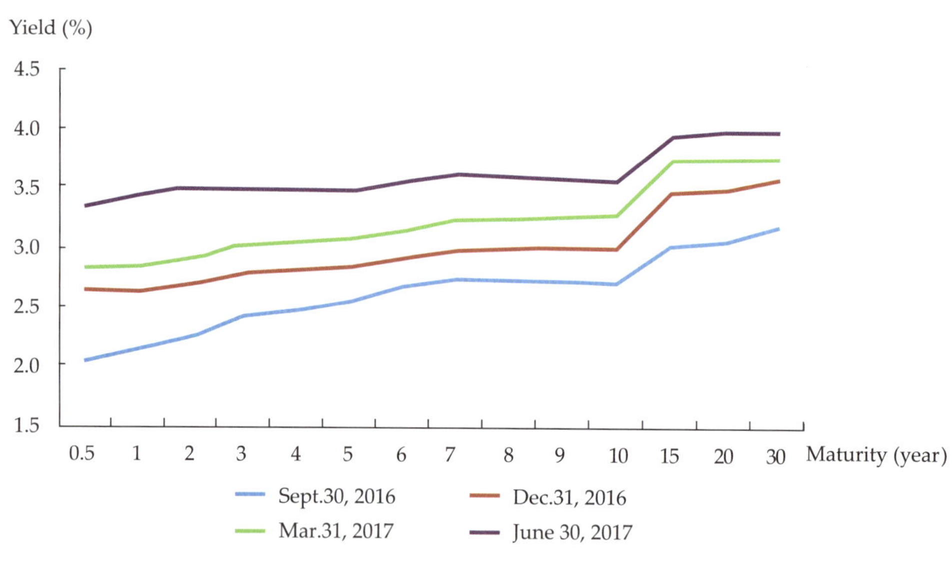

Source: China Central Depository & Clearing Co., Ltd..

The bond market yield curve flattened and shifted upward. Since April, with strengthened financial regulation, steady and improved domestic economic performance, and stronger expectations of normalization by the US Federal Reserve, there was a remarkable rise in the yield of government securities and the yield curve flattened further. Starting from late May, expectations of stronger regulation weakened and liquidity tended to stabilize, causing the yield of government securities to fall. At end-June, the yields of 1-year, 3-year, 5-year, 7-year, and 10-year government bonds were up 60 basis points, 48 basis points, 41 basis points, 39 basis points, and 29 basis points from end-March. At end-June, the spread between 1-year and 10-year government bonds narrowed by 31 basis points to 11 basis points.

Inter-bank market bond indices declined slightly. The China Bond Composite Index (net price) declined from 100.73 points at end-March to 99.77 points at end-June, representing a decrease of 0.95 percent. The China Bond Composite Index (full price) declined from 115.89 points at end-March to 114.87 points at end-June, a decrease of 0.88 percent. The Shanghai Securities Exchange T-Bond Index increased from 160.18 points at end-March to 160.41 points at end-June, an increase of 0.14 percent.

The volume of bond issuances declined significantly. In H1, a total of RMB17.6 trillion of bonds was issued, a decrease of 2 percent year on year, among which issuances of inter-bank CDs grew rapidly whereas issuances of local government bonds and corporate bonds dropped notably year on year. At end-June, outstanding bonds posted RMB68.6 trillion, an increase of 19.4 percent year on year.

The coupon rates of bonds generally increased. The rate of 10-year government bonds issued in June was 3.52 percent, an increase of 12 basis points from the rate of

Table 11 Bond Issuances during the First Half of 2017

Unit: RMB100 million

Type of bonds	Issuance	YOY growth
Government securities	13,652	-25
Local government bonds	18,610	-17,145
Central bank bills	0	0
Financial bonds[1]	121,371	32,985
Of which: Financial bonds issued by China Development Bank and policy financial bonds	16,273	-3,751
Inter-bank certificates of deposit	95,225	35,010
Corporate debenture bonds[2]	22,456	-19,493
Of which: Debt-financing instruments of non-financial enterprises	16,676	-10,697
Enterprise bonds	2,092	-1,165
Corporate bonds	3,688	-7,445
Bonds issued by international institutions	233	127
Total	176,322	-3,552

Notes: 1. Including financial bonds issued by China Development Bank, policy financial bonds, ordinary bonds, subordinated bonds and hybrid bonds issued by commercial banks, bonds issued by securities firms, inter-bank certificates of deposits, and so forth.

2. Including debt-financing instruments issued by non-financial enterprises, enterprise bonds, corporate bonds, convertible bonds, bonds with detachable warrants, privately placed SME bonds, and so forth.

Sources: The People's Bank of China, National Development and Reform Commission, China Securities Regulatory Commission, and China Central Depository & Clearing Co., Ltd..

those of the same maturity issued in March. The rate of 10-year financial bonds issued by China Development Bank was 4.15 percent, a decline of 14 basis points from those of the same maturity issued in March. The average rate of 1-year short-term financing bills (rated A-1) issued by AAA-rated enterprises was 5.16 percent, an increase of 53 basis points from March. The average coupon rate of 5-year medium-term notes was 6.01 percent, an increase of 78 basis points from March. The Shibor continued to serve as an important benchmark in the pricing of bonds and inter-bank CDs. In H1, a total of 66 floating-rate bonds were issued based on the Shibor, with a gross issuance volume of RMB44.36 billion; 92 fixed-rate enterprise bonds were issued, with a gross issuance volume of RMB89.16 billion, all based on the Shibor; and a total of RMB135.23 billion of fixed-rate short-term financing bills was issued based on the Shibor, accounting for 68.5 percent of all fixed-rate short-term financing bills.

3.The outstanding volume of bill financing continued to decrease and interest rates fluctuated mildly

The bill acceptance business continued to fall. In H1, commercial bills issued by enterprises totaled RMB9.5 trillion, an increase of 0.6 percent year on year; outstanding commercial bills posted RMB8.3 trillion, a decline of 15.6 percent year on year. The balance of bill acceptances decreased each month, revealing a decline of RMB750.3 billion between end-June and the beginning of 2017. In terms of industries, outstanding bankers' acceptances were mainly issued by enterprises in the manufacturing, wholesale, and retail industries; in terms of the issuing entities, small- and medium-sized enterprises issued about two-thirds of the total.

The outstanding volume of bill financing declined, and bill market interest rates fluctuated mildly. In H1, financial institutions discounted a total of RMB22.4 trillion of commercial bills, a decline of 56.9 percent year on year; at end-June, the outstanding balance of bill discounts stood at RMB3.9 trillion, down 27.0 percent year on year. The balance of outstanding bill financing decreased each month, revealing a decline of RMB1,588.2 billion between end-June and the beginning of 2017. The share of outstanding bill financing among the total outstanding loans was 3.39 percent, a decrease of 1.85 percentage points year on year. Interest rates on the bill market edged up among moderate fluctuations.

4. The stock indices remained broadly stable, whereas the trading volume and the amount of equity financing continued to decline year on year

The stock indices remained broadly stable, with a rally in the prices of blue chip stocks. The Shanghai Stock Exchange Composite Index closed at 3,192 points at end-June, down 0.9 percent from end-March but up 2.9 percent from end-2016. The Shenzhen Stock Exchange Component Index closed at 10,530 points, up 1 percent from end-March and up 3.5 percent from end-2016. The Shanghai Stock 50 Index closed at 2,550 points, up 8.1 percent from end-March and up 11.5 percent from end-2016. The Growth Enterprise Board (GEM Board) Index (Chinext Price Index) closed at 1,818 points, down 4.7 percent from end-March and down 7.3 percent from end-2016. The weighted average P/E ratio of the A-share market on the Shanghai Stock Exchange rose from 15.9 times at end-2016 to 17 times at end-June, whereas that of the Shenzhen Stock Exchange fell from 41.6 times to 36 times.

Turnover on the stock markets continued to drop. In H1, the combined turnover of the Shanghai and Shenzhen Stock Exchanges was RMB52.3 trillion and the average daily turnover was RMB439.1 billion, a fall of 17.7 percent year on year and a decline of 2 percent from Q1. Turnover on the GEM Board totaled RMB7.8 trillion, a decrease of 32.1 percent year on year. At end-June, the combined market capitalization of the Shanghai and Shenzhen Stock Exchanges posted RMB41.6 trillion, an increase of 14.5 percent year on year; and the market capitalization of the GEM Board posted RMB3 trillion, a decrease of 1.3 percent year on year.

The amount of equity financing declined year on year. In H1, a total of RMB562.6 billion was raised by enterprises and financial institutions by way of IPOs, additional offerings, rights issuances, and warrant exercises on the domestic and overseas stock markets, representing a decrease of 15 percent year on year. Among this total, RMB524.4 billion was raised on the A-share market, a decline of 18.6 percent year on year.

5.The growth of asset and premium income in the insurance sector moderated

In H1, the total premium income in the insurance industry amounted to RMB2.3

Table 12 Use of Insurance Funds at End-June, 2017

Unit: RMB100 million, %

	Outstanding balance		As a share of total assets	
	End-June 2017	End-June 2016	End-June 2017	End-June 2016
Total assets	164,304	142,661	100.0	100.0
Of which: Bank deposits	21,593	23,605	13.1	16.5
Investments	123,406	102,024	75.1	71.5

Source: China Insurance Regulatory Commission.

trillion, representing a year-on-year growth of 23 percent and a deceleration of 14.3 percentage points from the same period of the last year. Claim and benefit payments totaled RMB578.6 billion, representing a year-on-year growth of 9.9 percent. Specifically, total claim and benefit payments in the property insurance sector increased by 6 percent year on year and those in the life insurance sector increased by 12.7 percent.

Growth of insurance assets moderated further. At end-June, total assets in the insurance industry posted RMB16.4 trillion, representing a year-on-year growth of 15.2 percent and a deceleration of 1.6 percentage points from Q1. Among this total, outstanding bank deposits decreased 8.5 percent year on year, whereas investment-linked assets grew by 21 percent year on year.

6.Rapid growth in foreign exchange swap deals

Foreign exchange swap (FX swap) trade continued to grow steadily. Turnover of spot RMB/foreign exchange transactions totaled USD2.9 trillion, an increase of 14.6 percent year on year. Turnover of RMB/foreign exchange swap transactions totaled an equivalent of USD5.6 trillion, an increase of 25.6 percent year on year, among which overnight RMB/USD swap transactions posted USD3.3 trillion, accounting for 60 percent of the total swap turnover. Turnover on the RMB/foreign exchange forward market totaled USD40.4 billion, a decrease of 8.5 percent year on year. In H1, turnover of foreign currency pair transactions amounted to an equivalent of USD55.8 billion, a decrease of 18.8 percent year on year. In particular, the EUR/USD pair registered the largest trading volume, accounting for 32.4 percent of the total.

The number of participants on the foreign-exchange market increased further. At end-June, there were 601 members on the foreign exchange spot market, 167 members on the foreign exchange forward market, 167 members on the foreign exchange swap market, 138 members on the currency swap market, and 96 members on the foreign exchange options market. There were 32 market-makers on the spot market and 27 market-makers on the forward and swap markets.

7.The trading volume of gold continued to grow

Gold prices rallied amid fluctuations. In H1, with weaker-than-expected tax cuts and other fiscal stimulus measures in the United States as well as a rising risk aversion caused by geopolitical events, gold prices went up amid fluctuations before they moderated in June. International gold prices peaked at USD1,293.50 per ounce and reached a trough of USD1,151.00 per ounce, closing at USD1,242.25 per ounce at end-June, representing an increase of 7.17 percent from end-2016. Led by this trend, domestic gold prices also showed a similar rise and fall. The peak and trough prices of gold (AU9999) on the Shanghai Gold Exchange were RMB300.00 per gram and RMB258.00 per gram, respectively. At end-June, the price of gold closed at RMB273.10 per gram, an increase of 3.49 percent from end-2016.

Overall, the volume of trading on the Shanghai Gold Exchange continued to grow. In H1, the total trading volume on the Shanghai Gold Exchange registered RMB8.92 trillion, up 12.36 percent year on year. Specifically, the volume of gold trading was 24,100 tons, a decrease of 4.56 percent year on year, and the turnover posted RMB6.66 trillion, an increase of 2.31 percent year on year. The volume of silver trading was 557,600 tons, an increase of 38.35 percent year on year, and the turnover posted RMB2.26 trillion, an increase of 58.38 percent year on year. The volume of platinum trading was 19.87 tons, a decline of 33.37 percent year on year, and the turnover posted RMB4.524 billion, a decline of 29.03 percent year on year.

II. The development of institutional arrangements in financial markets

1. Measures to develop the inter-bank bond market

Bond market access between Mainland China and Hong Kong (Bond Connect) was launched in a proactive and prudent manner. The *Interim Administrative Measures for the Bond Trading Link between Mainland China and Hong Kong SAR* and other supporting documents were released. The PBC and the Hong Kong Monetary Authority reached a consensus on the principles for cross-border regulatory cooperation and other Bond Connect issues, and signed a *Memorandum of Understanding on Strengthening Supervisory Cooperation under Bond Connect*. On July 3, 2017, Bond Connect operations were officially launched, according to which offshore investors can participate in subscriptions on the inter-bank bond market through northbound trading, which is based on the connection of the financial infrastructure between Mainland China and Hong Kong. During the first month after the launch of Bond Connect operations, China Development Bank, Agricultural Development Bank of China, and other institutions issued bonds in the amount of RMB51.5 billion to both domestic and overseas investors.

The inter-bank bond market was further opened up in a steady manner, with a view to facilitating investments by overseas institutional investors. First, the operating hours for settling bond transactions involving overseas institutional investors were extended, and T+2 settlements were made available. Second, a new English column on access by overseas institutional investors to the inter-bank bond market was added to the PBC's website, whose content has been constantly upgraded, to provide English information to overseas institutional investors. In addition, PBC Announcement [2017] No. 7 was released to promote eligible overseas credit-rating agencies to carry out credit-rating business on China's inter-bank bond market, to regulate credit-rating business on the inter-bank bond market, and to promote sound and stable development of the inter-bank bond market. As of end-June, a total of 506 overseas institutional investors had entered the inter-bank bond market, including foreign central banks or monetary authorities, sovereign wealth funds, international organizations, RMB clearing banks in Hong Kong and Macao, overseas banks participating in RMB settlements for cross-border trade transactions, overseas insurance companies, and RMB Qualified Foreign Institutional Investors (RQFII) and Qualified Foreign Institutional Investors (QFII), with combined investments of about RMB850 billion.

Moreover, the government securities market-making mechanism was officially launched in collaboration with the Ministry of Finance to improve the yield curve of government securities.

2. Institutional arrangements and regulation of the capital market were strengthened

The establishment of institutional arrangements for a multi-layered capital market made progress. China Securities Regulatory Commission (CSRC) issued the *Interim Measures on Regulation of Regional Equity Markets*, which established criteria for qualified investors and a scheme for looking-through the ultimate investor and an arrangement for investors' fund management, clarified the scope for intermediary businesses within which operating institutions can become involved and their corresponding obligations, and strengthened market self-regulation. The *Measures* unify regional equity market businesses and regulatory rules, thus they will help improve regulatory coordination, combat illegal activities, prevent a regulatory vacuum and regulatory arbitrage, protect the legitimate rights and interests of investors, mitigate and resolve financial risks, and promote the sound and stable development of regional equity markets.

Regulation of securities firms, securities investment fund management companies, and futures companies was strengthened. First, the CSRC issued the *Measures for Compliance Administration of Securities Firms and Securities Investment Fund Management Companies* to clarify the respective responsibilities of the board of directors, the board of supervisors, the senior management, and compliance managers in order to improve compliance, strengthen the accountability of those violating the rules, regulations, and laws, improve the effectiveness of compliance management, strengthen self-regulation, and promote sustained and healthy development of the industry. Second, the CSRC released the *Measures for the Administration of Risk-based Regulation Indicators of Futures Companies* and supporting documents, which raised the minimum net capital requirement to RMB30 million, provided for detailed haircut rules based on liquidity, recoverability, and risks, adjusted the scope and standards of risk provisions for asset management businesses, improved the applicability and effectiveness of the system of risk-based regulation indicators in the futures industry, and strengthened supervision over futures companies.

The regime for shareholding reductions of listed companies was further improved. The CSRC issued the *Rules on the Sale of Shares by Major Shareholders, Directors, Supervisors, and Senior Managers of Listed Companies*, improving the regimes for block trading and shareholding reduction information disclosures, and guiding the controlling shareholders, directors, supervisors, and senior managers of listed companies to reduce shareholding in a law-abiding, rational, and orderly manner, which will help promote stable operations of listed companies, reward small- and medium-sized investors, support market confidence, and protect the legitimate rights and interests of investors.

3. Institutional arrangements for regulation of the insurance industry were reinforced

First, risk controls were strengthened. In the *Notice on Further Strengthening Risk Control in the Insurance Industry*, China Insurance Regulatory Commission (CIRC) identified nine notable risks in the insurance industry, namely liquidity risks, risks in investments, strategic risks, risks in new insurance businesses, risks from external contagion, risks of mass disturbances, risks in data authenticity and accuracy, risks of leveraged capital stock, and reputational risks, and it raised specific requirements for risk controls. Second, the governance rules for insurance companies were improved. The CIRC issued the *Guidelines for the Articles of Association of Insurance Companies* to establish mandatory articles in the Articles of Association and to define the detailed rights and obligations of insurance companies and their shareholders, directors, supervisors, and management. Third, insurance companies were encouraged to support the real economy. In the *Guidelines for the Insurance Industry to Support the Real Economy*, the CIRC enhanced support for insurance companies to invest in Public Private Partnership (PPP) projects and in financing for the agro-linked sector, small businesses, and infrastructure construction so as to guide the industry to better serve the national strategy and development of the real economy. Meanwhile, the *Notice on Investments in Priority Projects by Debt Investment Plans* was issued to improve the efficiency of registration, to scale back the requirements for credit enhancement, and to facilitate investments by insurance funds in the real economy. Fourth, insurance funds were allowed to invest in the Shenzhen–Hong Kong Stock Connect Program. The CIRC issued the *Regulatory Rules on the Pilot Program for Insurance Fund Investments in the Shenzhen–Hong Kong Stock Connect Program*, allowing insurance companies to make southbound investments, either directly or through securities investment funds, under the Shenzhen–Hong Kong Stock Connect Program. Fifth, the commercial auto insurance reform was deepened. The

CIRC reduced the floating coefficient of the commercial auto insurance premium from 0.85 to a range of 0.70~0.75 (varying across provinces), and further expanded the independent pricing power of insurance companies.

PART 4 Macroeconomic Analysis

I. Global economic and financial developments

During the first half of 2017, the global economy continued to recover. The International Monetary Fund (IMF) and the Organization for Economic Co-operation and Development (OECD) both revised upward their forecasts for global economic growth in 2017 to 3.5 percent. However, growth in the major economies diverged somewhat. The United States witnessed some repeated twists and turns in its economic recovery whereas growth in the euro area and Japan continued to pick up. The emerging market economies generally grew relatively rapidly, although they continued to face economic restructuring and transformation pressures. Inflation remained subdued in the major economies.

1. Developments in the major economies

The US economic recovery saw some twists and turns. The annualized quarter-on-quarter GDP growth was revised three times to 1.2 percent in the first quarter of 2017, down 0.6 percentage point from the end of the last year, pointing to a weak start. Boosted by, among other things, rising personal consumption expenditures (PCE), a recovering manufacturing sector, and increasing federal government spending, the annualized quarter-on-quarter GDP growth jumped to 2.6 percent in the second quarter. The unemployment rate remained at low levels, dropping to a ten-year low of 4.3 percent in May before edging up to 4.4 percent in June. However, the rise in non-farm payrolls recently saw some volatility after larger gains earlier this year. The PCE price index and the consumer price index (CPI) declined gradually since March, both to a lower-than-expected level. Given that progress of the fiscal stimulus did not meet market expectations, the IMF revised downward its forecast for US growth in 2017 by 0.2 percentage point to 2.1 percent.

In the euro area, political uncertainties receded somewhat and economic fundamentals continued to improve. GDP grew 1.9 percent year on year during the first three months and it recovered further to 2.1 percent in the second quarter. The manufacturing PMI strengthened for ten consecutive months, hitting a six-year high of 57.4 in June. The unemployment rate continued to drop, posting 9.1 percent in June, the lowest level since the outbreak of the European sovereign debt crisis. However, the rise in inflation was not sustainable, as the year-on-year growth of the Harmonized Index of Consumer Prices (HICP) declined to 1.3 percent in June, after moving close to the target set by the European Central Bank (ECB) in the first quarter.

In Japan, the economic recovery was maintained, and despite lower-than-expected growth of 1 percent during the first quarter, the annualized quarter-on-quarter GDP growth remained in positive territory for five

Table 13 Macroeconomic and Financial Indicators in the Major Advanced Economies

Economy	Indicator	2016Q2			2016Q3			2016Q4			2017Q1			2017Q2		
		Apr.	May	Jun.	Jul.	Aug.	Sept.	Oct.	Nov.	Dec.	Jan.	Feb.	Mar.	Apr.	May	Jun.
United States	Real GDP growth rate (annualized quarterly rate, YOY, %)	2.2			2.8			1.8			1.2			2.6		
	Unemployment rate (%)	5.0	4.7	4.9	4.9	4.9	4.9	4.8	4.6	4.7	4.8	4.7	4.5	4.4	4.3	4.4
	CPI (YOY, %)	1.1	1.0	1.0	0.9	1.1	1.5	1.6	1.7	2.1	2.5	2.8	2.4	2.2	1.9	1.6
	DJ Industrial Average(closing number)	17,774	17,787	17,930	18,432	18,401	18,308	18,161	19,124	19,763	19,864	20,812	20,663	20,941	21,009	21,350
Euro Area	Real GDP growth rate (annualized quarterly rate, YOY, %)	1.8			1.7			1.9			2.1			2.4		
	Unemployment rate (%)	10.2	10.1	10.1	10.0	9.9	9.9	9.8	9.7	9.6	9.6	9.5	9.4	9.2	9.2	9.1
	HICP (YOY, %)	-0.2	-0.1	0.1	0.2	0.2	0.4	0.5	0.6	1.1	1.8	2.0	1.5	1.9	1.4	1.3
	EURO STOXX 50 (closing number)	3,028	3,063	2,865	2,990	3,023	3,002	3,055	3,052	3,291	3,231	3,320	3,501	3,560	3,555	3,442
Japan	Real GDP growth rate (annualized quarterly rate, YOY, %)	1.6			0.9			1.4			1.5			2.9		
	Unemployment rate (%)	3.2	3.2	3.1	3.0	3.1	3.0	3.0	3.1	3.1	3.0	2.8	2.8	2.8	3.1	2.8
	Core CPI (YOY, %)	-0.3	-0.5	-0.4	-0.4	-0.5	-0.5	0.1	0.5	0.3	0.4	0.3	0.2	0.4	0.4	0.4
	NIKKEI 225(closing number)	16,666	17,235	15,576	16,569	16,887	16,450	17,425	18,308	19,114	19,041	19,119	18,909	19,197	19,651	20,033

Sources: Statistical bureaus and central banks of the relevant economies.

successive quarters, which represented its best performance in the wake of the global financial crisis. Moreover, inflation was also on the rise, as the CPI grew 0.4 percent year on year in May, registering positive for eight consecutive months.

Overall growth in the emerging market economies was relatively fast, though some of the emerging market economies still faced restructuring and transformation pressures. India maintained rapid growth as GDP grew 6.1 percent in the first quarter. Nevertheless, given its unresolved challenges, such as the high non-performing loan ratio and the weak private investments, the effects of the reform still need to be watched. Due to an increase in the prices of oil and other commodities, growth gradually stabilized in Russia and Brazil, and inflation was contained. However, recent political turmoil in Brazil and falling oil prices added to the uncertainties about economic growth in these two countries. Against the backdrop of sluggish aggregate global demand and a possible change in the monetary policy stance of the advanced economies, some emerging market economies still faced potential risks, such as weak external demand and volatile cross-border capital flows. Economic restructuring and transformation pressures persisted.

2. Developments in global financial markets

The US dollar index dropped. The euro and the British pound appreciated sharply against the US dollar and the Japanese yen remained relatively stable, while exchange-rate movements in the emerging market economies were mixed. As of end-June, the US dollar index closed at 95.638, losing 4.89 percent from the end of March. The euro and the British pound stood at 1.1423 US dollars per euro and 1.3025 US dollars per pound, strengthening 7.27 percent and 7.83 percent respectively from the end of March. The exchange rate of the Japanese yen against the US dollar was 112.35 yen per dollar, dipping 0.86 percent compared with end-March. Among the emerging market currencies, the Indian rupee, the Turkish lira, and the Mexican peso appreciated by 0.36 percent, 3.24 percent, and 3.30 percent respectively against the US dollar compared with end-March, whereas the Russian ruble and the Brazilian real depreciated 4.56 percent and 5.54 percent respectively against the US dollar.

Money market rates continued to diverge throughout the world. The US dollar Libor went up slightly due to the interest rate hike by the Fed. As of June 30, the 1-year dollar Libor was 1.7384 percent, an increase of 0.05 percentage point from the end of the last year. The Euribor continued to decline. As of June 30, the 1-year Euribor registered -0.156 percent, a decrease of 0.07 percentage point from the end of 2016.

The yields of government bonds in the major economies diverged moderately. As of June 30, the yields of 10-year US Treasuries and French government bonds closed at 2.302 percent and 0.817 percent, down 9.3 basis points (bps) and 14.6 bps respectively from the end of March. The yields of 10-year Japanese, German, and UK government bonds closed at 0.084 percent, 0.470 percent, and 1.259 percent respectively, adding 1.3 bps, 14 bps, and 11.9 bps respectively. Among the emerging market economies, the yields of 10-year Russian, Indian, Mexican, and Turkish government bonds retreated 24 bps, 18.3 bps, 22.7 bps, and 37 bps respectively, whereas the yield of 10-year Brazilian government bonds went up 42 bps.

The performance of the stock markets in the major economies was mixed. As of June 30, the US Dow Jones Industrial Average, the German DAX, and the Japanese NIKKEI 225 gained 3.32 percent, 0.10 percent, and 5.95 percent respectively over the end of March, whereas the euro area's STOXX 50 and the UK FTSE 100 fell 1.69 percent and 0.14 percent respectively. Among the emerging market economies, the stock indices in Russia and India went up 10.13 percent and 4.39 percent respectively, whereas the stock index in Brazil was down 3.21 percent.

3. Monetary policies in the major economies

The major advanced economies either began or prepared for monetary policy normalization. The US Fed's Federal Open Market Committee (FOMC) raised the target range for the federal funds rate on March 15 and on June 14, each by 25 bps to the 1~1.25 percent range, while anticipating one more hike in 2017 and another three hikes in 2018. In addition, the minutes of the FOMC meeting in June shed light on the principles and plans of policy normalization, under which the FOMC intends to gradually reduce the Fed's securities holdings by decreasing reinvestment of the principal payments it receives from maturing securities, and payments will be reinvested only to the extent that they exceed gradually rising caps. For treasury securities, the FOMC anticipates that the decreasing cap will be USD6 billion per month initially and will increase in steps of USD6 billion at three-month intervals over 12 months until it reaches USD30 billion per month. For agency debt and mortgage-backed securities (MBS), the FOMC anticipates that the decreasing cap will initially be USD4 billion per month but it will increase in steps of USD4 billion at three-month intervals over 12 months until it reaches USD20 billion per month. The Fed indicated in its July monetary policy statement that the FOMC expects to begin implementing its balance sheet normalization program relatively soon, provided that the economy evolves generally as anticipated.

The ECB decided on March 9, April 27, and June 8 to keep interest rates on the main refinancing operations (MROs), the marginal lending facility, and the deposit facility unchanged at 0 percent, 0.25 percent, and -0.40 percent respectively, and to maintain its EUR 60 billion monthly asset purchase program until December 2017, which might be extended further if necessary. The ECB explicitly stated that deflationary risks had abated, and it removed any reference to cutting rates from its monetary policy announcement.

The Bank of Japan (BOJ) announced on January 31, March 16, April 27, and June 16 that it will continue its negative interest-rate policy and will maintain the current size of its asset purchases. In the meantime, it will continue to keep the yield of 10-year government bonds near zero through yield curve control. On April 11, Haruhiko Kuroda, governor of the BOJ, at a meeting of the Japanese Diet provided details for the first time about exiting the quantitative easing, noting that the level of the interest rate and the size of the balance sheet will be the primary targets of its exit strategies.

The BOE decided on March 16 and June 15 to keep unchanged the benchmark rate at 0.25 percent, the size of its asset purchase scheme at GBP435 billion, and corporate bond purchases at GBP10 billion in an effort to meet its inflation target and to sustain employment and economic growth. In the face of rising inflation triggered by the weakening pound, the BOE indicated that it will continue to closely monitor economic developments and stand ready to respond to any changes in the economic outlook so as to ensure that inflation returns to the 2 percent target.

Monetary policies in the emerging market economies diverged slightly. On the one hand, to address issues such as currency depreciation, capital outflows, and inflationary pressures, the Bank of Mexico raised its benchmark rate on four occasions to 7.00 percent, namely, on February 9 by 50 bps, and on March 30, May 18, and June 22 each by 25 bps. On the other hand, some economies further eased their monetary policies to boost economic growth. The Central Bank of the Russian Federation cut its key rate by 25 bps, 50 bps, and 25 bps on March 24, April 28, and June 16 respectively to 9.00 percent. The Central Bank of Brazil cut its policy rate by 75 bps, 75 bps, 100 bps, and 100 bps on January 11, February 22, April 12, and May 31 respectively to 10.25 percent.

4. The global economic outlook and key risks

Monetary policy normalization in the major economies will pose challenges to the global economy and to the financial markets. Although the global economy is recovering, the deep-rooted impact of the global financial crisis has not been fully mitigated. Given the stubbornly high debt levels in many countries, it remains questionable whether the recovery will continue after the monetary policy stance is reversed. Downside risks should not be ignored. While the current financial market valuation is high and market volatility is low, the probability of financial market adjustments will increase if the pace of monetary policy normalization is too rapid, which will have a certain impact on financial stability as interest rates may rise and asset prices may drop sharply. In addition, the emerging market economies will probably once again suffer from negative spillovers.

Uncertainties remain over medium and long-term consumption and investment growth. The leverage ratio of the non-financial sector is still on the rise throughout the world. If interest rates rise due to monetary policy tightening, debt-servicing pressures on the household sector may grow, which will dampen consumption expenditures. In recent years, the labor share of income has declined in both the advanced and the emerging market economies. The persistently low income of middle- and low-skilled labor has led to growing income disparities, which may further undermine the role of consumption in driving an economic recovery. Given slower gains in productivity, an aging population, higher political uncertainties, and heavily-indebted enterprises, the prospects for global investments are by no means rosy.

Risks from de-globalization and protectionism in trade and investment still need to be closely monitored. Once escalated, protectionism will slow down or even reverse global policy coordination and economic globalization, undermine trade liberalization, and obstruct labor and capital flows. It may also result in unsustainable policies, weigh on global productivity and economic growth, and aggravate financial market turbulence.

In addition, rising geopolitical tensions and political uncertainties will also have major implications for the global economy and financial markets.

II. Macroeconomic developments in China

During the first half of 2017, the Chinese economy witnessed sound performance, with in-depth promotion of supply-side structural reforms, acceleration of upgrading and transformation of the growth model, and improved stability, equilibrium, and sustainability of economic development. Consumption demand contributed significantly to economic growth, investment growth remained stable, and exports and imports grew rapidly. Industrial production accelerated, with tertiary industry accounting for 54.1 percent of GDP, 14 percentage points higher than that of secondary industry. Employment improved slightly and consumer prices rose moderately. During the first half of 2017, total GDP registered RMB38.15 trillion, up by 6.9 percent year on year and up by 1.7 percent quarter on quarter in comparable terms. The CPI gained 1.4 percent year on year and the trade surplus stood at RMB1.2782 trillion.

1. Consumption grew soundly, investment growth remained stable, and imports and exports expanded rapidly

The income of rural and urban residents grew rapidly and consumption expanded soundly. During the first half of 2017, the per capita disposable income registered RMB12,932, up by 8.8 percent and 7.3 percent year on year in nominal terms and real terms respectively. Among this, the per capita disposable income of urban residents registered RMB18,322, up by 8.1 percent in nominal terms and up by 6.5 percent in real terms year on year. The per capita disposable income of rural residents registered RMB6,562, up by 8.5 percent in nominal terms and up by 7.4 percent in real terms year on year. Consumption demand remained an important driving force behind economic growth, and final consumption contributed 63.4 percent to GDP growth. According to the Q2 Urban Depositors' Survey conducted by the People's Bank of China, consumer willingness to consume continued to edge up and the share of residents inclined to consume posted 25.4 percent, 1.7 percentage points and 4.2 percentage points higher than those in Q1 and in the second quarter of 2016 respectively. During the first half of 2017, retail sales rose 10.4 percent year on year to RMB17.24 trillion, 0.4 percentage point higher than those in Q1. Rural retail sales expanded more rapidly than those in the urban areas. During the first half of 2017, rural retail sales went up by 12.3 percent year on year, which was 2.2 percentage points higher than those in the urban areas. Sales of goods for consumption upgrading, such as cultural products, office supplies, cosmetics, communications equipment, automobiles, and so forth, accelerated rapidly. Online sales grew vigorously and real-world retail started to pick up. During the first half of 2017, online sales posted RMB3.11 trillion, an increase of 33.4 percent year on year. Sales in shops and department stores monitored by the Department of Commerce gained 5.6 percent and 1.3 percent respectively, 3.6 percentage points and 0.7 percentage point higher than those in the first half of 2016 respectively.

Fixed-asset investments remained stable, and manufacturing and private-investment growth continued to pick up. During the first half of 2017, fixed-asset investments (excluding those by rural residents) reached RMB28.06 trillion, up by 8.6 percent year on year in nominal terms, which was the same as the average growth from January to May. There are several features of current fixed-asset investments. First, manufacturing investment and private investment expanded. During the first half of 2017, private investment expanded by 7.2 percent, 4.4 percentage points higher than that in the same period of 2016; growth of manufacturing investment registered 5.5 percent, rising for the second consecutive month. Second, infrastructure investment increased substantially. During the first half of 2017, infrastructure investment (not including electricity, heat, gas, and water production and supply) increased by 21.1 percent year on year, contributing 46.5 percent to the total investment growth and driving up investment growth by 4 percentage points. Third, the contraction of investment in Northeast China narrowed and investment growth in the other regions was generally stable.

Imports and exports grew rapidly and the foreign trade structure improved. In RMB terms, total imports and exports during the first half of 2017 reached RMB13.14 trillion, up by 19.6 percent year on year. Exports gained 15.0 percent year on year to reach RMB7.21 trillion, and imports gained 25.7 percent year on year to reach RMB5.93 trillion, resulting in a trade surplus of RMB1.28 trillion, 17.7 percent narrower year on year. In US dollar terms, imports and exports during the first half of 2017 rose by 13 percent year on year to USD1.91 trillion. Exports and imports to traditional markets picked up and trade with some countries along the Belt and Road increased. In terms of firms, the private sector remained the largest exporter, accounting for 46.7 percent of the total, 1.1 percentage points higher than that in the first half of 2016. From the perspective of trade, the share of general trade rose by 0.4 percentage point year on year to 56.7 percent of the total. The trade structure improved slightly. In terms of products, machinery and electronic products and traditional labor-intensive products remain the major export products, accounting for 57.2 percent and 20.5 percent of the total exports respectively. Imports of commodities, including iron ore, crude oil, and natural gas continued to grow in terms of both quantity and price.

Foreign direct investments (FDI) continued to focus on high-end industries, and the drop in outbound investments narrowed. In the first half of 2017, actually utilized FDI was stable, with a decline of 0.1 percent year on year to RMB441.54 billion. In terms of industries, during the first half of 2017, FDI in the service industry reached RMB309.99

Figure 5 Import and Export Growth and the Trade Balance

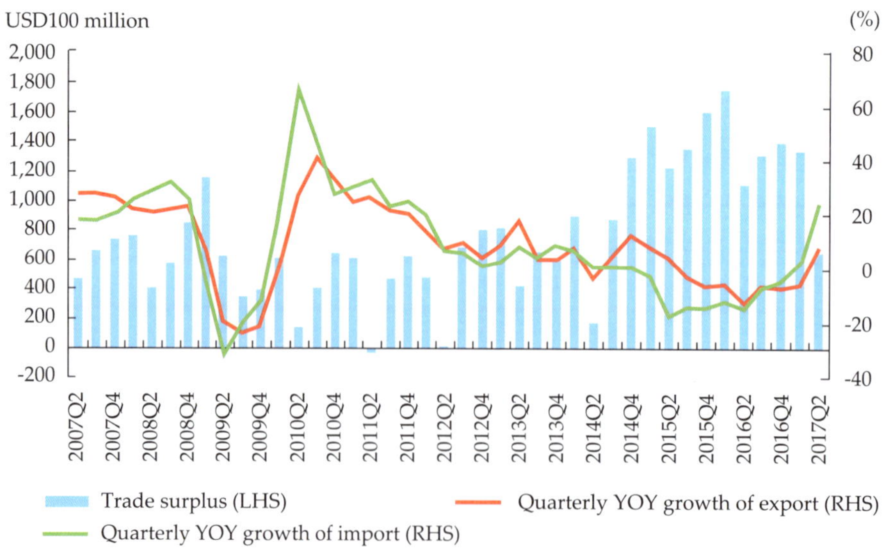

Source: General Administration of Customs.

billion, accounting for 70.2 percent of the total. FDI in the high-tech service industry gained 11.1 percent to reach RMB34.97 billion. FDI in the manufacturing industry increased by 3 percent year on year to reach RMB128.6 billion, accounting for 29.1 percent of the total. During the first half of 2017, outbound non-financial direct investments by domestic investors registered USD48.19 billion, down by 45.8 percent year on year. Outbound investments in June gained 65.5 percent month on month, achieving positive growth for two consecutive months. In the first half of 2017, direct investments to the countries along the Belt and Road reached USD6.61 billion, accounting for 13.7 percent of the total, up by 6.0 percentage points year on year and indicating that investment cooperation is advancing soundly. The sectoral structure of outbound investments improved further. During the first half of 2017, outbound investments mainly focused on leasing/commercial services, manufacturing, wholesale and retail, and the information transfers/software/information technology service industries, accounting for 28.3, 18.3, 12.7, and 11.4 percent of the total respectively.

2. Agricultural production was generally stable and industrial production picked up notably

In terms of industries, the value-added of tertiary industry grew faster than that of secondary industry, though the share of secondary industry picked up. In the first half of 2017, the value-added of the primary, secondary, and tertiary industries were RMB2.2 trillion, RMB15.3 trillion, and RMB20.7 trillion respectively, up 3.5 percent, 6.4 percent, and 7.7 percent year on year and accounting for 5.8 percent, 40.1 percent, and 54.1 percent of GDP respectively. The share of tertiary industry was 14 percentage points higher than that of secondary industry, though the share of secondary industry increased by 1.4 percentage points compared with Q1.

Agricultural production was generally stable. Summer grain crops rose by 0.9 percent year on year to 140.52 million tons, a 1.31 million ton increase from 2016. During the first half of 2017, total output of pork, beef, mutton, and poultry increased by 1 percent year on year to 38.92 million tons, 0.8 percentage point higher than that in Q1.

Industrial production accelerated and corporate profits continued to improve. During the first half of 2017, the value-added of statistically large industrial firms (SLIFs) increased by 6.9 percent year on year in comparable prices, 0.1 percentage point higher than that in Q1. The manufacturing industry was upgrading to the mid- and high-end. In the first half of 2017, growth of value-added in the high-tech and equipment manufacturing industries outperformed the SLIFs by 6.2 percentage points and 4.6 percentage points respectively, accounting for 12.2 percent and 32.3 percent of the total value-added of SLIFs respectively. Corporate profits continued to improve. During the first half of 2017, the profits of SLIFs surged 22 percent year on year to RMB3,633.75 billion, with year-on-year growth in June registering 19.1 percent, 2.4 percentage points higher than those in May. Profit margins of key businesses stood at 6.35 percent, 0.29

percentage point higher than those in the last year and maintaining an upward trend. According to the Q2 Entrepreneurs' Survey of 5,000 Industrial Enterprises conducted by the PBC, the corporate performance index posted 54.6 percent, up by 1.9 percentage points over the last quarter and exceeding 50 percent for the fourth consecutive quarter. The corporate profit index reached 56.1 percent, up by 6.2 percentage points and 3.4 percentage points quarter on quarter and year on year respectively. The domestic order index posted 50.6 percent and the export order index posted 50.4 percent, both exceeding 50 percent for the first time since Q4 of 2011.

3. Consumer prices rose moderately and the growth of producer prices declined

Consumer prices rose moderately. During the first half of 2017, the CPI rose 1.4 percent year on year. Monthly growth from April through June registered 1.2 percent, 1.5 percent, and 1.5 percent respectively, with an average of 1.4 percent in Q2, the same as that in Q1. In terms of food and non-food items, food prices dipped further and the growth of non-food prices remained stable. In Q2, the price of food declined by 2.1 percent year on year, 0.1 percentage point greater than that in Q1. The price of non-food items climbed 2.3 percent year on year, the same as that in the previous quarter. In terms of consumer goods and services, growth in the price of consumer goods declined slightly, while growth in the price of services accelerated. The price of consumer goods rose 0.5 percent year on year, 0.2 percentage point less than that in the last quarter. The price of services was up 2.9 percent year on year, 0.1 percentage point higher than that in the last quarter.

The growth of producer prices slowed down. During the first half of 2017, the PPI gained 6.6 percent year on year. Monthly growth from April through June stood at 6.4 percent, 5.5 percent, and 5.5 percent respectively, averaging 5.8 percent in Q2 and down by 1.6 percentage points from the last quarter. In terms of consumer goods and capital goods, the growth of capital goods slowed down significantly, whereas the growth of consumer goods slowed down slightly. In Q2, the price of capital goods rose 7.7 percent year on year, 2.2 percentage points lower than that in Q1. The price of consumer goods climbed 0.6 percent, which was 0.2 percentage point lower than that in Q1. The Purchasing Price Index for Industrial Products (PPIIP) gained 8.7 percent year on year, with monthly growth from April through June at 9.0 percent, 8.0 percent, and 7.3 percent respectively, an average of 8.1 percent which was 1.3 percentage points lower than that in Q1. In Q2, the price of agricultural products declined by 6.4 percent year on year, 4.2 percentage points lower than that in the last quarter. The price of agricultural capital goods rose 0.1 percent year on year, 1.1 percentage points less than that in the previous quarter. In the first half of 2017, the Capital Goods Price Index (CGPI), compiled by the PBC, rose by 7.6 percent year on year, with a more rapid price recovery in primary goods, at 8.5 percent growth year on year. The price of investment goods climbed by 6.8 percent whereas the price of consumer goods declined by 0.03 percent year on year.

The price of global commodities moved generally downward and the growth of import prices slowed down. In Q2, the average price of ICE Brent oil futures rose by 8.0 percent year on year, but it dropped by 6.9 percent quarter on quarter. On the London Metal Exchange, the average price of spot copper surged 19.7 percent year on year, but it dropped 2.9 percent quarter on quarter. Spot aluminum soared by 17.3 percent year on year, but it dropped 0.3 percent quarter on quarter. During the first half of 2017, import and export prices went up by 12.6 percent and 5.5 percent respectively. Monthly year-on-year growth of import prices from April through June stood at 13.5 percent, 12.4 percent, and 9.5 percent respectively, an average of 11.8 percent, which was 1.6 percentage points lower than that in the last quarter. Monthly year-on-year growth of export prices registered 6.9 percent, 5.4 percent, and 5.1 percent respectively, an average of 5.8 percent and up by 0.7 percentage point over the last quarter.

Growth of the GDP deflator narrowed. During the first half of 2017, the GDP deflator (the ratio of GDP in current prices to GDP in constant prices) was up by 4.3 percent year on year. The GDP deflator in Q2 posted growth of 3.9 percent, 0.7 percentage point lower than that in Q1.

The price reforms continued steadily. On June 6, government agencies, including the NDRC, issued a notice on promoting comprehensive water price reform for agricultural production, which stipulated that all provinces (autonomous regions and municipalities) should conduct a comprehensive water price reform for agricultural production where conditions permit so as to provide models for other regions. The reform aims to coordinate the mechanisms of water price formation, subsidies and water conservation incentives, project construction and maintenance, as well water management so as to establish and improve the institutional arrangement for water conservation without increasing the burden on farmers.

4. Fiscal revenue and expenditures grew quite rapidly

During the first half of 2017, fiscal revenue reached RMB9,430.595 billion, up by 9.8 percent year on year on a comparable basis[1], a year-on-year acceleration of 2.7 percentage points. Fiscal expenditures rose by 15.8 percent year on year on a comparable basis to RMB10,348.334 billion, a year-on-year acceleration of 0.7 percentage point. The fiscal deficit registered RMB917.74 billion, as compared to a deficit of RMB365.12 billion in the first half of 2016.

Tax revenue increased rapidly, whereas non-tax revenue grew slowly. During the first half of 2017, tax revenue rose by 10.9 percent year on year to RMB8.01 trillion, which was 2.3 percentage points higher than that in the first half of 2016. The increase in tax revenue accounted for 92.9 percent

1. As of January 1, 2017, three government-managed funds—compensation for additional land designated for construction projects, the South-to-North Water Diversion Project funds, and special revenue submitted by tobacco companies—were transferred to the general public budgets. Based on documents issued in March, starting from April the baseline figures for 2016 were adjusted to account for the impact of transferring these three government-managed funds to the general public budgets, and year-on-year absolute and percentage changes were calculated on this basis.

of the total increase in fiscal revenue. Non-tax revenue grew by 4.4 percent year on year to RMB1.4232 trillion. Specifically, the domestic value-added tax and the domestic consumption tax increased by 2.2 percent and 7.1 percent respectively year on year; the corporate income tax and the personal income tax went up by 15.6 percent and 18.6 percent respectively year on year; the value-added tax and the consumption tax on imported goods jumped by 34.0 percent year on year. In terms of the expenditure structure, expenses on energy savings and environmental protection, social security and employment efforts, and science and technology recorded rapid growth at 39.8 percent, 24.6 percent, and 22.7 percent respectively year on year.

5. Employment was stable and edging up

According to statistical analyses by the China Human Resources Market Information Monitoring Center on data provided by public employment agencies in 95 cities, labor demand slightly exceeded supply in Q2 and the ratio of job vacancies to job seekers was 1.11, which was 0.05 higher year on year and 0.02 lower quarter on quarter. Compared with the same period of the last year, labor demand and supply increased 256,000 and 10,000 respectively. Compared with the previous quarter, labor demand and supply declined 276,000 and 213,000 respectively. Compared with the same period of the last year and the previous quarter, labor demand increased during Q2 2017 in industries such as the leasing and business services sector, the health/social security/social welfare industry, the information transmission/computer services/software industry, the construction industry, and the research/technical services/geological prospecting industry; labor demand decreased in industries such as the financial sector, the irrigation/environment/public facilities industry, the accommodations and catering industry, the power/gas/water production and supply industry, and the culture/sports/entertainment industry. Demand for labor with technical or professional skills exceeded supply. Demand for labor with technical skills above a senior level or professional skills above an intermediate level increased year on year and quarter on quarter during Q2 of 2017.

6. The balance of payments registered surpluses in both the current account and the capital account

In the first half of 2017, the current account surplus reached USD71.2 billion, or 1.3 percent of GDP, which was within the internationally acceptable reasonable range. The non-reserve financial account registered a surplus of USD15.6 billion, compared with a deficit of USD225.9 billion in the same period of the last year. At end-June, total foreign reserves stood at USD3.0568 trillion.

The outstanding external debt continued to grow steadily. At end-March, the total outstanding external debt in both local and foreign currencies posted USD1.4378 trillion, which was 1.2 percent more than that at the end of 2016. Among this, the outstanding short-term external debt registered USD916.4 billion, accounting for 64 percent of the total external debt.

7. Sectoral analysis

(1) The real estate sector

During the first half of 2017, housing sales continued to grow rapidly, albeit at a slower pace. Real estate investments rebounded, but their momentum weakened. Mortgage growth moderated.

More cities saw rising housing prices, but the year-on-year increase abated. In June, the prices of newly-built residential housing recorded month-on-month growth in 60 out of 70 large and medium-sized cities, 2 cities less than that in March, and the average growth was basically the same as that in March; the prices of newly-built residential housing rose year on year in 57 cities, 17 cities more than that in March, and the average rise was 0.7 percentage point less than that in March. The prices of used residential housing increased month on month in 60 cities, 4 cities less than that in March; and the prices of used residential housing rose year on year in 66 cities, 20 more cities than in March.

The volume of housing sales grew rapidly, though at a slower pace. In the first half of 2017, the total floor area of sold units posted 750 million square meters, up by 16.1 percent year on year, which was 3.4 percentage points lower than that in Q1. Housing sales reached RMB5.9 trillion, increasing by 21.5 percent year on year, which was 3.6 percentage points lower than that in Q1. In particular, the amount of sold floor area and sales of residential housing accounted for 86.8 percent and 83.3 percent of total housing sales respectively.

Real estate investments rebounded but their momentum weakened. During the first half of 2017, nationwide real estate investments registered RMB5.1 trillion, up by 8.5 percent year on year, which was 0.6 percentage point lower than that in Q1. Specifically, investments in residential housing, which accounted for 67.8 percent of total real estate investments, posted RMB3.4 trillion, up by 10.2 percent year on year, a deceleration of 1.0 percentage point from Q1. The floor area of newly started real estate projects gained 10.6 percent year on year to reach 860 million square meters, which was 1.0 percentage point lower than that in Q1. The floor area of real estate projects under construction grew 3.4 percent year on year to 6.92 billion square meters, 0.3 percentage point higher than that in Q1. The floor area of completed real estate projects posted 420 million square meters, a year-on-year increase of 5.0 percent and a deceleration of 10.1 percentage points from Q1.

The growth of real estate loans slowed down. At end-June, outstanding real estate lending by major financial institutions (including foreign financial institutions) stood at RMB29.7 trillion, up by 24.2 percent year on year, which was 2.0 percentage points lower than that at end-March. Outstanding real estate loans accounted for 25.9 percent of total lending, up by 0.3 percentage point from end-March. Among this, outstanding personal mortgages rose by 30.8 percent year on year to RMB20.1 trillion, which was 4.8 percentage points lower than that at end-March; outstanding housing development loans grew by 20.2 percent to RMB5.0 trillion, an acceleration of 0.5 percentage point from end-March; outstanding land development loans declined to RMB1.4 trillion, a decline of 17.9 percent year on year, which was 3.6 percentage points narrower than that at end-March. During the first half of 2017, new real estate loans grew by RMB100 billion year on year to RMB3.0 trillion, accounting for 38.1 percent of all new loans, which was 2.2 percentage points lower than that in Q1.

Credit support for welfare housing remained strong. At end-March, outstanding loans for welfare housing development stood at RMB3.0 trillion, up by 36.2 percent year on year, 11.5 percentage points lower than that at end-March. During the first half of 2017, loans for welfare housing development grew by RMB451.47 billion, accounting for 60.4 percent[1] of all new real estate development loans, 11.7 percentage points higher than that in Q1. In addition, the pilot lending program financed by housing provident funds to support the construction of welfare housing proceeded steadily. By the end of June, loans for 373 welfare housing projects in 85 cities had been approved, a total of RMB87.12 billion had been disbursed in accordance with the construction progress, and RMB76.38 billion of the principal payments had been repaid.

(2) The commercial pension insurance industry

Commercial pension insurance is a category of insurance products and services provided by commercial insurance agencies that focuses on aging security and pension fund management. As an important part of a pension system, the accelerated development of commercial pension insurance is crucial to improving the pension system, promoting the development of an elderly-care service industry, and enhancing the quality and efficiency of the economy.

Thanks to over two decades' development, China's pension system, which mainly rests on three pillars—basic pension insurance, supplementary pension insurance provided by employers, and personal commercial pension insurance—has taken shape. The pension system has played an important role in supporting the basic living conditions of retirees, boosting economic development, and safeguarding social stability. However, in recent years as the population is aging against the background of the new normal in the economy and the social transition, the current pension system in China is facing many new challenges. In particular, while it is common that commercial pension insurance plays a leading role in overseas pension systems, the development of commercial pension insurance has been sluggish in China, and there is still some way to go before a multi-level and sustainable commercial pension insurance system is established. As a result, the current commercial pension insurance cannot serve as an efficient supplement to the first pillar—basic pension insurance.

Above all, the development of commercial pension insurance in China has lagged behind

1. In the first half of 2017, real estate development loans rose by RMB747.28 billion, among which new loans for welfare housing development registered RMB451.47 billion.

its international counterparts, as indicated by the following facts. In 2016 the premium revenue of China's personal insurance (mainly annuities) that could support old age stood at RMB860 billion, accounting for 25 percent of the total premium revenue of personal insurance. In contrast, the premium revenue of commercial pension insurance, where the insured take pensions in installments after retirement, registered RMB150 billion, accounting for only 4.4 percent of the total, as opposed to the ratios in the US, the UK, and Canada where they all exceeded 35 percent. Second, the risk and insurance awareness of Chinese citizens is weak so they are not keen to purchase commercial pension insurance. Due to the underdeveloped insurance market and the weak insurance willingness, the participation rate of Chinese citizens in commercial pension insurance is low. The number of long-term life insurance policies per capita in China averages 0.1, which is far below the average of 1.5 in the developed countries. Third, the professional standards and service capacity of commercial insurance agencies still need to be improved. Personalized and differentiated products are rare and product homogeneity is serious, which leads to inadequate and narrow coverage of products and services. In addition, policy support is insufficient and there is much room for improvement. For example, preferential tax policies for commercial pension insurance should be further improved so as to provide strong incentives for the development of the third pillar of aging security.

In order to cope with the aging population and to meet the increasing demand for pension security, efforts should be made to fully tap the role of commercial pension insurance to strengthen the pension system. The State Council recently issued the *Guiding Opinions on Accelerating the Development of Commercial Pension Insurance*, setting the goals for the development of commercial pension insurance by 2020 and making arrangements to promote the development of commercial pension insurance. During next stage, efforts should be made to accelerate the development of commercial pension insurance in the following respects.

First, innovations of products and services in commercial pension insurance will be promoted. Support will be provided for commercial insurance agencies to develop diverse commercial pension insurance products, to foster commercial pension annuities that are sound and well-warranted and that cater to the demand for long-term or life-long claims, and to actively participate in the pilot program of income tax deferred commercial pension insurance. Meanwhile, commercial insurance agencies will be encouraged to provide products and services such as corporate (vocational) annuity plans, to deliver a variety of aging security options for employees in innovative enterprises and start-ups, and to duly participate in the investment and management of basic pension funds and the national social security fund according to the laws and regulations.

Second, steps will be taken to promote the healthy development of the elderly-care service industry. Commercial insurance agencies will be encouraged to invest in the elderly care service industry, to provide risk prevention services for elderly-care institutions, and to formulate and improve comprehensive aging security plans for the elderly.

Third, work will be done to ensure safe and sound operations of commercial pension insurance funds. In line with the principle of risk controllability and business sustainability, the advantages of commercial pension insurance funds as long-term investors will be tapped so that they can participate in the implementation of major national strategies in a steady and orderly manner. Furthermore, coordinated development between commercial pension funds and the capital market will be enhanced and commercial pension funds will be allowed to make overseas investments in a prudent manner.

Fourth, capacity building will be strengthened, service quality will be upgraded, professional institutions will be cultivated, and supervision and management will be stepped up so as to maintain the value of the commercial pension insurance funds, to realize reasonable returns, and to reinforce security provided by the insurance.

PART 5 Monetary Policy Stance to be Adopted during the Next Stage

I. Outlook for the Chinese economy

Looking forward, there are many favorable factors to support the steady growth of the Chinese economy. Global economic performance is generally solid. In their latest projections, the International Monetary Fund (IMF) and the Organization for Economic Co-operation and Development (OECD) have predicted a higher growth rate for the global economy in 2017. As a big developing country, China still has a huge growth potential, with much room for development in terms of new urbanization, services, high-end manufacturing, and consumption upgrading. The economy remains resilient, with a great potential and fairly large room for policy maneuvers. In particular, with advances in supply-side structural reforms, efforts to streamline government administration and to delegate powers, and an innovation-driven development strategy, new growth drivers have been gaining momentum, and domestic demand has remained a robust driver behind economic growth. Adjustment of the industrial structure has accelerated and progress has been made in removing excess capacity. Industries well-adapted to consumption upgrading and emerging strategic industries have developed rapidly, and the organizational structures of industries have improved. Deleveraging has made headway, and the all-system leveraging ratio has stabilized, albeit at a high level. Progress has also been made to curb the leverage of the financial system. A series of macro-economic management measures have played an important role in moderately expanding aggregate demand. Growth of money, credit, and all-system financing aggregates has been moderate, which is conducive to achieving medium- and high-level growth. Driven by multiple factors, the Chinese economy has exhibited positive signs amidst stabilization, and the performance of key economic indicators has exceeded expectations. Aggregate supply and demand have been better balanced with an improved structure. Growth of investment in manufacturing and private investment has rebounded, with relatively rapid growth of corporate profits and resident income. Employment has remained stable and the economy has been developing in a more stable, better-coordinated, and inclusive manner. The PBC's Survey of Entrepreneurs and Bankers during the second quarter of 2017 reveals that macro-economic indicators, confidence indicators, and other indicators have continued to rise quarter on quarter since 2016. The Urban Depositors' Survey shows that employment expectations of households have remained generally stable.

Nevertheless, notwithstanding the positive changes in structural adjustments taking place in the economic and financial arenas, some chronic problems persist and structural mismatches still stand out. The global economy remains mired in substantial adjustments. Some deeply-rooted problems are still unresolved, and the impetus for growth is not sufficiently strong. The potential correction of the global asset bubble built up in the extremely accommodative monetary policy environment during the past few years, the rate hike and balance sheet normalization of the Fed, the potential exit from quantitative easing by the ECB and the BOJ, and the possibility of higher geopolitical risks and uncertainties have all contributed to a highly complicated and changeable international environment. On the domestic front, to a large extent economic growth is driven by a rebound in external demand as a result of the global recovery. The recent improvement in corporate performance is mainly due to upstream and midstream industries, such as the coal, steel, and non-ferrous metal industries, whereas bottlenecks in some weak-link fields have yet to be broken and the aggregate leverage remains elevated. Endogenous drivers for economic growth still need to be strengthened and structural problems are still prominent. From the long-term perspective of the economic cycle and the structural adjustment and upgrading, efforts will be made to capture the characteristics of the current development stage, emphasize supply-side reforms as a main theme, and moderately expand domestic demand. Along with accelerating the development of new growth drivers and upgrading traditional comparative advantages, priority reform items, such as streamlining administrative procedures, delegation of powers, strengthening regulations to improve services, and fiscal and tax reforms, will be deepened on a continuous basis. The five major tasks of cutting overcapacity, reducing excess inventory, deleveraging, lowering costs, and strengthening areas of weakness will be earnestly implemented. Efforts will also be made to tackle the key problem of resolving zombie enterprises, to deepen the reforms of state-owned enterprises, to promote the new type of urbanization, to establish a long-term mechanism that promotes stable development of the real-estate market, to increase labor-market flexibility, to contain the build-up of asset bubbles, and to reduce macro tax burdens. The market will play a more decisive role in resource allocations. Top-down designs and grassroots innovations will be combined, and intergovernmental fiscal relationships will be improved. New institutional arrangements will be adopted to encourage local initiatives for economic growth, reinforce property-rights protection, improve the business environment, and stabilize market expectations and promote the healthy development of the non-public sector. Continued efforts will be made to substantially strengthen the weak links so as to expand consumption and to develop the services sector, to enhance the quality and efficiency of growth, to improve the incentives and disciplinary mechanisms of financial institutions, to maintain sustainable financing, and to expand the scope and space for the effective allocation of financial resources.

Inflation remains generally stable. Ultimately, inflation is determined by the economic fundamentals and the relative changes in supply and demand. Multiple factors are pushing up inflation, such as the sustained global recovery, the improved performance of many economies, and the upward trend in commodity prices despite some fluctuations. The domestic economic performance is turning for the better among stable growth, and the corporate sector recently made progress in reducing inventories, contributing to signs of a recovery in the price of industrial products such as steel and coal. During the second quarter of 2017, the GDP deflator remained elevated at 3.9 percent. Meanwhile, inflation in key economies remains subdued. Domestic growth faces both upward and downward pressures, and the base effect may slow down the year-on-year rise in inflation for the upcoming period. The above-mentioned factors amount to generally stable inflationary expectations. According to the Urban Depositors' Survey conducted by the PBC in the second quarter of 2017, the future price expectation index edged down by 0.2 percentage point from the previous quarter. Continued monitoring of potential uncertainties and changes in the future is warranted.

II. Monetary policy during the next stage

The PBC will earnestly implement the decisions of the Central Economic Work Conference and the National Financial Work Conference. According to the strategic arrangements of the Central Committee of the Communist Party of China and the State Council, the PBC will adhere to the guideline of seeking progress while maintaining stability and to the overall principle of stable macro policies and flexible micro policies. Centering on the three main tasks of serving the real economy, preventing financial risks, and deepening the financial reforms, the PBC will be innovative in thinking and methodology in terms of its policy design and conduct, and it will maintain policy consistency and stability. The PBC will implement a prudent and neutral monetary policy and will ensure that policy measures are better targeted and more effective so as to manage aggregate demand in the supply-side structural reforms and to create a neutral and proper monetary and financial environments for the structural reforms. Greater emphasis will be placed on reforms and innovations as well as on measures to integrate the reforms with macro adjustments, to combine monetary policy conduct with the deepening of the reforms, and to enable the market to play a decisive role in resource allocations. The mode of monetary policy conduct will be improved to shift to the use of price instruments and transmissions, to improve the macro-prudential policy framework, and to straighten out the policy transmission channels and mechanisms. Efforts will also be made to beef up the real economy while curbing the excessive activities of the fictitious economy, to focus on financial risk management, to strengthen coordination of financial regulation, to enhance the efficiency and quality of financial services in support of the real economy, and to safeguard the bottom line of preventing systemic financial risks.

First, aggregates will be kept at a stable level while a combination of price tools, quantity-based tools, and macro-prudential policies will be adopted to enhance preemptive adjustments and fine-tunings and to properly manage the supply of money. In view of the changes in how money is supplied and the financial innovations, the PBC will closely monitor the potential impact of changes in the domestic and international liquidity situations, more precisely monitor the actual financing flows in the economy, employ a number of flexible monetary policy instruments, and arrange a combination of instruments in properly paced operations to "shave off mountain peaks and to fill valleys" in liquidity so as to maintain its stability and to strike a balance between growth stabilization, structural adjustments, and aggregate management. Macro-prudential management will be enhanced through effective macro-prudential assessments, and explorations will be conducted to include more financial activities and financial markets in the framework of macro-prudential management. In order to better capture the dependence of financial institutions on inter-bank financing and to guide the liquidity management of financial institutions, beginning from the first quarter of 2018 inter-bank CDs with maturities of less than one year issued by banks with assets of more than RMB500 billion will be included in the inter-bank liabilities indicator of the macro-prudential assessment. Other banks will be monitored on a continuous basis and relevant requirements will be put forward when appropriate.

Second, measures will be adopted to facilitate structural optimization to support economic structural adjustments, transformation, and upgrading. In a bid to provide more efficient and better-quality financial services to the real economy, continued efforts will be made to optimize the direction and structure of liquidity, reinforce the role of credit policy, promote supply-side structural reforms, channel more financial resources to key areas and weak links in economic and social development, facilitate financing, and lower costs in the real economy. Continued support will be given to growth stabilization, structural adjustments, and efficiency improvements in the various industries. Financial services will be provided to support the endeavor to turn China into a manufacturing power. Financial services will be provided earnestly for capacity reductions in the iron, steel, and coal and thermal power industries. Financial services will be delivered on a continuous basis for infrastructure building and for the upgrading and transformation of key areas and industries, such as railways and shipbuilding. Greater financial support will be provided to major national strategies, such as the coordinated development of Beijing, Tianjin, and Hebei, and to emerging consumption, such as elderly care. Based on market principles and in accordance with the sustainability and the principle of mutual benefit, a variety of financing and investment will be used to provide financial support for the Belt and Road Initiative. Quality financial services will be provided to new types of entities in the agricultural sector, the pilot program of collateralized lending by contracted farmland operational rights and rural home property rights will be advanced. Financial institutions will be guided to beef up support for agricultural infrastructure, integration of the primary, secondary and tertiary industries, urbanization and other key areas, and to strictly limit credit flows for speculative home purchases. Monetary and credit policy support will be improved for financial inclusion, and the role of credit policy to support central-bank lending, various policy parameters of macro-prudential assessments, and credit policy assessments will be tapped to provide positive incentives and guides to the financial inclusion business so as to improve financial services for small and micro enterprises, rural areas, agriculture, farmers, and remote regions. The financial sector participation mechanism for poverty alleviation will be improved through an assessment of the effects of targeted poverty reduction and the establishment of demonstration areas for targeted poverty alleviation involving the financial sector. Targeted poverty alleviation will be reinforced, and financial institutions will be guided to increase credit deliveries to poor areas. The special project of account receivable financing for small and micro enterprises will be carried out to optimize their financing environment. Implementation of guaranteed lending to start-up firms will be enhanced and pilot programs for connecting finance with science and technology will be further developed. Efforts will be made to actively explore a market-based long-term mechanism for providing financial services for entrepreneurship and innovations and to step up financial support for key sectors in the national economy, including science and technology, the cultural industry, consumption, and the emerging strategic industries.

Third, the market-based interest-rate reform and the RMB exchange-rate regime reform will continue so as to improve the allocation of financial resources and to improve the financial regulation system. Financial institutions will be urged to strengthen their internal control systems and to improve their capabilities for independent and rational pricing and risk management. Measures will be adopted to develop market-based benchmark rates, to improve Government securities yield curves, and to continuously improve the market-based interest-rate pricing mechanism in order to deepen the financial market. The PBC will explore the interest-rate corridor mechanism, enhance the capability of interest-rate adjustments, and straighten out the transmission from the central-bank policy rates to the financial market and the real economy. Oversight of the irrational pricing behavior of financial institutions will be strengthened. The important role of the market interest-rate self-disciplinary mechanism will be tapped. Effective approaches will be adopted to regulate interest-rate pricing behavior, while industrial self-discipline and risk prevention will be reinforced to maintain order for fair pricing. The market-based RMB exchange-rate regime will be further improved to allow market forces to play a greater role, to enhance the two-way flexibility of the RMB exchange rate, and to keep the RMB exchange rate basically stable at an adaptive and equilibrium level. Development of the foreign-exchange market will be accelerated to provide exchange-rate risk management services for import and export enterprises based on actual demand in accordance with the principle that finance should serve the real economy. Reform of the foreign-exchange administration regime will be furthered to facilitate trade and investment, support the use of the RMB in cross-border trade and investment, and tap the role of local currencies in the Belt and Road Initiative. Efforts will be made to steadily promote direct trading of the RMB against other currencies and to improve the policy framework and infrastructure for cross-border RMB use. Equal emphasis will be placed on development, reform, and risk prevention. The impact of international developments on capital flows will be closely watched and macro-prudential management of cross-border flows will be improved.

Fourth, the financial market system will be improved to enhance the role of the financial market to stabilize economic growth, facilitate structural adjustments, promote reforms, and prevent financial risks. Product innovations in the bond market will be facilitated to diversify the instruments for capital supplements by commercial banks. Assessments and identification of green finance bonds as well as asset securitization will be promoted. Regulation of financial bond issuances will be improved, and the bond business offered over the counter of commercial banks will be developed, while the mechanism will be optimized for bond and derivatives trading. The market-based risk resolution mechanism will be improved to safeguard stable operations of the bond market. The two-way opening-up of the bond market will be promoted steadily, and a more friendly and convenient institutional environment will be provided for overseas issuers and investors through policy and institutional arrangement improvements and through the market infrastructure for cross-border cooperation, such as Bond Connect operations. The development and coordinated management of financial market infrastructures will be promoted so as to ensure efficient functioning and overall stability of the market. Coordination of bond market regulation and inter-departmental regulatory cooperation will be enhanced to realize the role of the bond market in increasing the share of direct financing, preventing and dissolving financial risks, and optimizing resource allocations.

Fifth, reform of financial institutions will be deepened and financial services will be improved by increasing supply and enhancing competition. Reform of large commercial banks and other large financial institutions will be advanced continuously by improving the management of state-owned financial assets, the modern financial corporate system, and the legal person governance structure, optimizing the equity structure, establishing effective mechanisms for decision-making, execution, and checks and balances, reinforcing the risk prevention responsibilities of financial institutions, and integrating corporate governance requirements into daily business operations and risk controls. Further reforms to the management and operational mechanisms of the Agricultural and Rural Financial Service

Division of Agricultural Bank of China will be promoted, and the effects of the reforms will be closely monitored and evaluated to improve their capacity to serve the real economy at the county levels. The program of further reforming Bank of Communications will be implemented continuously to enhance its competitiveness. Efforts will be made to carry out a comprehensive reform program of development and policy financial institutions. According to the requirements and the division of labor established in the reform programs, the PBC will work with the relevant departments to swiftly complete the follow-up tasks of improving governance structures, specifying the scope of businesses, strengthening risk compensation mechanisms, and drafting rules for prudential regulation. The reforms will be deepened to nurture development and provide a policy environment for policy financial institutions with Chinese characteristics that provide services for economic development and operate on a sustainable basis. In addition, the transformation and development of asset management companies will be further promoted.

Sixth, higher priority will be assigned to actively prevent and mitigate systemic financial risks, and a number of measures will be adopted to safeguard financial security and stability. In line with the principle that financial services should serve the real economy, efforts will be made to straighten out the monetary policy transmission channels and mechanisms to maintain stability at the aggregate level and to optimize the structure. Risk monitoring and early warnings will be strengthened to prevent and mitigate risks in key areas, and the defense line for financial security and the contingency risk resolution mechanism will be improved. Risks of NPLs in the banking sector will be resolved and managed and growth of NPLs will be controlled. Standards and regulations for asset management businesses will be unified and regulations focusing on underlying assets, the ultimate debtor-creditor relationship, and the ultimate investors will be strengthened to curb regulatory arbitrage and to safeguard market order. A differentiated credit policy will be implemented to limit credit flows to speculative real estate purchases. Unswerving efforts will be made to actively reduce the leverage ratio. Under the prerequisite of controlling the aggregate leverage ratio, top priority will be given to lowering the leverage ratio of SOEs, resolve zombie enterprises, and steadily promoting market-based debt equity swaps in accordance with the law. Risks arising from local government borrowing will be mitigated in an active and sound manner to place local government financing under effective regulation. The special project on managing financial risks in Internet finance will continue. The mandates of the State Council Financial Stability and Development Committee will be fulfilled. Coordination of financial regulation will be reinforced and policies will be carried out with proper intensity in a well-paced manner so as to stabilize market expectations. Well-coordinated regulation of systemically important financial institutions and the financial infrastructure will be strengthened and continued efforts will be made to promote comprehensive statistics of the financial sector and the sharing of regulatory information. Risk surveillance and the early correction mechanism for deposit insurance will be improved in an accelerated manner, and the role of deposit insurance in market-based risk mitigation will be tapped. Measures will be taken to develop a multi-layered capital market and to promote the sound development of the capital market. Comprehensive policy measures will be adopted to effectively dissolve financial risks, avert moral hazards, and defend the bottom line of preventing systemic financial risks.

Box 3 Promoting Sound Development of the Asset Management Business

In recent years, due to policy facilitation and market development, the asset management business has grown rapidly. With banking, trust, securities, and insurance institutions participating in the business, cross-industry cooperation has become ever closer. At end-2016, the outstanding value of off-balance-sheet wealth management products of banking institutions posted RMB23.1 trillion; the outstanding value of assets managed by trust companies totaled RMB17.5 trillion; the combined value of asset management schemes of mutual funds, private equity funds, securities companies, asset management companies and their subsidiaries, and insurance companies reached RMB9.2 trillion, RMB10.2 trillion, RMB17.6 trillion, RMB16.9 trillion, and RMB1.7 trillion respectively. After excluding cross holding among the various industries, the total value of managed assets is estimated to exceed RMB60 trillion. In addition, Internet companies, investment advisory firms, and other non-financial institutions have been active in the asset management business. Money market funds and other wealth management products offered on Internet platforms have mushroomed due to their low threshold, high yield, and real-time redeemable features.

The asset management business has effectively linked investment and financing, contributed to the growth of a direct financing market, expansion of domestic investment options, and the service range of financial institutions, and it has helped meet the financing needs of the real sector. However, the asset management business has also given rise to asset pool operations, frequent reinvestments of the raised funds before the final investment, and unbreakable expectations of mandatory repayments, among other problems. Market order needs to be improved through better regulations. Several problems need to be addressed. First, operation of the asset pool may trigger potential liquidity risks. Asset management institutions have used revolving issuance, collective operations, and separate pricing to raise low-cost, short-term funds and to invest them in long-term debt or equity projects to seek maximum returns. Once they fail to raise subsequent funds, their schemes would incur liquidity shortages, which might spread to other institutions involved in the schemes. Second, the frequent reinvestments of raised funds may spread the potential risks. As funds are raised from multiple sources but invested mainly in debt claims, some banks, in their wealth management business, have used products managed by trust, securities, asset management, and insurance firms as channels for equity investments. Such products have complex structures after multiple reinvestments, blurring the underlying assets and possibly exacerbating the risk contagion and market fluctuations. In cases of losses, it may be difficult to pinpoint who is liable. Third, regulation of the shadow banking business is inadequate. In the case of off-balance-sheet wealth management of banks, bank-trust cooperation, bank-securities firm cooperation, and bank-asset management firm cooperation, when their products are invested in non-standard credit assets, such businesses have shadow banking features. The same can be said when insurance companies invest in products that are equity in name but debt in nature. Such businesses are inherently opaque, can easily duck regulatory requirements, and constitute quasi-credit investments. Some are even invested in restricted fields. Fourth, the existence of unbreakable expectations of risk-free repayments has meant that the risks remain within the financial system. The expected returns of some asset management products are assured by proprietary funds or asset pools of the management institutions, and thus the risks are not fully insulated from their own asset and liability businesses. The existence of expectations of risk-free repayments runs counter to the nature of the asset management business. It leads to an accumulation of risks in the financial system, pushes up risk-free yields, and gives rise to moral hazards. Fifth, the asset management business of some financial institutions is in disarray. Some asset management products designed for private placements are repackaged and sold on the Internet to the public instead of to the originally targeted group. Some pitch their products to investors that have no capacity to identify risks. Some others pitch their products in a misleading manner without full disclosure of the risks. Some have not placed the raised funds in custody, or have even engaged in illegal fund-raising activities.

To address the salient risks and problems that have emerged in the rapid expansion of the asset management business, it is necessary to note that the relationship between wealth managers and clients is not a relationship between creditor and debtor. The stakeholders should have a full grasp of the nature of asset management. We will adopt a problem-oriented approach to guide it back to the trajectory of the managers managing wealth on behalf of clients and the clients assuming the risks of investment. At the current stage, we need to adopt the same regulatory standards for the same kinds of products and to establish effective regulation for the asset management business. First, the standards for regulation should be established and unified on the basis of the product categories to gradually eliminate the space for arbitrage. A macro-prudential policy framework will be put in place and policy tools will be improved to step up monitoring, assessments, and adjustments from a macro, counter-cyclical, and cross-market perspective. Functional regulation and regulation focusing on the underlying assets and the ultimate investors will be enhanced by adopting the same standards for the same category of products, and to prevent arbitrage and to contain the spread of risks as a result of reinvestments. Second, the asset management business will be brought back to its original nature and end the practice of risk-free repayment. The investors will reap the returns and assume the losses of asset management, while the agent will only charge a commission for managing the assets. The asset management institutions must not undertake to ensure the safety of the principal or returns to avoid misleading the investors. Investor suitability management and investor education should be improved to build investor awareness of the seller acting in good faith and the buyer taking the risks. Risk insulation between asset management and proprietary businesses should be enhanced and the trustee's responsibilities should be fulfilled. Gradually fewer products with guaranteed returns will be issued and products without guaranteed returns will prevail in the market. Third, liquidity risk management will be strengthened to control leverage. The requirements of separate management, separate booking, and separate accounting will be strengthened to align the maturity of products with the duration of the invested assets. Financial institutions will be encouraged to create independent subsidiaries to engage in the asset management business. An independent custodian system will be established and improved to insulate the risks of different asset management products and the risks of client money and proprietary funds. The leverage of products of the same category will be unified to keep the leverage of the stock market and the bond market at proper levels and to contain asset bubbles. Fourth, the practice of multiple reinvestments will be eliminated and channel business will be restricted. Equal access to and fair treatment in the asset management business will be granted to all kinds of financial institutions. Investments in which the same funds are trusted many times will be restricted, and the active management responsibility of trustee institutions will be strengthened to prevent them from providing channel services to the trustor institutions to help them circumvent the regulatory requirements in terms of the range of investable assets and leverage. Adequate space will be provided to support operations for the purpose of active management, asset allocations, and portfolio management. Fifth, regulation of non-standard credit asset products will be enhanced to forestall shadow banking risks. Wealth management products outside the balance sheet of banks will continue to be included in broad credit to guide financial institutions to step up risk management of their off-balance-sheet business. The business of transferring bank credit assets and their beneficiary rights shall be better regulated. The investment volume of non-standard credit assets will be controlled and scaled down. Pre-investment due diligence and risk reviews and post-investment risk management will be enhanced. Sixth, a comprehensive statistical system will be established to provide a basis for regulation to look through the products to identify the underlying assets and the ultimate investors. Measures will be taken to build a comprehensive statistical framework that covers the entire financial sector with unified standards, to enable information-sharing across the sector, to collect basic information, placement information, asset and liability information and termination information for each and every product, to enable regulators to look through and identify the underlying assets and the ultimate investors, and to accurately and promptly capture what is going on within the industry and to fully reflect its risk profile.

附录一　2017年第二季度中国货币政策大事记

4月18日，中国人民银行向全国人大财经委员会汇报2017年第一季度货币政策执行情况。

5月2日，中国人民银行、工业和信息化部会同财政部、商务部、国资委、银监会、外汇局联合印发《小微企业应收账款融资专项行动工作方案（2017～2019年）》（银发〔2017〕104号），积极推进应收账款融资，有效盘活小微企业存量资产，多渠道打通小微企业融资瓶颈。

5月12日，发布《2017年第一季度中国货币政策执行报告》。

5月16日，中国人民银行和香港金融管理局联合发布《中国人民银行　香港金融管理局联合公告》及《内地与香港"债券通"答记者问》，同意中国外汇交易中心暨全国银行间同业拆借中心、中央国债登记结算有限责任公司、银行间市场清算所股份有限公司和香港交易及结算有限公司、香港债务工具中央结算系统开展香港与内地债券市场互联互通合作。

5月19日，中国人民银行与新西兰储备银行续签双边本币互换协议，协议规模为250亿元人民币/50亿新西兰元，有效期为3年。

5月23日，中国人民银行印发《人民币跨境收付信息管理系统管理办法》（银发〔2017〕126号），加强人民币跨境收付信息管理系统管理，保障人民币跨境收付信息管理系统安全、稳定、有效运行。

6月20日，配合财政部开展国债做市支持操作，正式启动国债做市支持机制，推动完善国债收益率曲线。

6月21日，为规范开展内地与香港债券市场互联互通合作相关业务，保护境内外投资者合法权益，维护债券市场秩序，中国人民银行发布《内地与香港债券市场互联互通合作管理暂行办法》（中国人民银行令〔2017〕第1号），并随后发布《〈内地与香港债券市场互联互通合作管理暂行办法〉答记者问》。

6月30日，中国人民银行和香港金融管理局签署《"债券通"项目下中国人民银行与香港金融管理局加强监管合作谅解备忘录》，根据两地的法律和各自法定权限，双方建立有效的信息交换与协助执行机制，加强监管合作，共同打击跨境违法违规行为，确保项目有效运作。

6月30日，中国人民银行货币政策委员会召开2017年第二季度例会。

Appendix 1 Highlights of China's Monetary Policy in the Second Quarter of 2017

On April 18, the PBC reported to the Financial and Economic Affairs Committee of the National People's Congress on the conduct of monetary policy during Q1 2017.

On May 2, the PBC and Ministry of Industry and Information Technology (MIIT), together with Ministry of Finance (MOF), Ministry of Commerce (MOFCOM), State-owned Assets Supervision and Administration Commission (SASAC), China Banking Regulatory Commission (CBRC), and State Administration of Foreign Exchange (SAFE) co-issued the *Working Plan for the Special Program on Account Receivable Financing for Small and Micro Enterprises (2017 ~ 2019)* (PBC Document [2017] No. 104), in order to promote the development of account receivable financing, to revitalize stock assets of small and micro enterprises, and to open up their financing bottlenecks.

On May 12, the PBC released *China Monetary Policy Report,* Q1 2017.

On May 16, the PBC and the Hong Kong Monetary Authority (HKMA) co-issued the *Joint Announcement of the People's Bank of China and the Hong Kong Monetary Authority* and the *Summary of the Press Conference on Bond Connect between Mainland China and Hong Kong,* approving collaboration among China Foreign Exchange Trading System and the National Inter-bank Funding Center, China Central Depository and Clearing Co. Ltd., Shanghai Clearing House, Hong Kong Exchanges and Clearing Ltd. and the Central Money Markets Unit to establish mutual bond market access between Hong Kong and Mainland China (the Bond Connect).

On May 19, the PBC and the Reserve Bank of New Zealand renewed the bilateral currency swap agreement. The size of the facility is RMB25 billion/NZD5 billion, with a maturity of three years.

On May 23, the PBC issued the *Regulations on the Information Management System for RMB Cross-border Receipts and Payments* (PBC Document [2017] No. 126), in order to better regulate the information management system for RMB cross-border receipts and payments and to safeguard the system's security, stability, and effectiveness.

On June 20, in order to support the MOF in terms of market-making of treasury bonds, a supporting mechanism for market-making was officially launched to improve the yield curve of treasury bonds.

On June 21, the PBC issued the *Interim Administrative Measures for the Bond Trading Link between Mainland China and Hong Kong* (PBC Order [2017] No. 1) and subsequently issued the

Summary of the Press Conference on the *Interim Administrative Measures for the Bond Connect* between Mainland China and Hong Kong SAR, in order to better regulate transactions related to the Bond Connect, safeguard the interests of domestic and foreign investors, and maintain the order in the bond market.

On June 30, the PBC and the Hong Kong Monetary Authority (HKMA) signed the *Memorandum of Understanding on Strengthening Supervisory Cooperation under the Bond Connect.* The PBC and the HKMA, in accordance with each other's statutory mandate and the laws of Mainland China and HK, seek to establish an effective mechanism for information-sharing and assistance, to enhance supervisory cooperation, to jointly crack down on cross-border conduct that violates the relevant laws and regulations, and to ensure the effective functioning of the Bond Connect.

On June 30, the PBC Monetary Policy Committee held its second quarterly meeting of 2017.

附录二 2017年第二季度主要经济体中央银行货币政策

一、美联储

美联储在2017年5月召开的公开市场委员会（FOMC）会议上决定维持联邦基金利率在0.75%～1%的目标区间不变。6月14日，美联储宣布将联邦基金利率目标区间上调25个基点至1%～1.25%，并维持2017年再加息1次、2018年加息3次的预期不变。同时，上调了2017年美国经济增速预期0.1个百分点至2.2%，下调了PCE通胀预期0.3个百分点至1.6%。此外，FOMC表示，若经济发展符合预期，将在年内启动缩减美联储资产负债表的计划，并指出该计划将通过减少到期证券本金再投资的方式进行。起初每月缩减60亿美元国债、40亿美元机构抵押支持证券（MBS），之后每季度增加一次，直至达到每月缩减300亿美元国债、200亿美元MBS为止。

二、欧洲中央银行

在4月和6月两次例会上，欧央行均决定维持主要再融资操作利率0%、边际贷款便利利率0.25%和存款便利利率-0.4%不变，并根据此前计划自4月起至2017年12月（如有必要将继续延长）将资产购买数量减少到每月600亿欧元。同时，欧央行在6月例会上调2017年欧元区经济增速预期0.1个百分点至1.9%，下调通胀率预期0.2个百分点至1.5%。

三、日本银行

日本银行在4月和6月的例会后均宣布将金融机构存放在日本银行的部分超额准备金利率维持在-0.1%不变，维持资产购买规模不变，同时继续通过收益率曲线调控政策将10年期国债收益率维持在0附近，以期实现2%的价格稳定目标。

四、英格兰银行

在第二季度的三次例会上，英格兰银行均决定维持基准利率0.25%不变，维持100亿英镑的投资级非金融公司债券购买计划与4 350亿英镑的资产购买计划数量不变。

Appendix 2 Monetary Policies of the Central Banks of the Major Economies in the Second Quarter of 2017

1. U.S. Federal Reserve

At its May 2017 meeting, the Federal Reserve's Federal Open Market Committee (FOMC) decided to maintain the target range for the federal funds rate at 0.75 percent to 1 percent. On June 14, the FOMC decided to raise the target range for the federal funds rate to 1 percent to 1.25 percent, and maintained an expectation of gradual increases in the federal funds rate, implying that there would be one more rate hike in 2017 and three more rate hikes in 2018. The FOMC also raised the 2017 economic growth projections by 0.1 percentage point to 2.2 percent, and cut the inflation projections of Personal Consumption Expenditures (PCE) by 0.3 percentage point to 1.6percent. At its June 2017 meeting, the FOMC expected to begin implementation of a balance sheet normalization program this year by decreasing its reinvestments of the principal payments it receives from securities held in the System Open Market Account, provided that the economy evolves broadly as anticipated. Initially, only maturing principal above USD6 billion per month for Treasuries and USD4 billion per month for agency debt and mortgage-backed securities (MBS) will be reinvested. These caps will gradually be raised at three-month intervals over a period of 12 months to USD30 billion and USD20 billion per month, respectively.

2. European Central Bank

At its April and June monetary-policy meetings, the European Central Bank (ECB) decided the interest rates on the main refinancing operations, the marginal lending facility, and the deposit facility will remain unchanged at 0 percent, 0.25 percent, and -0.4 percent respectively. The ECB confirmed net asset purchases at a new reduced monthly pace of EUR60 billion, which are expected to run from April until the end of December 2017, or beyond, if necessary. At the June meeting, the ECB raised the forecast for annual real GDP growth by 0.1 percentage point in 2017 to 1.9 percent, and it cut the expectation of annual HICP inflation by 0.2 percentage point to 1.5 percent.

3. Bank of Japan

At the April and June meetings, the Bank of Japan (BOJ) announced that the BOJ will apply a negative interest rate of -0.1 percent to the Policy-rate Balances in the current accounts held by financial institutions at the bank, will maintain the current amount of asset purchases, and will control the yield curve so that yields of 10-year Japanese government bonds (JGB) will remain at about 0 percent, with the aim of achieving the price stability target of 2 percent.

4. Bank of England

At the three monetary policy meetings during the second quarter, the Bank of England (BOE) maintained the Bank Rate at 0.25 percent, the stock of sterling non-financial investment-grade corporate bond purchases at GBP10 billion, and the stock of UK government bond purchases at GBP435 billion.

附录三 中国主要经济和金融指标
Appendix 3 China's Major Economic and Financial Indicators

一、经济增长与经济发展水平
1. Economic Growth

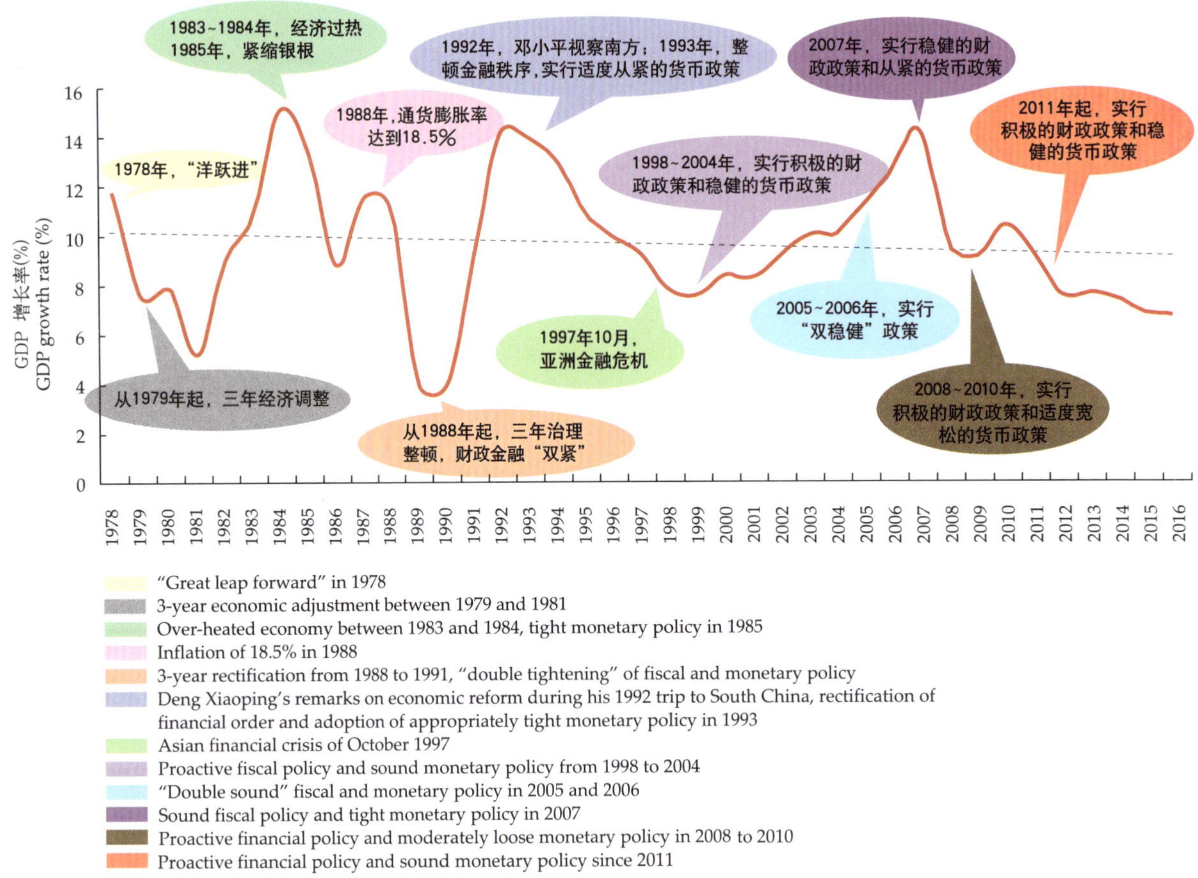

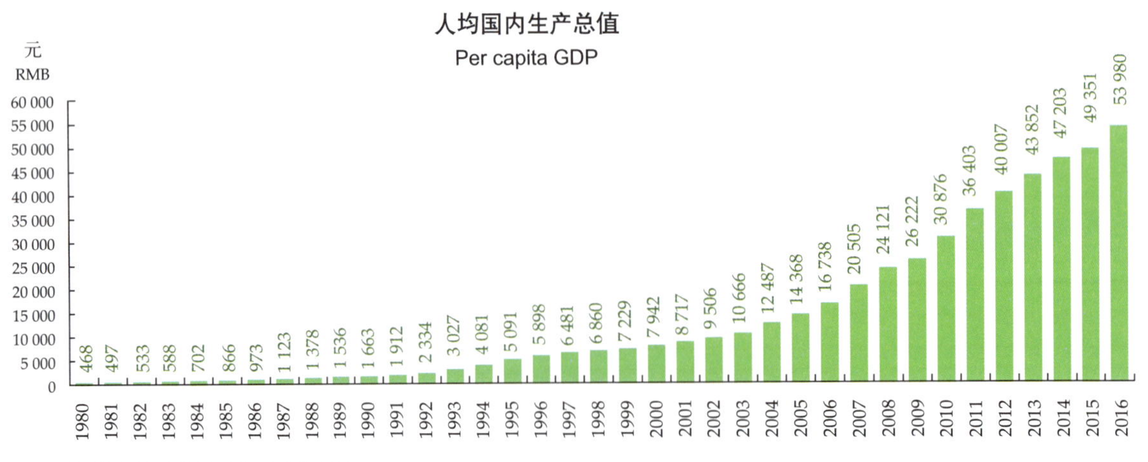

注：图中数据根据国家统计局最新数据修订。
Note: Data are revised by National Bureau of Statistics of China.

GDP总量：据世界银行按汇率折算法测算，2016年中国GDP总量为11.20万亿美元，占世界GDP总量75.64万亿美元的14.8%，位居第二，排在美国之后。根据《2016年世界发展指标》，按购买力平价法估算，2016年中国GDP总量为21.42万亿美元，占世界GDP总量120.09万亿美元的17.8%，位居第一。

人均GDP：2016年，中国人均GDP为53 980元人民币，按年末汇率折算为7 781美元。

人均国民收入：据世界银行按汇率折算法测算，2016年世界人均国民收入为10 302美元，中国人均国民收入为8 260美元，位居世界216个经济体由高向低排列的第93位。按购买力平价法估算，2016年中国人均国民收入为15 500美元，相当于世界人均国民收入16 095美元的96.3%，位居世界216个经济体由高向低排列的第102位。

Gross Domestic Product (GDP): The World Bank estimated that the world total GDP and China's GDP in 2016 were USD75.64 trillion and USD11.20 trillion respectively based on Atlas methodology. Accounting for 14.8 percent of the world total, China's GDP ranked 2nd in the world after U.S.. The World Bank estimated that the world total GDP and China's GDP in 2016 were USD120.09 trillion and USD21.42 trillion respectively based on a PPP basis, according to the *World Development Indicators 2016*. Accounting for 17.8 percent of the world total, China's GDP ranked 1st in the world.

GDP per capita: In 2016, China's GDP per capita reached RMB53,980, or USD7,781 based on the exchange rate at the end of 2016.

Gross National Income (GNI) per capita: The World Bank estimated that in 2016 the GNI per capita for the world as a whole was USD10,302 based on Atlas methodology. The GNI per capita in China was USD8,260, ranking 93th among 216 worldwide economies. In PPP terms, the GNI per capita in China in 2016 was USD15,500, equivalent to 96.3 percent of the world figure which was USD16,095, thus ranking 102th among the 216 worldwide economies.

2016年世界银行按汇率折算法测算的GDP总量前10名排序

Top ten economies in terms of GDP based on Atlas methodology in 2016 (World Bank estimation)

排名 Rank	国家 Country	GDP(万亿美元) GDP (USD1 trillion)	占世界GDP总量的比重(%) As a percent of the world total (%)
1	美国 U.S.	18.57	24.5
2	**中国 China**	**11.20**	**14.8**
3	日本 Japan	4.94	6.5
4	德国 Germany	3.47	4.6
5	英国 U.K.	2.62	3.5
6	法国 France	2.47	3.3
7	印度 India	2.26	3.0
8	意大利 Italy	1.85	2.4
9	巴西 Brazil	1.80	2.4
10	加拿大 Canada	1.53	2.0
世界 World total		**75.64**	**100.0**

2016年世界银行按购买力平价方法估算的GDP总量前10名排序

Top ten economies in terms of GDP based on PPP in 2016 (World Bank estimation)

排名 Rank	国家 Country	GDP(万亿美元) GDP (USD1 trillion)	占世界GDP总量的比重(%) As a percent of the world total (%)
1	**中国 China**	**21.42**	**17.8**
2	美国 U.S.	18.57	15.5
3	印度 India	8.70	7.2
4	日本 Japan	5.27	4.4
5	德国 Germany	4.03	3.4
6	俄罗斯 Russia	3.40	2.8
7	巴西 Brazil	3.14	2.6
8	印尼 Indonesia	3.03	2.5
9	英国 U.K.	2.80	2.3
10	法国 France	2.77	2.3
世界 World total		**120.09**	**100.0**

世界银行估算的2016年人均国民收入

National income per capita in 2016 (estimated by the World Bank)

单位：美元 Unit: USD

	世界平均 Global average	低收入国家 Low-income countries	中等收入国家 Middle-income countries		高收入国家 High-income countries
			较低收入组 Lower-middle-income countries	较高收入组 Upper-middle-income countries	
汇率折算法 On atlas methodology	10 302	612	2 079	8 210	41 046
购买力平价法 On a PPP basis	16 095	1 646	6 764	16 537	46 965

国内生产总值
Gross domestic product

年/季度 Year /Quarter		国内生产总值 GDP		第一产业 Primary industry		第二产业 Secondary industry		第三产业 Tertiary industry	
		绝对值(亿元) Absolute value (RMB100 million)	增长(%) Growth(%)	绝对值(亿元) Absolute value (RMB100 million)	增长(%) Growth(%)	绝对值(亿元) Absolute value (RMB100 million)	增长(%) Growth(%)	绝对值(亿元) Absolute value (RMB100 million)	增长(%) Growth(%)
2009	I	74 053	6.4	4 441	3.8	32 550	5.8	37 062	7.2
	I-II	158 035	7.3	11 428	3.7	71 929	7.1	74 678	8.1
	I-III	248 049	8.5	21 594	3.9	113 243	8.7	113 212	9.1
	I-IV	349 081	9.4	34 162	4.0	160 172	10.3	154 748	9.6
2010	I	87 617	12.2	4 945	3.9	39 365	15.4	43 307	10.0
	I-II	187 149	11.4	12 920	3.7	86 788	14.0	87 441	9.8
	I-III	293 388	10.9	24 834	4.0	135 696	13.1	132 858	9.7
	I-IV	413 030	10.6	39 363	4.3	191 630	12.7	182 038	9.7
2011	I	104 641	10.2	5 768	3.2	47 195	11.3	51 679	9.9
	I-II	223 816	10.1	15 194	2.9	104 080	11.1	104 542	10.1
	I-III	350 797	9.8	29 475	3.5	162 703	11.0	158 619	9.9
	I-IV	489 301	9.5	46 163	4.2	227 039	10.7	216 099	9.5
2012	I	117 594	8.1	6 687	3.7	52 317	9.5	58 590	7.3
	I-II	249 276	7.9	16 967	4.3	113 752	8.7	118 558	7.6
	I-III	387 899	7.8	32 164	4.2	176 009	8.3	179 726	7.8
	I-IV	540 367	7.9	50 902	4.5	244 643	8.4	244 822	8.0
2013	I	129 747	7.9	7 170	3.0	55 862	7.8	66 715	8.4
	I-II	273 714	7.7	18 012	2.8	120 994	7.7	134 708	8.3
	I-III	426 619	7.8	34 605	3.3	187 744	7.9	204 271	8.4
	I-IV	595 244	7.8	55 329	3.8	261 956	8.0	277 959	8.3
2014	I	140 618	7.4	7 492	3.2	59 222	7.6	73 905	7.6
	I-II	297 080	7.4	19 145	3.7	128 763	7.7	149 172	7.6
	I-III	462 792	7.3	36 821	4.1	199 787	7.6	226 183	7.6
	I-IV	643 974	7.3	58 344	4.1	277 572	7.4	308 059	7.8
2015	I	150 987	7.0	7 770	3.1	60 725	6.4	82 492	7.8
	I-II	319 490	7.0	20 257	3.5	131 872	6.3	167 361	8.1
	I-III	496 200	6.9	38 345	3.8	203 537	6.2	254 318	8.2
	I-IV	689 052	6.9	60 862	3.9	282 040	6.2	346 150	8.2
2016	I	161 573	6.7	8 803	2.9	61 325	5.9	91 445	7.6
	I-II	342 316	6.7	22 097	3.1	134 978	6.1	185 242	7.5
	I-III	532 846	6.7	40 666	3.5	210 535	6.1	281 646	7.6
	I-IV	744 127	6.7	63 671	3.3	296 236	6.1	384 221	7.8
2017	I	180 683	6.9	8 654	3.0	70 005	6.4	102 024	7.7
	I-II	381 490	6.9	21 987	3.5	152 987	6.4	206 516	7.7

注：1. 表中绝对数按当年价格计算，“比上年同期增长”按不变价格计算。
2. 表中数据根据国家统计局最新数据修订。

Notes: 1. Absolute figures in this table are calculated at current prices, and the year-on-year growth rates are calculated at constant prices.
2. Data are revised by National Bureau of Statistics of China.

1978年以来GDP及其增长率
GDP and its annual growth rate since 1978

年 Year	GDP(万亿元) GDP(RMB1 trillion)	GDP增长率(%) GDP growth rate(%)
1978	0.4	11.7
1979	0.4	7.6
1980	0.5	7.8
1981	0.5	5.1
1982	0.5	9.0
1983	0.6	10.8
1984	0.7	15.2
1985	0.9	13.4
1986	1.0	8.9
1987	1.2	11.7
1988	1.5	11.2
1989	1.7	4.2
1990	1.9	3.9
1991	2.2	9.3
1992	2.7	14.2
1993	3.6	13.9
1994	4.9	13.0
1995	6.1	11.0
1996	7.2	9.9
1997	8.0	9.2
1998	8.5	7.8
1999	9.1	7.7
2000	10.0	8.5
2001	11.1	8.3
2002	12.2	9.1
2003	13.7	10.0
2004	16.2	10.1
2005	18.7	11.4
2006	21.9	12.7
2007	27.0	14.2
2008	32.0	9.7
2009	34.9	9.4
2010	41.3	10.6
2011	48.9	9.5
2012	54.0	7.9
2013	59.5	7.8
2014	64.4	7.3
2015	68.6	6.9
2016	74.4	6.7

注：表中数据根据国家统计局最新数据修订。
Note: Data are revised by National Bureau of Statistics of China.

GDP及其增长率
GDP and its annual growth rate

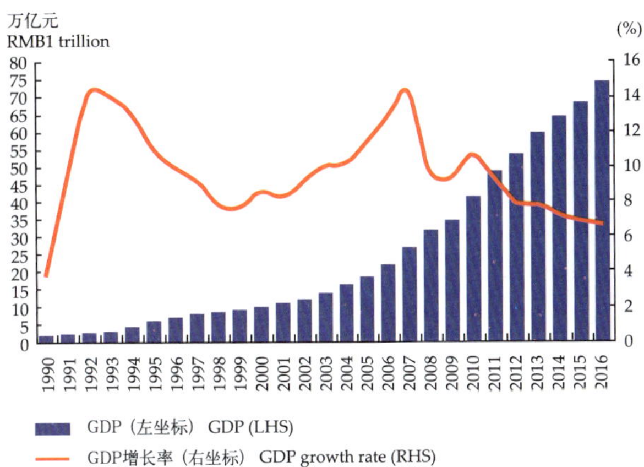

2007年以来GDP季度累计增长率
Quarterly accumulated GDP growth rates since 2007

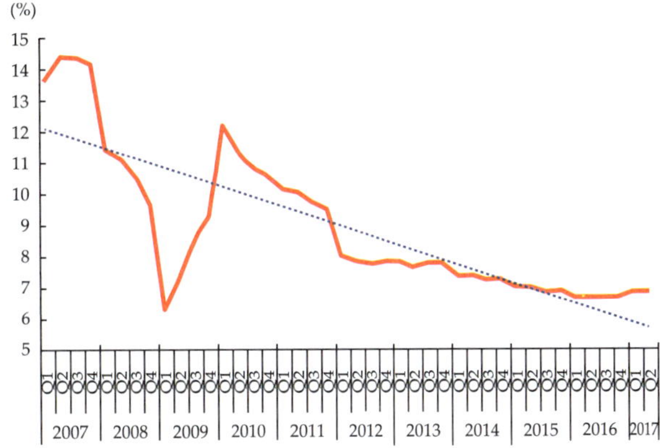

季度GDP三次产业所占的比重与增长率变化
Shares of industries in GDP and their growth rates on a quarterly basis

单位：% Unit: %

年/季度 Year/Quarter	第一产业所占的比重 Share of primary industry	第二产业所占的比重 Share of secondary industry	第三产业所占的比重 Share of tertiary industry	第一产业同比累计增长 YOY accumulated growth of primary industry	第二产业同比累计增长 YOY accumulated growth of secondary industry	第三产业同比累计增长 YOY accumulated growth of tertiary industry
2009Q1	6.0	44.0	50.0	3.8	5.8	7.2
2009Q2	7.2	45.5	47.3	3.7	7.1	8.1
2009Q3	8.7	45.7	45.6	3.9	8.7	9.1
2009Q4	9.8	45.9	44.3	4.0	10.3	9.6
2010Q1	5.7	44.9	49.4	3.9	15.4	10.0
2010Q2	6.9	46.4	46.7	3.7	14.0	9.8
2010Q3	8.4	46.3	45.3	4.0	13.1	9.7
2010Q4	9.5	46.4	44.1	4.3	12.7	9.7
2011Q1	5.5	45.1	49.4	3.2	11.3	9.9
2011Q2	6.8	46.5	46.7	2.9	11.1	10.1
2011Q3	8.4	46.4	45.2	3.5	11.0	9.9
2011Q4	9.4	46.4	44.2	4.2	10.7	9.5
2012Q1	5.7	44.5	49.8	3.7	9.5	7.3
2012Q2	6.8	45.6	47.6	4.3	8.7	7.6
2012Q3	8.3	45.4	46.3	4.2	8.3	7.8
2012Q4	9.4	45.3	45.3	4.5	8.4	8.0
2013Q1	5.5	43.1	51.4	3.0	7.8	8.4
2013Q2	6.6	44.2	49.2	2.8	7.7	8.3
2013Q3	8.1	44.0	47.9	3.3	7.9	8.4
2013Q4	9.3	44.0	46.7	3.8	8.0	8.3
2014Q1	5.3	42.1	52.6	3.2	7.6	7.6
2014Q2	6.5	43.3	50.2	3.7	7.7	7.6
2014Q3	8.0	43.1	48.9	4.1	7.6	7.6
2014Q4	9.1	43.1	47.8	4.1	7.4	7.8
2015Q1	5.2	40.3	54.5	3.1	6.3	8.0
2015Q2	6.4	41.3	52.3	3.5	6.2	8.3
2015Q3	7.8	41.0	51.2	3.8	6.1	8.4
2015Q4	8.9	40.9	50.2	3.9	6.1	8.3
2016Q1	5.5	37.9	56.6	2.9	5.9	7.6
2016Q2	6.5	39.4	54.1	3.1	6.1	7.5
2016Q3	7.7	39.5	52.8	3.5	6.1	7.6
2016Q4	8.6	39.8	51.6	3.3	6.1	7.8
2017Q1	4.8	38.7	56.5	3.0	6.4	7.7
2017Q2	5.8	40.1	54.1	3.5	6.4	7.7

注：表中数据根据国家统计局最新数据修订。
Note: Data are revised by National Bureau of Statistics of China.

季度GDP三次产业所占的比重与增长率变化
Shares of industries in GDP and their growth rates on a quarterly basis

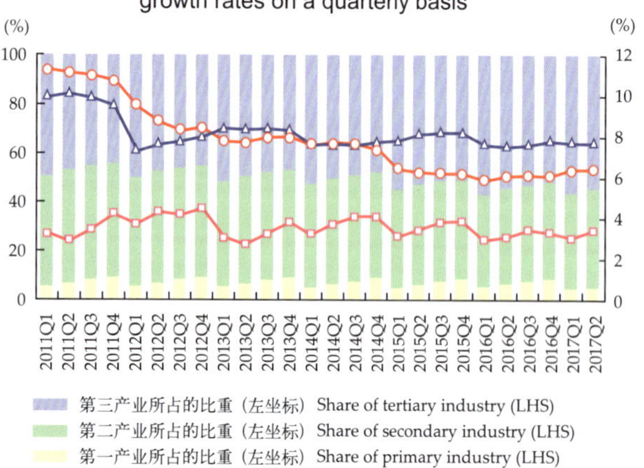

2004年以来年度GDP中三大产业比重
Shares of industries in GDP since 2004

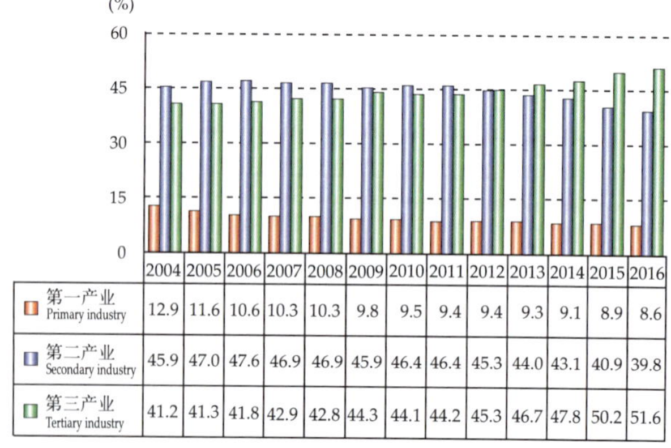

	2004	2005	2006	2007	2008	2009	2010	2011	2012	2013	2014	2015	2016
第一产业 Primary industry	12.9	11.6	10.6	10.3	10.3	9.8	9.5	9.4	9.4	9.3	9.1	8.9	8.6
第二产业 Secondary industry	45.9	47.0	47.6	46.9	46.9	45.9	46.4	46.4	45.3	44.0	43.1	40.9	39.8
第三产业 Tertiary industry	41.2	41.3	41.8	42.9	42.8	44.3	44.1	44.2	45.3	46.7	47.8	50.2	51.6

注：图中数据根据国家统计局最新数据修订。
Note: Data are revised by National Bureau of Statistics of China.

工业增加值增长速度
Growth rate of value added of industry

单位：% Unit: %

年/月 Year/Month		工业增加值 Value added	采矿业 Mining	制造业 Manufacturing	电力、热力、燃气及水生产和供应业 Electricity, gas & water production and supply	国有及国有控股企业 State-owned and state-holding enterprises	集体企业 Collectively-owned enterprises	股份制企业 Joint-stock enterprises	外商及港澳台投资企业 Enterprises with foreign, HongKong, Macau, and Taiwan investment
		比上年同期增长(%) Year-on-year growth rate(%)							
2016	1	—	—	—	—	—	—	—	—
	2	—	—	—	—	—	—	—	—
	3	6.8	3.1	7.2	4.8	3.2	0.2	7.6	4.8
	4	6.0	0.1	6.9	1.9	-0.1	1.6	7.1	2.6
	5	6.0	-2.3	7.2	2.4	-0.5	3.3	7.2	3.1
	6	6.2	-2.4	7.2	4.0	-0.1	3.6	7.4	3.6
	7	6.0	-3.1	7.0	7.4	2.9	-1.5	6.3	5.1
	8	6.3	-1.3	6.8	7.0	3.6	-4.1	6.4	6.7
	9	6.1	0.1	6.5	7.3	3.3	-3.8	6.4	6.2
	10	6.1	-2.2	6.7	7.9	3.2	-3.8	6.8	4.8
	11	6.2	-2.9	6.7	9.9	4.2	-4.4	6.6	5.6
	12	6.0	-2.5	6.3	8.0	6.4	-11.7	6.5	5.2
2017	1	—	—	—	—	—	—	—	—
	2	—	—	—	—	—	—	—	—
	3	7.6	-0.8	8.0	9.7	7.7	1.5	7.9	7.1
	4	6.5	-0.4	6.9	7.8	5.6	1.9	6.9	5.5
	5	6.5	0.5	6.9	6.4	6.2	3.2	6.8	5.9
	6	7.6	-0.1	8.0	7.3	6.8	3.9	7.7	8.0
2016	1～2	5.4	1.5	6.0	1.5	-2.0	3.7	6.9	2.4
	1～3	5.8	2.1	6.5	2.6	-0.1	2.4	7.2	3.3
	1～4	5.8	1.6	6.6	2.5	-0.1	2.2	7.2	3.1
	1～5	5.9	0.7	6.7	2.3	-0.2	2.4	7.2	3.1
	1～6	6.0	0.1	6.9	2.6	-0.2	2.6	7.2	3.2
	1～7	6.0	-0.4	6.9	3.4	0.3	2.0	7.1	3.5
	1～8	6.0	-0.5	6.9	3.9	0.7	1.3	7.0	3.9
	1～9	6.0	-0.4	6.9	4.3	1.0	0.7	6.9	4.2
	1～10	6.0	-0.6	6.9	4.7	1.2	0.2	6.9	4.3
	1～11	6.0	-0.9	6.9	5.2	1.5	-0.3	6.9	4.4
	1～12	6.0	-1.0	6.8	5.5	2.0	-1.3	6.9	4.5
2017	1～2	6.3	-3.6	6.9	8.4	5.4	-0.1	6.2	6.8
	1～3	6.8	-2.4	7.4	8.9	6.2	0.5	6.9	6.9
	1～4	6.7	-1.8	7.3	8.6	6.1	0.9	6.9	6.5
	1～5	6.7	-1.2	7.2	8.2	6.1	1.4	6.9	6.4
	1～6	6.9	-1.0	7.4	8.1	6.2	1.9	7.1	6.7

注：1. 自2011年起，工业统计范围调整为年主营收入2 000万元及以上的工业企业。
2. 本表中"比上年同期增长"按可比价格计算。

Notes: 1. Since 2011, the statistical coverage of industry has been adjusted to industrial enterprises with the annual sales income from main business of RMB20 million and above.
2. The year-on-year changes in this table are calculated at comparable prices.

工业增加值增长速度及工业产品销售率
Growth rate of industrial value added and ratio of sales to output of industrial products

单位：% Unit: %

年/月 Year/Month		当月工业增加值同比增长 YOY growth of monthly industrial value added	工业增加值月度累计同比增长 YOY growth of monthly accumulated industrial value added	当月销售率 Monthly ratio of sales to output
2015	1	—	—	—
	2	—	6.8	—
	3	5.6	6.4	97.1
	4	5.9	6.2	97.7
	5	6.1	6.2	97.5
	6	6.8	6.3	97.0
	7	6.0	6.3	97.7
	8	6.1	6.3	97.9
	9	5.7	6.2	98.0
	10	5.6	6.1	97.7
	11	6.2	6.1	97.4
	12	5.9	6.1	98.6
2016	1	—	—	—
	2	—	5.4	—
	3	6.8	5.8	97.1
	4	6.0	5.8	97.5
	5	6.0	5.9	97.3
	6	6.2	6.0	97.2
	7	6.0	6.0	97.6
	8	6.3	6.0	98.1
	9	6.1	6.0	97.9
	10	6.1	6.0	97.9
	11	6.2	6.0	97.8
	12	6.0	6.0	98.8
2017	1	—	—	—
	2	—	6.3	—
	3	7.6	6.8	96.9
	4	6.5	6.7	97.6
	5	6.5	6.7	97.7
	6	7.6	6.9	97.7

工业增加值增长速度及工业产品销售率
Growth rate of industrial value added and ratio of sales to output of industrial products

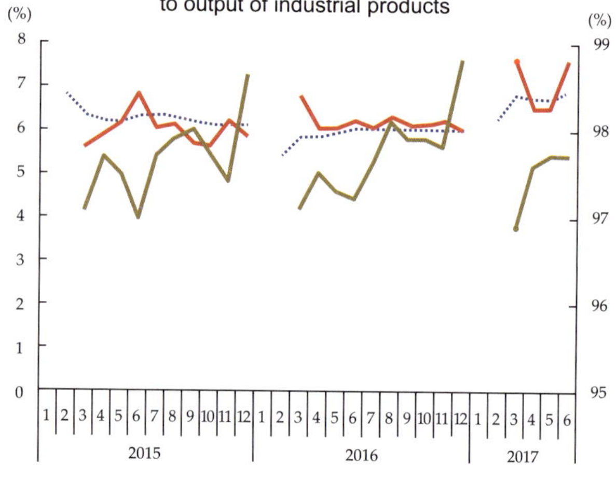

当月工业增加值同比增长（左坐标）
YOY growth of monthly industrial value added (LHS)
工业增加值月度累计同比增长（左坐标）
YOY growth of monthly accumulated industrial value added (LHS)
当月销售率（右坐标）
Monthly ratio of sales to output (RHS)

二、价格走势
2. Price Development

1.各种价格指数一览
(1) Overview of price indices

各种价格指数变动表
Changes in price indices

单位：% Unit: %

年/月 Year/Month	居民消费价格指数 Consumer price indices			农业生产资料价格指数 Price indices of mean of agricultural production		工业生产者购进价格指数 Purchasing price index for industrial producers		工业生产者出厂价格指数 Producer price index for manufactured goods		固定资产投资价格指数 Price indices of investment in fixed assets		进出口同比价格指数 Import-export price index (YOY)		
	月环比 MOM	当月同比 YOY	累计同比 Accumulated YOY	当月同比 YOY	累计同比 Accumulated YOY	当月同比 YOY	累计同比 Accumulated YOY	当月同比 YOY	累计同比 Accumulated YOY	当季同比 YOY	累计同比 Accumulated YOY	出口 Exports	进口 Imports	贸易条件 Terms of trade
2015 1	0.3	0.8	0.8	-1.2	-1.2	-5.2	-5.2	-4.3	-4.3			0.4	-9.6	111.1
2	1.2	1.4	1.1	-1.2	-1.2	-5.9	-5.5	-4.8	-4.6			-3.3	-9.3	106.6
3	-0.5	1.4	1.2	-0.4	-0.9	-5.7	-5.6	-4.6	-4.6	-0.9	-0.9	-0.3	-10.5	111.4
4	-0.2	1.5	1.3	0.3	-0.6	-5.5	-5.6	-4.6	-4.6			-1.5	-12.8	113.0
5	-0.2	1.2	1.3	0.6	-0.4	-5.5	-5.5	-4.6	-4.6			-2.3	-12.8	112.0
6	0.0	1.4	1.3	0.9	-0.1	-5.6	-5.5	-4.8	-4.6	-1.2	-1.0	0.5	-9.3	110.8
7	0.3	1.6	1.3	1.2	0.0	-6.1	-5.6	-5.4	-4.7			-0.7	-11.3	112.0
8	0.5	2.0	1.4	1.1	0.2	-6.6	-5.7	-5.9	-4.9			-3.5	-15.0	113.5
9	0.1	1.6	1.4	0.9	0.3	-6.8	-5.9	-5.9	-5.0	-2.3	-1.5	1.1	-13.4	116.7
10	-0.3	1.3	1.4	0.8	0.3	-6.9	-6.0	-5.9	-5.1			1.3	-10.2	112.8
11	0.0	1.5	1.4	0.7	0.3	-6.9	-6.0	-5.9	-5.2			1.0	-12.0	114.8
12	0.5	1.6	1.4	0.7	0.4	-6.8	-6.1	-5.9	-5.2	-2.9	-1.8	-2.9	-12.4	110.8
2016 1	0.5	1.8	1.8	0.3	0.3	-6.3	-6.3	-5.3	-5.3			-6.1	-13.1	108.1
2	1.6	2.3	2.0	0.6	0.4	-5.8	-6.0	-4.9	-5.1			-6.1	-13.1	108.1
3	-0.4	2.3	2.1	0.2	0.4	-5.2	-5.8	-4.3	-4.8	-2.7	-2.7	-3.7	-11.6	108.9
4	-0.2	2.3	2.2	0.1	0.3	-4.4	-5.4	-3.4	-4.5			-2.6	-3.9	101.4
5	-0.5	2.0	2.1	0.3	0.3	-3.8	-5.1	-2.8	-4.1			-3.3	-4.8	101.6
6	-0.1	1.9	2.1	0.6	0.3	-3.4	-4.8	-2.6	-3.9	-0.8	-1.8	-2.3	-3.4	101.1
7	0.2	1.8	2.1	0.2	0.3	-2.6	-4.5	-1.7	-3.6			-1.9	-2.9	101.0
8	0.1	1.3	2.0	-0.3	0.2	-1.7	-4.1	-0.8	-3.2			-0.9	1.0	98.1
9	0.7	1.9	2.0	-0.3	0.2	-0.6	-3.8	0.1	-2.9	-0.1	-1.2	-3.1	-0.8	97.7
10	-0.1	2.1	2.0	-0.5	0.1	0.9	-3.3	1.2	-2.5			-1.3	1.0	97.7
11	0.1	2.3	2.0	-0.1	0.1	3.5	-2.7	3.3	-2.0			-2.1	4.0	94.1
12	0.2	2.1	2.0	0.6	0.1	6.3	-2.0	5.5	-1.4	1.4	-0.6	2.1	8.1	94.4
2017 1	1.0	2.5	2.5	1.1	1.1	8.4	8.4	6.9	6.9			4.1	12.8	92.3
2	-0.2	0.8	1.7	1.2	1.1	9.9	9.1	7.8	7.3			6.7	13.9	93.7
3	-0.3	0.9	1.4	1.4	1.2	10.0	9.4	7.6	7.4	4.5	4.5	4.5	13.6	92.0
4	0.1	1.2	1.4	1.1	1.2	9.0	9.3	6.4	7.2			6.9	13.5	94.2
5	-0.1	1.5	1.4	0.1	1.0	8.0	9.0	5.5	6.8			5.4	12.4	93.8
6	-0.2	1.5	1.4	-0.9	0.7	7.3	8.7	5.5	6.6	4.7	4.6	5.1	9.5	96.0

注：国家统计局从2011年1月开始实施新的工业生产者价格统计调查制度方法。"工业品价格统计"改称为"工业生产者价格统计"，相应地将"原材料、燃料、动力购进价格指数"改称为"工业生产者购进价格指数"，将"工业品出厂价格指数"改称为"工业生产者出厂价格指数"。

Note: Since January 2011, NBS begins to conduct new statistical system and survey methods on PPI. "Prices statistics on industrial goods" is renamed to "prices statistics on industrial producers". Accordingly, "purchasing prices for raw material,fuels and power" is renamed to "purchasing price for industrial producers", "producer price index of industrial products" is renamed to "producer price index for manufactured goods".

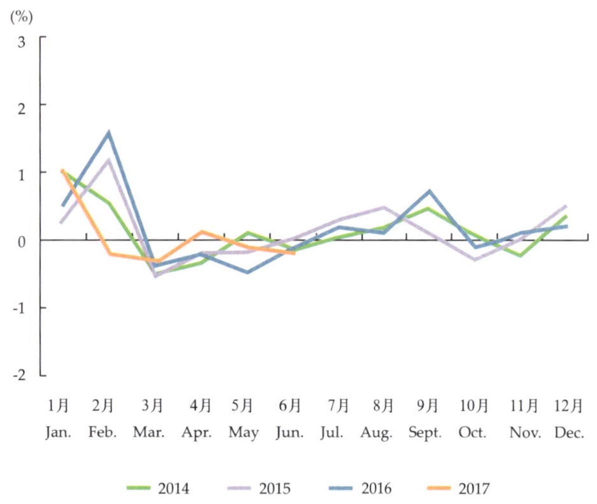
居民消费价格月环比指数变动
Change in CPI (month-on-month)
(%)
3
2
1
0
-1
-2
1月 Jan.
2月 Feb.
3月 Mar.
4月 Apr.
5月 May
6月 Jun.
7月 Jul.
8月 Aug.
9月 Sept.
10月 Oct.
11月 Nov.
12月 Dec.
2014
2015
2016
2017

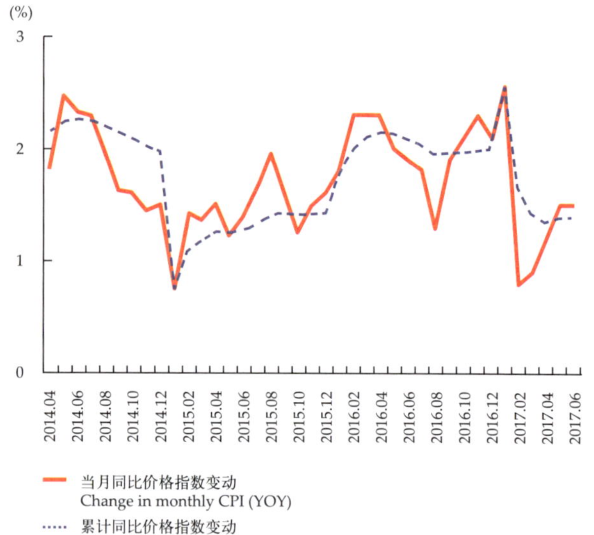
居民消费价格同比指数变动
Change in CPI (year-on-year)
(%)
3
2
1
0
2014.04
2014.06
2014.08
2014.10
2014.12
2015.02
2015.04
2015.06
2015.08
2015.10
2015.12
2016.02
2016.04
2016.06
2016.08
2016.10
2016.12
2017.02
2017.04
2017.06
当月同比价格指数变动
Change in monthly CPI (YOY)
累计同比价格指数变动
Change in accumulated CPI (YOY)

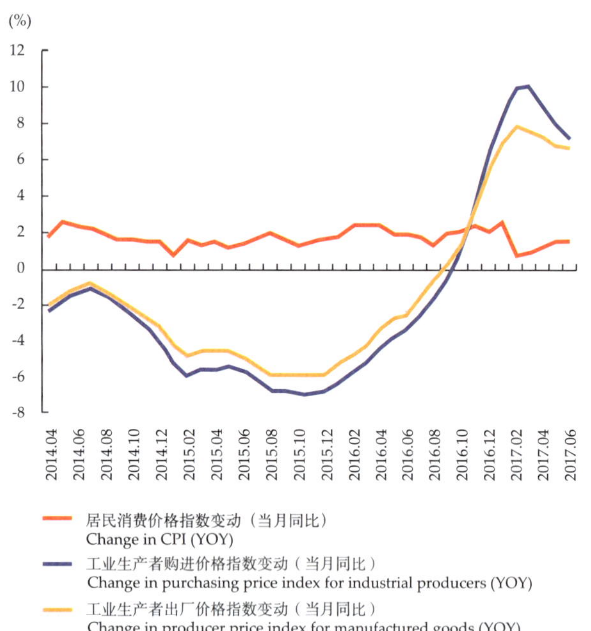
居民消费价格指数与生产价格指数的比较
Comparison between changes in CPI and PPI
(%)
12
10
8
6
4
2
0
-2
-4
-6
-8
2014.04
2014.06
2014.08
2014.10
2014.12
2015.02
2015.04
2015.06
2015.08
2015.10
2015.12
2016.02
2016.04
2016.06
2016.08
2016.10
2016.12
2017.02
2017.04
2017.06
居民消费价格指数变动（当月同比）
Change in CPI (YOY)
工业生产者购进价格指数变动（当月同比）
Change in purchasing price index for industrial producers (YOY)
工业生产者出厂价格指数变动（当月同比）
Change in producer price index for manufactured goods (YOY)

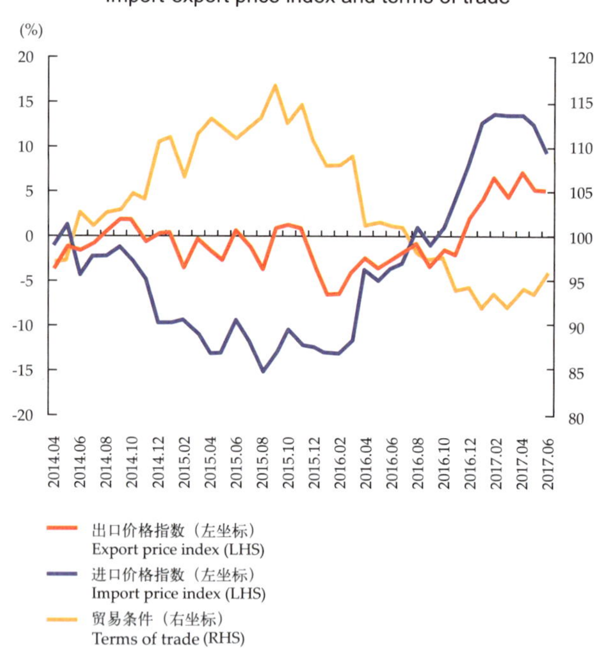
进出口价格指数和贸易条件
Import-export price index and terms of trade
(%)
20
15
10
5
0
-5
-10
-15
-20
120
115
110
105
100
95
90
85
80
2014.04
2014.06
2014.08
2014.10
2014.12
2015.02
2015.04
2015.06
2015.08
2015.10
2015.12
2016.02
2016.04
2016.06
2016.08
2016.10
2016.12
2017.02
2017.04
2017.06
出口价格指数（左坐标）
Export price index (LHS)
进口价格指数（左坐标）
Import price index (LHS)
贸易条件（右坐标）
Terms of trade (RHS)

2.分类指数
(2) Breakdown of indices

居民消费价格当月同比分类指数变动
Breakdown of changes in CPI (YOY)

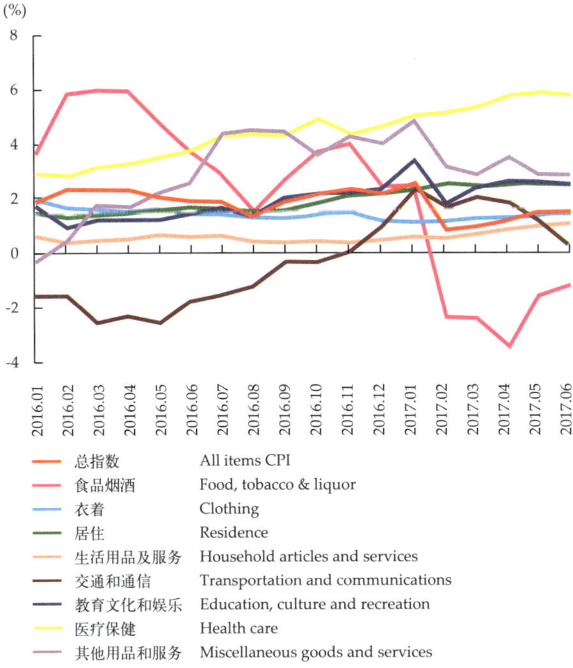

注：国家统计局于2016年1月调整了CPI构成，数据和以前年度不可比。
Note: NBS adjusted the composition of CPI in January 2016, which made the data uncomparable.

工业生产者出厂价格当月同比指数变动 按生产资料和生活资料分类
Breakdown of changes in producer price index (PPI) for manufactured goods by means of production and means of consumer goods (YOY)

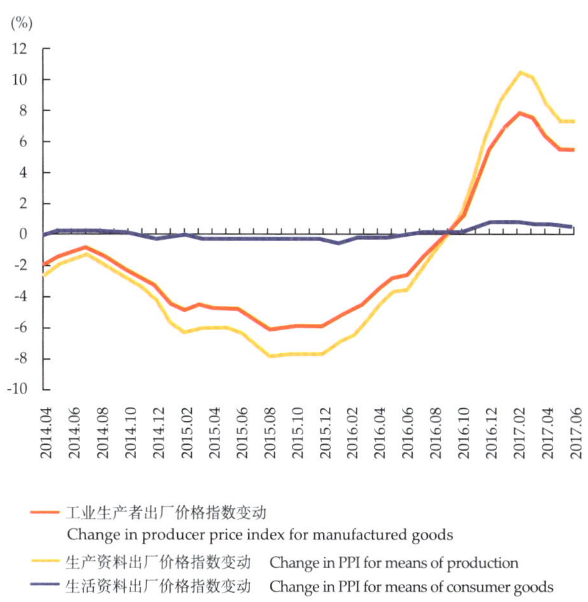

生活资料出厂价格当月同比分类指数变动
Breakdown of changes in PPI for means of consumer goods (YOY)

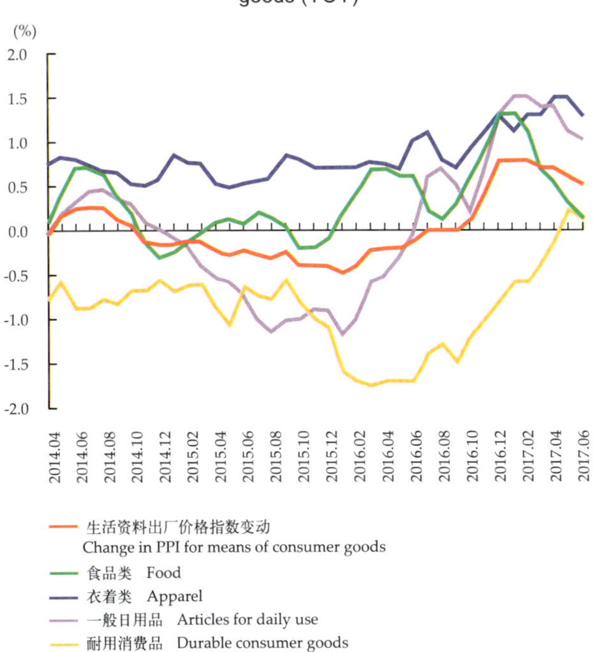

生产资料出厂价格当月同比分类指数变动
Breakdown of changes in PPI for means of production (YOY)

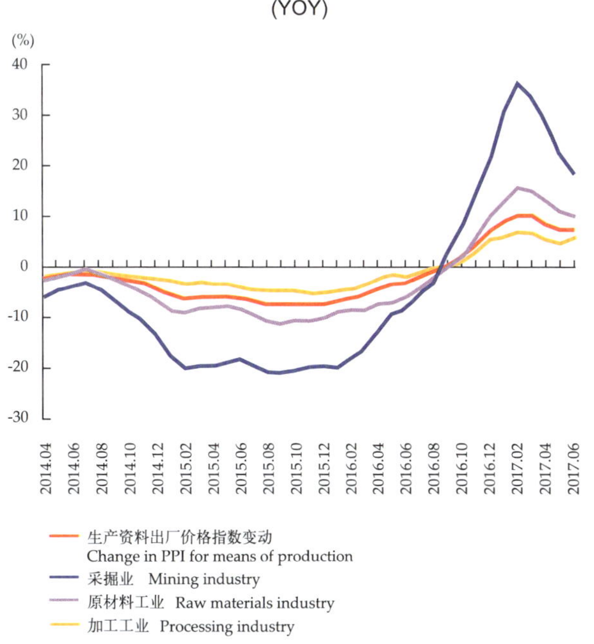

三、就业、失业与收入
3. Employment, Unemployment and Income

人口与就业基本情况
Population and employment

年 Year	年底总人口（亿人） Population at the end of the year (100 million people)					15～64岁 人口数(亿人) Population between 15~64 years of age (100 million people)	就业人员(亿人) Employment (100 million people)
		城镇 Urban	比重(%) Share (%)	乡村 Rural	比重(%) Share (%)		
2001	12.8	4.8	38	8.0	62		7.3
2002	12.8	5.0	39	7.8	61	9.0	7.3
2003	12.9	5.2	41	7.7	59	9.1	7.4
2004	13.0	5.4	42	7.6	58	9.2	7.4
2005	13.1	5.6	43	7.5	57	9.4	7.5
2006	13.1	5.8	44	7.3	56	9.5	7.5
2007	13.2	6.1	46	7.1	54	9.6	7.5
2008	13.3	6.2	47	7.0	53	9.7	7.6
2009	13.3	6.5	48	6.9	52	9.7	7.6
2010	13.4	6.7	50	6.7	50	10.0	7.6
2011	13.5	6.9	51	6.6	49	10.0	7.6
2012	13.5	7.1	53	6.4	47	10.0	7.7
2013	13.6	7.3	54	6.3	46	10.1	7.7
2014	13.7	7.5	55	6.2	45	10.0	7.7
2015	13.7	7.7	56	6.0	44	10.0	7.7
2016	13.8	7.9	57	5.9	43	10.0	7.8

注：表中数据根据第六次人口普查数据重新修订。
Note:Data are revised according to the 6th National Population Census.

就业人员按城乡和产业分类
Employment in urban and rural areas and in industries

年 Year	就业人员(亿人) Employment (100 million people)										
		按城乡分 Urban & rural				按产业分 Industries					
		城镇 Urban	比重(%) Share (%)	乡村 Rural	比重(%) Share (%)	第一产业 Primary industry	比重(%) Share (%)	第二产业 Secondary industry	比重(%) Share (%)	第三产业 Tertiary industry	比重(%) Share (%)
2001	7.28	2.41	33.1	4.87	66.9	3.64	50.0	1.62	22.3	2.02	27.7
2002	7.33	2.52	34.3	4.81	65.7	3.66	50.0	1.57	21.4	2.10	28.6
2003	7.37	2.62	35.6	4.75	64.4	3.62	49.1	1.59	21.6	2.16	29.3
2004	7.43	2.73	36.8	4.70	63.2	3.48	46.9	1.67	22.5	2.27	30.6
2005	7.46	2.84	38.0	4.63	62.0	3.34	44.8	1.78	23.8	2.34	31.4
2006	7.50	2.96	39.5	4.53	60.5	3.19	42.6	1.89	25.2	2.41	32.2
2007	7.53	3.10	41.1	4.44	58.9	3.07	40.8	2.02	26.8	2.44	32.4
2008	7.56	3.21	42.5	4.35	57.5	2.99	39.6	2.06	27.2	2.51	33.2
2009	7.58	3.33	43.9	4.25	56.1	2.89	38.1	2.11	27.8	2.59	34.1
2010	7.61	3.47	45.6	4.14	54.4	2.79	36.7	2.18	28.7	2.63	34.6
2011	7.64	3.59	47.0	4.05	53.0	2.66	34.8	2.25	29.5	2.73	35.7
2012	7.67	3.71	48.4	3.96	51.6	2.58	33.6	2.32	30.3	2.77	36.1
2013	7.70	3.82	49.7	3.87	50.3	2.42	31.4	2.32	30.1	2.96	38.5
2014	7.73	3.93	50.9	3.79	49.1	2.28	29.5	2.31	29.9	3.14	40.6
2015	7.75	4.04	52.2	3.70	47.8	2.19	28.3	2.27	29.3	3.28	42.4
2016	7.76	4.14	53.4	3.62	46.6	2.15	27.7	2.23	28.8	3.38	43.5

居民人均可支配收入
Per capita disposable income

年/季度 Year/Quarter	农村居民人均可支配收入 Per capita disposable income in rural area		城镇居民人均可支配收入 Per capita disposable income in urban area	
	绝对值(元) Absolute value (RMB)	同比实际增长(%) Growth in real terms (YOY) (%)	绝对值(元) Absolute value (RMB)	同比实际增长(%) Growth in real terms (YOY) (%)
2014 I	2 980	10.1	7 912	7.2
I～II	5 074	9.8	14 520	7.1
I～III	7 574	9.7	21 697	6.9
I～IV	10 489	9.2	28 844	6.8
2015 I	3 279	8.9	8 572	7.0
I～II	5 554	8.3	15 699	6.7
I～III	8 297	8.1	23 512	6.8
I～IV	11 422	7.5	31 195	6.6
2016 I	3 578	7.0	9 255	5.8
I～II	6 050	6.7	16 957	5.8
I～III	8 998	6.5	25 337	5.7
I～IV	12 363	6.2	33 616	5.6
2017 I	3 880	7.2	9 986	6.3
I～II	6 562	7.4	18 322	6.5

城镇失业人数和失业率
Unemployed urban population and unemployment rate

年/季度末 Year/End of quarter	城镇登记失业人数(万人) Registered unemployment in urban areas (10 000 people)	城镇登记失业率(%) Registered unemployment rate in urban areas(%)
2014 I	940	4.1
II	949	4.1
III	947	4.1
IV	952	4.1
2015 I	952	4.1
II	952	4.0
III	962	4.1
IV	966	4.1
2016 I	972	4.0
II	978	4.1
III	983	4.0
IV	982	4.0
2017 I	976	4.0
II	976	4.0

四、国内需求
4. Domestic Demand

1.按支出法计算的国内生产总值
(1) Expenditure-based GDP

按支出法计算的国内生产总值及其构成
Expenditure-based GDP and its composition

年 Year	按支出法计算的国内生产总值 Expenditure-based GDP	最终消费 Final consumption	居民消费 Household consumption	城镇居民 Urban	农村居民 Rural	政府消费 Government consumption	资本形成总额 Total capital formation	固定资本形成 Fixed capital formation	存货增加 Increased inventory	货物和服务净出口 Net exports of goods and services
	绝对值(亿元) Absolute value (RMB100 million)									
2001	111 250	68 547	50 709	34 411	16 298	17 838	40 379	38 064	2 315	2 325
2002	122 292	74 068	55 076	38 060	17 017	18 992	45 130	43 797	1 333	3 094
2003	138 315	79 513	59 344	41 569	17 775	20 169	55 837	53 964	1 872	2 965
2004	162 742	89 086	66 587	47 354	19 233	22 499	69 421	65 670	3 751	4 236
2005	189 190	101 448	75 232	54 320	20 912	26 215	77 534	75 810	1 724	10 209
2006	221 207	114 729	84 119	61 480	22 640	30 610	89 823	87 223	2 600	16 655
2007	271 699	136 229	99 793	74 205	25 589	36 436	112 047	105 052	6 995	23 423
2008	319 936	157 466	115 338	86 498	28 841	42 128	138 243	128 002	10 241	24 227
2009	349 883	172 728	126 661	95 995	30 666	46 067	162 118	156 735	5 383	15 037
2010	410 708	198 998	146 058	112 447	33 610	52 941	196 653	185 827	10 826	15 057
2011	486 038	241 022	176 532	135 457	41 075	64 490	233 327	219 671	13 656	11 689
2012	540 989	271 113	198 537	153 314	45 223	72 576	255 240	244 601	10 639	14 636
2013	596 963	300 338	219 763	170 330	49 432	80 575	282 073	270 924	11 149	14 552
2014	647 182	328 313	242 540	188 174	54 366	85 773	302 718	290 053	12 664	16 152
2015	699 109	362 267	265 980	205 912	58 846	96 286	312 836	301 503	11 333	24 007
2016	746 315	400 176	292 661	—	—	107 514	329 727	318 912	10 816	16 412
	构成(%) Composition (%)									
2001	100.0	61.6	45.6	30.9	14.6	16.0	36.3	34.2	2.1	2.1
2002	100.0	60.6	45.0	31.1	13.9	15.5	36.9	35.8	1.1	2.5
2003	100.0	57.5	42.9	30.1	12.9	14.6	40.4	39.0	1.4	2.1
2004	100.0	54.7	40.9	29.1	11.8	13.8	42.7	40.4	2.3	2.6
2005	100.0	53.6	39.8	28.7	11.1	13.9	41.0	40.1	0.9	5.4
2006	100.0	51.9	38.0	27.8	10.2	13.8	40.6	39.4	1.2	7.5
2007	100.0	50.1	36.7	27.3	9.4	13.4	41.2	38.7	2.6	8.6
2008	100.0	49.2	36.1	27.0	9.0	13.2	43.2	40.0	3.2	7.6
2009	100.0	49.4	36.2	27.4	8.8	13.2	46.3	44.8	1.5	4.3
2010	100.0	48.5	35.6	27.4	8.2	12.9	47.9	45.2	2.6	3.7
2011	100.0	49.6	36.3	27.9	8.5	13.3	48.0	45.2	2.8	2.4
2012	100.0	50.1	36.7	28.3	8.4	13.4	47.2	45.2	2.0	2.7
2013	100.0	50.3	36.8	28.5	8.3	13.5	47.3	45.4	1.9	2.4
2014	100.0	50.7	37.5	29.1	8.4	13.3	46.8	44.8	2.0	2.5
2015	100.0	51.8	38.0	29.5	8.4	13.8	44.7	43.1	1.6	3.4
2016	100.0	53.6	39.2	—	—	14.4	44.2	42.7	1.4	2.2

注：表中数据根据国家统计局最新数据修订。
Note: Data are revised by National Bureau of Statistics of China.

按支出法计算的国内生产总值构成变化
Changes in the composition of GDP (based on expenditures)

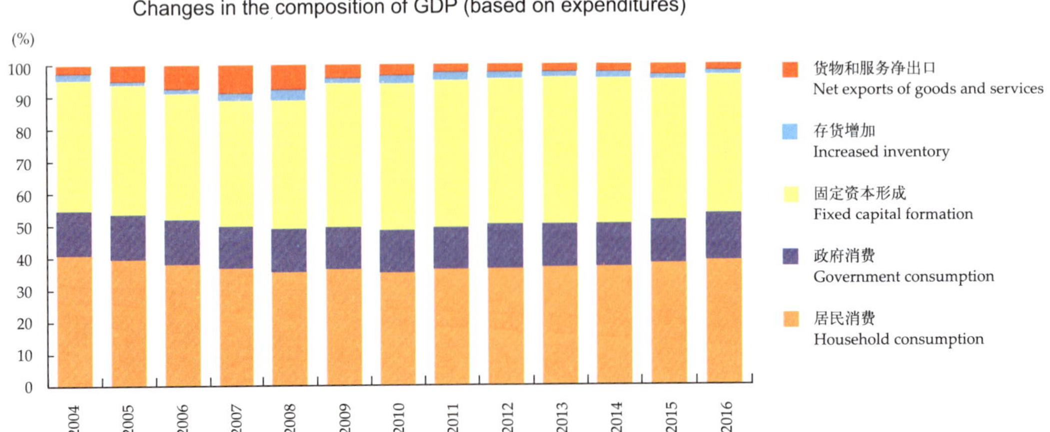

投资率和消费率
Investment ratio and consumption ratio

单位：% Unit: %

年 Year	资本形成率(投资率) Capital formation ratio (investment ratio)	最终消费率(消费率) Final consumption ratio (consumption ratio)
1986	38.2	64.2
1987	37.8	62.1
1988	39.5	61.5
1989	37.5	63.6
1990	34.4	62.9
1991	35.7	61.5
1992	39.6	59.4
1993	44.0	57.9
1994	40.8	57.9
1995	39.6	58.8
1996	38.2	59.8
1997	36.2	59.4
1998	35.6	60.2
1999	34.9	62.3
2000	34.3	63.3
2001	36.3	61.6
2002	36.9	60.6
2003	40.4	57.5
2004	42.7	54.7
2005	41.0	53.6
2006	40.6	51.9
2007	41.2	50.1
2008	43.2	49.2
2009	46.3	49.4
2010	47.9	48.5
2011	48.0	49.6
2012	47.2	50.1
2013	47.3	50.3
2014	46.8	50.7
2015	44.7	51.8
2016	44.2	53.6

注：表中数据根据国家统计局最新数据修订。
Note: Data are revised by National Bureau of Statistics of China.

生产法现价GDP与支出法现价GDP及其增长率比较
Comparison between production-based GDP and expenditure-based GDP at current price

年 Year	(1)生产法GDP Production-based GDP		(2)支出法GDP Expenditure-based GDP		(1)−(2)	
	绝对量(亿元) Absolute value (RMB100 million)	现价增速(%) Growth rate at current price(%)	绝对量(亿元) Absolute value (RMB100 million)	现价增速(%) Growth rate at current price(%)	绝对量(亿元) Absolute value (RMB100 million)	现价增速(%) Growth rate at current price(%)
1991	22 006	16.6	22 124	16.0	-119	0.56
1992	27 195	23.6	27 334	23.5	-140	0.03
1993	35 673	31.2	35 900	31.3	-227	-0.16
1994	48 638	36.3	48 823	36.0	-185	0.35
1995	61 340	26.1	61 539	26.0	-199	0.07
1996	71 814	17.1	72 103	17.2	-289	-0.09
1997	79 715	11.0	80 025	11.0	-310	0.02
1998	85 196	6.9	85 486	6.8	-291	0.05
1999	90 564	6.3	90 824	6.2	-259	0.06
2000	100 280	10.7	100 577	10.7	-297	-0.01
2001	110 863	10.6	111 250	10.6	-387	-0.06
2002	121 717	9.8	122 292	9.9	-575	-0.13
2003	137 422	12.9	138 315	13.1	-893	-0.20
2004	161 840	17.8	162 742	17.7	-902	0.11
2005	187 319	15.7	189 190	16.3	-1 872	-0.51
2006	219 439	17.1	221 207	16.9	-1 768	0.22
2007	270 232	23.1	271 699	22.8	-1 467	0.32
2008	319 516	18.2	319 936	17.8	-420	0.48
2009	349 081	9.3	349 883	9.4	-802	-0.11
2010	413 030	18.3	410 708	17.4	2 322	0.93
2011	489 301	18.5	486 038	18.3	3 263	0.12
2012	540 367	10.4	540 989	11.3	-622	-0.87
2013	595 244	10.2	596 963	10.3	-1 719	-0.19
2014	643 974	8.2	647 182	8.4	-3 208	-0.23
2015	689 052	7.0	699 109	8.0	-10 057	-1.02
2016	744 127	8.0	746 315	6.8	-2 188	1.24

注：表中数据根据国家统计局最新数据修订。
Note: Data are revised by National Bureau of Statistics of China.

投资率和消费率
Investment ratio and consumption ratio

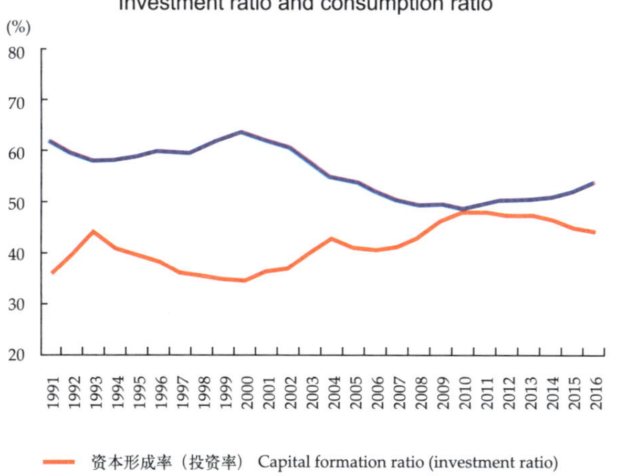

生产法现价GDP与支出法现价GDP增速比较
Comparison of growth rate at current prices between production-based GDP and expenditure-based GDP

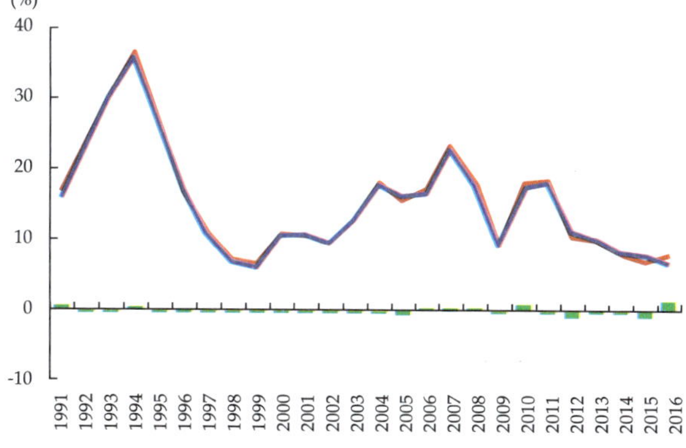

2.社会消费品零售额

(2) Retail sales of consumer goods

社会消费品零售总额
Retail sales of consumer goods

单位：亿元
Unit: RMB100 million

年/月 Year/Month	当月社会消费品零售总额 Monthly retail sales of consumer goods	当月同比增长率(%) Monthly growth rate (YOY)(%)	社会消费品零售总额累计 Accumulative retail sales of consumer goods	累计同比增长率(%) Accumulative growth rate (YOY)(%)
2015.01	—	—	—	—
2015.02	—	—	47 993	10.7
2015.03	22 723	10.2	70 715	10.6
2015.04	22 387	10.0	93 102	10.4
2015.05	24 195	10.1	117 297	10.4
2015.06	24 280	10.6	141 577	10.4
2015.07	24 339	10.5	165 916	10.4
2015.08	24 893	10.8	190 809	10.5
2015.09	25 271	10.9	216 080	10.5
2015.10	28 279	11.0	244 359	10.6
2015.11	27 937	11.2	272 296	10.6
2015.12	28 635	11.1	300 931	10.7
2016.01	—	—	—	—
2016.02	—	—	52 910	10.2
2016.03	25 114	10.5	78 024	10.3
2016.04	24 646	10.1	102 670	10.3
2016.05	26 611	10.0	129 281	10.2
2016.06	26 857	10.6	156 138	10.3
2016.07	26 827	10.2	182 966	10.3
2016.08	27 540	10.6	210 505	10.3
2016.09	27 976	10.7	238 482	10.4
2016.10	31 119	10.0	269 601	10.3
2016.11	30 959	10.8	300 560	10.4
2016.12	31 757	10.9	332 316	10.4
2017.01	—	—	—	—
2017.02	—	—	57 960	9.5
2017.03	27 864	10.9	85 823	10.0
2017.04	27 279	10.7	113 102	10.2
2017.05	29 459	10.7	142 561	10.3
2017.06	29 808	11.0	172 369	10.4

注：为消除春节日期不固定因素带来的影响，增强数据的可比性，按照国家统计制度，历年1~2月数据一起调查、一起发布。
Note: In order to eliminate the impact of the different date of "Spring Festival" of each year,and enhance the comparability of data, in accordance with the national statistical system,the data in January and February was investigated and released together.

社会消费品零售总额与最终消费增长率的比较
Comparison of growth rate at current prices between retail sales of consumer goods and final consumption expenditure

单位：万亿元
Unit: RMB1 trillion

年 Year	社会消费品零售总额 Retail sales of consumer goods	最终消费 Final consumption	社会消费品零售总额现价增长率(%) Growth rate at current prices of retail sales of consumer goods(%)	最终消费现价增长率(%) Growth rate at current prices of final consumption expenditure(%)
1991	0.94	1.36	13.4	13.5
1992	1.10	1.62	16.8	19.2
1993	1.43	2.08	29.8	28.2
1994	1.86	2.83	30.5	35.9
1995	2.36	3.62	26.8	28.0
1996	2.84	4.31	20.1	19.0
1997	3.13	4.75	10.2	10.3
1998	3.34	5.15	6.8	8.3
1999	3.56	5.66	6.8	10.0
2000	3.91	6.37	9.7	12.4
2001	4.31	6.85	10.1	7.7
2002	4.81	7.41	11.8	8.1
2003	5.25	7.95	9.1	7.4
2004	5.95	8.91	13.3	12.0
2005	6.84	10.14	14.9	13.9
2006	7.91	11.47	15.8	13.1
2007	9.36	13.62	18.2	18.7
2008	11.48	15.75	22.7	15.6
2009	13.27	17.27	15.5	9.7
2010	15.70	19.90	18.3	15.2
2011	18.39	24.10	17.1	21.1
2012	21.03	27.11	14.3	12.5
2013	24.28	30.03	15.5	10.8
2014	27.19	32.83	12.0	9.3
2015	30.09	36.23	10.7	10.3
2016	33.23	40.02	10.4	10.5

注：表中数据根据国家统计局最新数据修订。
Note: Data are revised by National Bureau of Statistics of China.

累计社会消费品零售总额及其增长率
Accumulative retail sales and growth rates of consumer goods

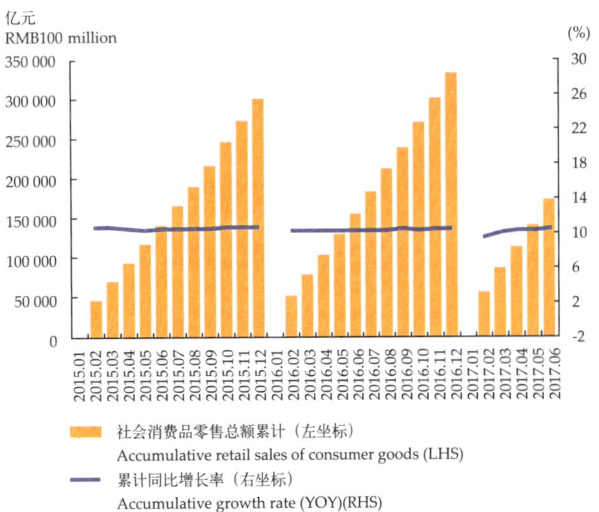

社会消费品零售总额及最终消费增长趋势
Growth trend of retail sales of consumer goods and final consumption expenditure

3.固定资产投资完成额

(3) Completed fixed-asset investment

固定资产投资（不含农户）完成额
Completed investment in fixed assets (excluding rural households)

单位：亿元
Unit: RMB100 million

年/月 Year/Month	投资完成额 Investment completed	增长率(%) Growth rate (%)
2015 1~2	34 477.4	13.9
1~3	77 511.3	13.5
1~4	119 978.5	12.0
1~5	171 245.4	11.4
1~6	237 131.9	11.4
1~7	288 468.5	11.2
1~8	338 977.4	10.9
1~9	394 531.0	10.3
1~10	447 424.9	10.2
1~11	497 182.2	10.2
1~12	551 590.0	10.0
2016 1~2	38 007.8	10.2
1~3	85 842.8	10.7
1~4	132 592.0	10.5
1~5	187 671.0	9.6
1~6	258 360.0	9.0
1~7	311 694.3	8.1
1~8	366 339.2	8.1
1~9	426 906.4	8.2
1~10	484 429.0	8.3
1~11	538 548.0	8.3
1~12	596 500.8	8.1
2017 1~2	41 377.9	8.9
1~3	93 777.1	9.2
1~4	144 326.8	8.9
1~5	203 718.3	8.6
1~6	280 604.8	8.6

注：自2011年起，投资项目统计起点标准由原来的50万元调整为500万元，“固定资产投资（不含农户）”等于原口径的城镇固定资产投资加上农村企事业组织项目投资。
Notes: Since 2011, investment indicators are calculated using new threshold criteria of RMB5 million instead of RMB500 thousand in the past. "Investment in fixed assets (excluding rural households)" equals to "investment in fixed assets in urban area" under the old criteria plus "investment of rural enterprises and institutions".

固定资产投资（不含农户）完成额
Completed investment in fixed assets (excluding rural households)

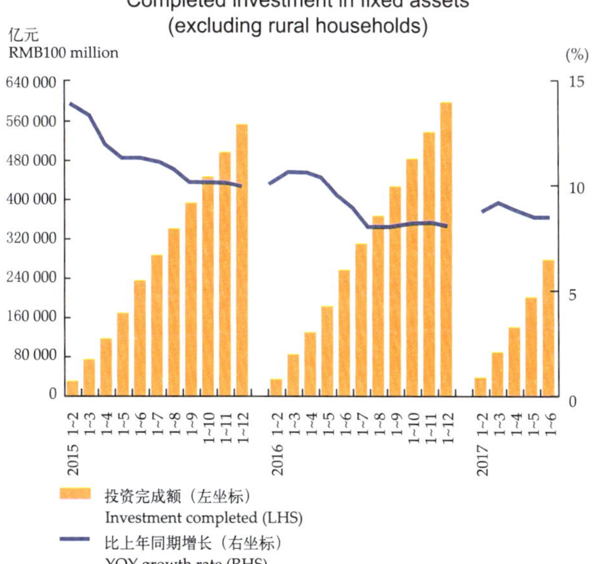

固定资产投资完成额和固定资本形成总额的比较
Comparison of completed fixed-asset investment and gross capital formation

单位：万亿元
Unit: RMB1 trillion

年 Year	全社会固定资产投资完成额 Total completed fixed-asset investment	固定资本形成总额 Gross capital formation	全社会固定资产投资现价增长率(%) Growth rate of total fixed-asset investment at current prices(%)	固定资本形成总额现价增长率(%) Growth rate of gross capital formation at current prices(%)
1991	0.56	0.61	23.9	25.7
1992	0.81	0.85	44.4	46.0
1993	1.31	1.36	61.8	60.4
1994	1.70	1.72	30.4	26.6
1995	2.00	2.04	17.5	18.4
1996	2.29	2.33	14.5	14.6
1997	2.49	2.54	8.8	8.8
1998	2.84	2.88	13.9	13.4
1999	2.99	3.02	5.1	5.2
2000	3.29	3.35	10.3	10.9
2001	3.72	3.81	13.1	13.5
2002	4.35	4.38	16.9	15.1
2003	5.56	5.40	27.7	23.2
2004	7.05	6.57	26.8	21.7
2005	8.88	7.58	26.0	15.4
2006	11.00	8.72	23.9	15.1
2007	13.73	10.51	24.8	20.4
2008	17.28	12.80	25.9	21.8
2009	22.46	15.67	30.0	22.4
2010	25.17	18.58	12.1	18.6
2011	31.15	21.97	23.8	18.2
2012	37.47	24.46	20.3	11.3
2013	44.63	27.09	19.1	10.8
2014	51.20	29.01	14.7	7.1
2015	56.20	30.15	9.8	3.9
2016	60.65	31.89	7.9	5.8

注：表中数据根据国家统计局最新数据修订。
Note: Data are revised by National Bureau of Statistics of China.

固定资产投资完成额和固定资本形成总额
Completed fixed-asset investment and gross capital formation

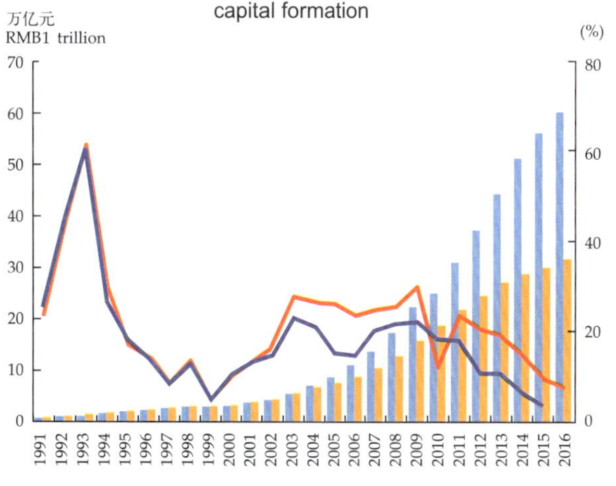

按建设性质分固定资产投资（不含农户）累计完成额及增长率

Completed investment in fixed assets (excluding rural households) and growth rate by type of construction

年/月 Year/Month	绝对值(亿元) Absolute value (RMB100 million)			增长率(%) Growth rate (%)		
	新建 New construction	扩建 Expansion	改建 Transformation	新建 New construction	扩建 Expansion	改建 Transformation
2015 1~2	16 509.1	4 018.9	4 125.8	15.0	18.4	13.5
1~3	38 420.7	9 391.7	10 293.9	13.6	16.2	16.5
1~4	60 978.6	14 883.0	16 164.1	12.1	16.6	16.0
1~5	88 238.9	21 069.3	23 410.4	11.5	15.0	16.4
1~6	122 724.1	28 590.1	32 748.8	11.4	13.9	17.8
1~7	149 126.3	35 020.0	40 375.3	11.1	12.3	18.3
1~8	175 884.9	41 044.4	47 643.5	11.0	11.8	18.2
1~9	205 175.5	47 484.0	55 712.1	10.2	11.1	18.6
1~10	232 238.7	54 267.9	64 135.1	10.1	11.7	18.7
1~11	257 213.7	60 334.3	71 821.9	10.6	12.1	18.1
1~12	284 980.1	67 268.8	80 583.0	11.4	11.4	13.4
2016 1~2	19 225.6	3 947.0	4 583.9	16.5	-1.8	11.1
1~3	44 455.8	9 561.0	11 331.0	15.7	1.8	10.1
1~4	69 917.3	15 024.8	17 957.5	14.7	1.0	11.1
1~5	99 886.4	21 616.4	25 486.5	13.2	2.6	8.9
1~6	138 324.3	29 653.7	35 033.4	12.7	3.7	7.0
1~7	166 514.7	36 085.4	42 959.1	11.7	3.0	6.4
1~8	196 111.6	42 517.4	50 779.5	11.5	3.6	6.6
1~9	229 502.7	48 963.5	59 414.5	11.9	3.1	6.6
1~10	259 412.4	55 839.1	68 488.6	11.7	2.9	6.8
1~11	287 835.1	62 076.9	76 760.5	11.9	2.9	6.9
1~12	318 579.7	68 981.9	85 391.5	11.8	2.5	4.3
2017 1~2	21 131.4	4 119.2	5 145.0	9.9	4.4	12.2
1~3	49 416.8	9 782.9	12 637.7	11.2	2.3	11.5
1~4	77 393.1	15 417.7	19 824.5	10.7	2.6	10.4
1~5	110 435.4	21 719.1	28 247.9	10.6	0.5	10.8
1~6	153 658.1	29 376.3	38 845.0	11.1	-0.9	10.9

注：按建设性质分组的投资不含房地产投资。

Note: Investment grouped by type of construction does not include real estate investment.

按建筑性质分固定资产投资（不含农户）完成额构成变化

Completed investment in fixed assets (excluding rural households) by type of construction

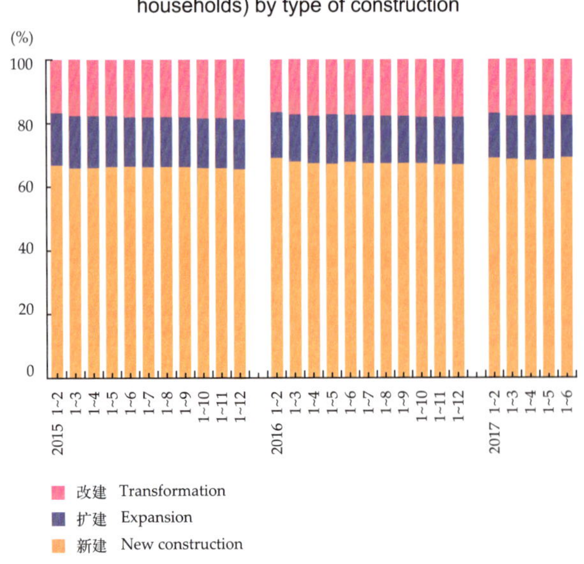

按建筑性质分固定资产投资（不含农户）完成额增长趋势

Growth of monthly accumulated completed investment in fixed assets (excluding rural households) by type of construction

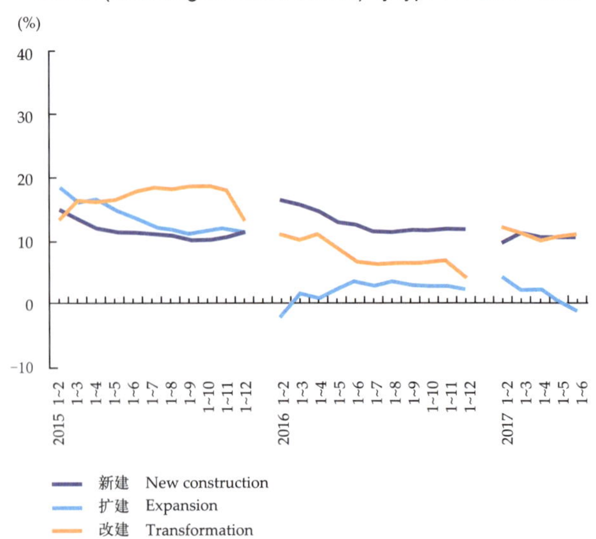

按隶属关系分固定资产投资（不含农户）累计完成额及增长率

Composition of monthly accumulated completed investment in fixed assets (excluding rural households) and growth rate by administrative relationship

年/月 Year/Month	绝对值(亿元) Absolute value (RMB100 million)		增长率(%) Growth rate (%)	
	中央项目 Central government projects	地方项目 Local government projects	中央项目 Central government projects	地方项目 Local government projects
2015 1~2	1 579	32 899	6.0	14.3
1~3	3 371	74 141	12.8	13.5
1~4	4 996	114 982	8.1	12.2
1~5	7 097	164 149	6.9	11.6
1~6	9 653	227 478	1.0	11.9
1~7	12 144	276 325	3.9	11.5
1~8	14 429	324 549	2.7	11.2
1~9	17 046	377 485	1.6	10.7
1~10	19 631	427 794	1.2	10.6
1~11	22 107	475 076	0.2	10.7
1~12	26 224	525 366	6.4	10.2
2016 1~2	1 509	36 499	-4.4	10.9
1~3	3 464	82 379	2.8	11.1
1~4	5 497	127 095	10.0	10.5
1~5	7 833	179 838	10.4	9.6
1~6	10 821	247 539	12.1	8.8
1~7	13 005	298 690	7.1	8.1
1~8	15 814	350 525	9.6	8.0
1~9	17 166	409 741	6.6	8.5
1~10	19 354	465 075	2.6	8.7
1~11	21 515	517 033	0.7	8.8
1~12	25 164	571 337	4.9	8.3
2017 1~2	1 403	39 975	-7.0	9.5
1~3	3 219	90 558	-7.1	9.9
1~4	4 994	139 333	-9.2	9.6
1~5	7 035	196 683	-10.2	9.4
1~6	9 640	270 965	-10.9	9.5

按隶属关系分固定资产投资（不含农户）完成额

Completed investment in fixed assets (excluding rural households) by administrative relationship

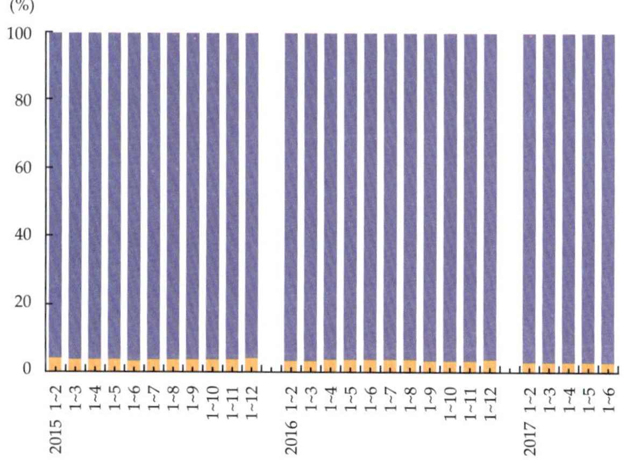

按隶属关系分固定资产投资（不含农户）完成额增长趋势

Growth of monthly accumulated completed investment in fixed assets (excluding rural households) by administrative relationship

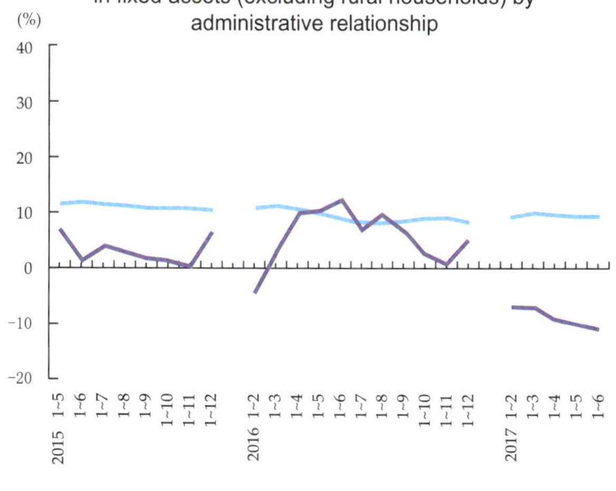

固定资产投资月度累计新开工项目数
Number of monthly accumulated urban newly started projects of fixed-asset investment

单位：万个 Unit: 10 000

	2013	2014	2015	2016	2017
1月 Jan.	—	—	—	—	—
2月 Feb.	2.43	2.69	2.77	4.28	3.25
3月 Mar.	6.77	7.09	7.69	10.73	9.38
4月 Apr.	10.74	10.97	12.01	16.33	15.07
5月 May	15.24	15.45	17.10	22.67	21.95
6月 Jun.	19.98	21.03	23.18	30.16	30.88
7月 Jul.	23.03	24.34	27.53	35.01	—
8月 Aug.	26.29	28.22	31.88	40.76	—
9月 Sept.	30.15	32.11	36.84	47.02	—
10月 Oct.	33.51	35.76	41.60	52.78	—
11月 Nov.	36.50	38.89	45.54	57.50	—
12月 Dec.	38.93	41.55	48.61	61.75	—

注：自2011年起，固定资产投资等于原口径的城镇固定资产投资加上农村企事业组织项目投资（不含农户）。
Note: Since 2011, "investment in fixed assets" equals to "investment in fixed assets in urban area" under the old criteria plus "investment of rural enterprises and institutions(excluding rural households)".

固定资产投资月度累计施工项目数
Number of monthly accumulated urban under-construction projects of fixed-asset investment

单位：万个 Unit: 10 000

	2013	2014	2015	2016	2017
1月 Jan.	—	—	—	—	—
2月 Feb.	12.12	13.43	13.11	15.41	18.77
3月 Mar.	19.11	20.58	20.77	24.17	28.38
4月 Apr.	24.55	25.84	26.39	30.97	35.79
5月 May	29.89	31.15	32.33	37.99	43.70
6月 Jun.	35.27	37.48	38.95	46.06	53.41
7月 Jul.	38.58	41.09	43.61	51.26	—
8月 Aug.	42.05	45.66	48.21	57.40	—
9月 Sept.	46.15	49.93	53.39	63.88	—
10月 Oct.	49.65	53.80	58.37	69.67	—
11月 Nov.	52.76	57.11	62.48	74.52	—
12月 Dec.	55.47	61.60	65.82	79.03	—

固定资产投资月度累计新开工项目数
Number of monthly accumulated newly started projects of fixed-asset investment

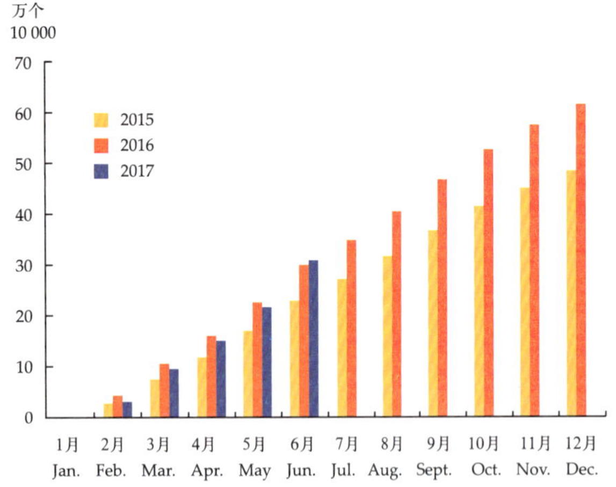

固定资产投资月度累计施工项目数
Number of monthly accumulated under-construction projects of fixed-asset investment

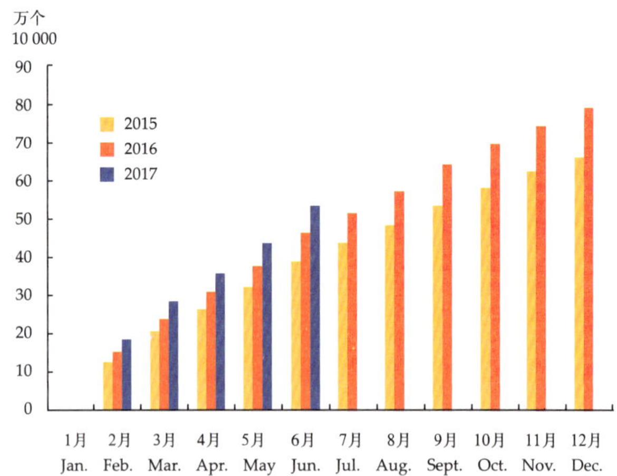

2017年上半年分省固定资产投资（不含农户）完成额及增长率

Accumulated completed investment in fixed assets (excluding rural households) and growth rate by province in the first half of 2017

单位：亿元　Unit: RMB100 million

	固定资产投资（不含农户）累计完成额 Accumulated completed investment in fixed assets (excluding rural households)	增长率(%) Growth rate (%)
Xinjiang 新疆	4 530.5	24.6
Guizhou 贵州	5 714.9	21.0
Tibet 西藏	633.7	20.9
Yunnan 云南	7 444.9	16.0
Guangdong 广东	15 471.2	14.6
Fujian 福建	12 498.8	14.4
Shaanxi 陕西	9 315.2	14.2
Hubei 湖北	15 976.1	13.0
Guangxi 广西	9 421.2	12.8
Hainan 海南	1 785.4	12.8
Jiangxi 江西	9 900.9	12.7
Sichuan 四川	15 769.3	12.5
Hunan 湖南	12 385.1	12.4
Chongqing 重庆	6 922.8	12.3
Henan 河南	18 999.3	10.9
Anhui 安徽	13 326.3	10.7
Inner Mongolia 内蒙古	6 737.1	10.0
Shandong 山东	24 485.5	9.7
Zhejiang 浙江	14 935.3	9.3
Qinghai 青海	1 503.5	8.5
Ningxia 宁夏	1 542.7	7.9
Beijing 北京	3 259.2	7.5
Jiangsu 江苏	24 117.2	7.4
Hebei 河北	14 722.8	6.8
Heilongjiang 黑龙江	2 618.6	6.6
Shanghai 上海	2 989.9	6.4
Tianjin 天津	7 329.9	3.6
Jilin 吉林	5 258.9	2.4
Shanxi 山西	3 249.6	-30.2
Liaoning 辽宁	3 156.4	-31.4
Gansu 甘肃	2 814.6	-36.3

2017年上半年分省固定资产投资（不含农户）完成额及增长率

Accumulated completed investment in fixed assets (excluding rural households) and growth rate by province in the first half of 2017

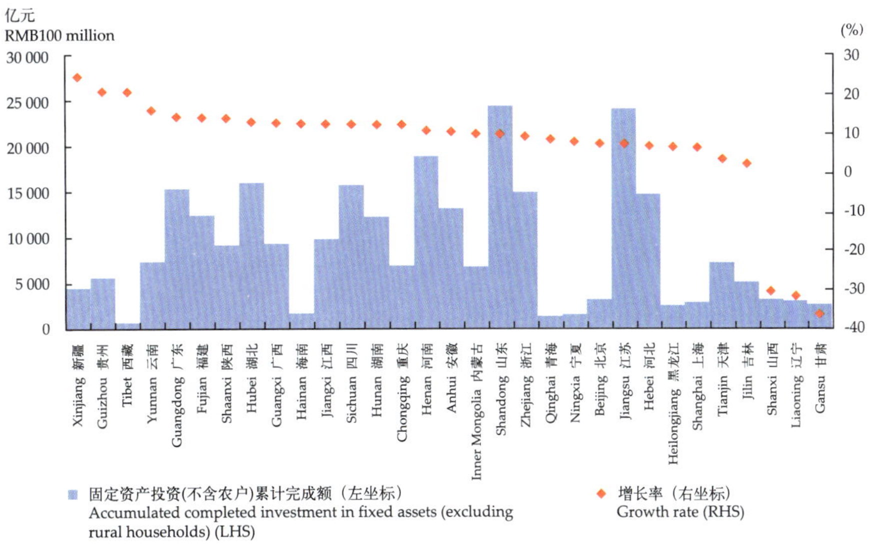

4.房地产

(4) Real estate development

房地产开发投资按工程用途分的完成额及增长率
Real estate development investment completed and growth rate by purpose of engineering

单位：亿元　Unit: RMB100 million

年/月 Year/Month	房地产开发投资完成额 Real estate development investment completed		按工程用途 By purpose of engineering: 住宅投资 Residential building investment		办公楼投资 Office building investment		商业用房投资 Commercial and business building investment		其他投资 Other investment	
	绝对值 Absolute value	增长率(%) Growth rate (%)	绝对值 Absolute value	增长率(%) Growth rate (%)	绝对值 Absolute value	增长率(%) Growth rate (%)	绝对值 Absolute value	增长率(%) Growth rate (%)	绝对值 Absolute value	增长率(%) Growth rate (%)
2015 1~2	8 786	10.4	5 922	9.1	567	14.9	1 321	18.2	976	6.3
1~3	16 651	8.5	11 156	5.9	1 088	20.6	2 532	17.2	1 875	7.4
1~4	23 669	6.0	15 870	3.7	1 488	13.6	3 638	13.9	2 673	6.1
1~5	32 292	5.1	21 645	2.9	1 999	12.8	4 955	11.9	3 693	5.6
1~6	43 955	4.6	29 506	2.8	2 739	14.4	6 705	8.6	5 005	5.1
1~7	52 562	4.3	35 380	3.0	3 264	13.5	8 021	7.6	5 897	3.7
1~8	61 063	3.5	41 098	2.3	3 865	14.2	9 291	5.4	6 809	2.9
1~9	70 535	2.6	47 505	1.7	4 453	11.1	10 752	4.0	7 824	1.9
1~10	78 801	2.0	53 150	1.3	5 000	10.7	12 010	2.8	8 641	1.0
1~11	87 702	1.3	59 069	0.7	5 652	10.3	13 354	1.9	9 627	-0.8
1~12	95 979	1.0	64 595	0.4	6 210	10.1	14 607	1.8	10 566	-1.2
2016 1~2	9 052	3.0	6 028	1.8	658	16.1	1 356	2.7	1 010	3.4
1~3	17 677	6.2	11 670	4.6	1 242	14.2	2 712	7.1	2 053	9.5
1~4	25 376	7.2	16 887	6.4	1 717	15.4	3 915	7.6	2 857	6.9
1~5	34 564	7.0	23 118	6.8	2 256	12.8	5 361	8.2	3 828	3.7
1~6	46 631	6.1	31 149	5.6	3 016	10.1	7 229	7.8	5 236	4.6
1~7	55 361	5.3	36 981	4.5	3 541	8.5	8 573	6.9	6 265	6.2
1~8	64 387	5.4	43 076	4.8	4 086	5.7	9 954	7.1	7 271	6.8
1~9	74 598	5.8	49 931	5.1	4 722	6.0	11 543	7.3	8 402	7.4
1~10	83 975	6.6	56 294	5.9	5 308	6.2	12 941	7.8	9 431	9.1
1~11	93 387	6.5	62 588	6.0	5 934	5.0	14 377	7.7	10 488	8.9
1~12	102 581	6.9	68 704	6.4	6 533	5.2	15 838	8.4	11 507	8.9
2017 1~2	9 854	8.9	6 571	9.0	654	-0.6	1 517	11.8	1 112	10.1
1~3	19 292	9.1	12 981	11.2	1 194	-3.8	2 935	8.2	2 182	6.3
1~4	27 732	9.3	18 671	10.6	1 736	1.1	4 222	7.8	3 103	8.6
1~5	37 595	8.8	25 423	10.0	2 371	5.1	5 678	5.9	4 123	7.7
1~6	50 610	8.5	34 318	10.2	3 159	4.8	7 589	5.0	5 543	5.9

房地产开发投资按工程用途分的构成变化
Change in composition of real estate development investment by purpose of engineering

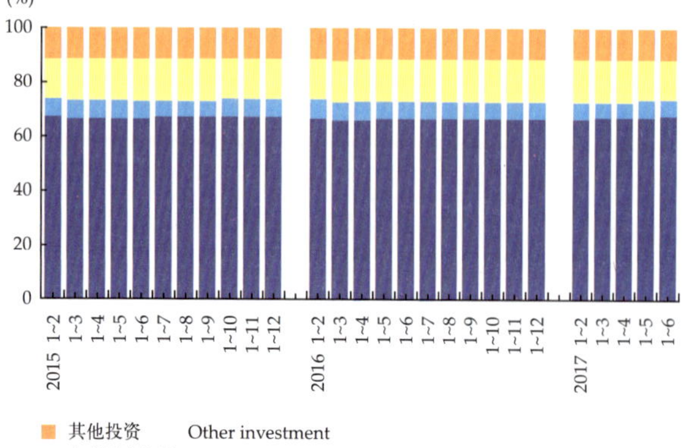

房地产开发投资按工程用途分的增长趋势
Growth of composition of real estate development investment by purpose of engineering

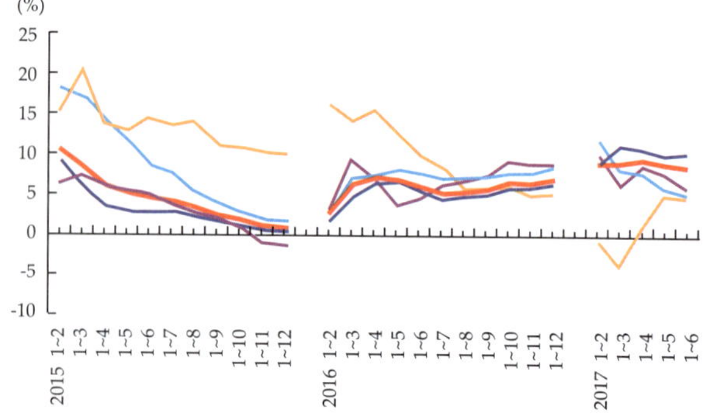

房地产开发投资按地区分的完成额及增长率
Real estate development investment completed and growth rate by region

单位：亿元　Unit: RMB100 million

年/月 Year/Month	东部地区投资 Investment in eastern area		中部地区投资 Investment in central area		西部地区投资 Investment in western area	
	绝对值 Absolute value	增长率(%) Growth rate(%)	绝对值 Absolute value	增长率(%) Growth rate(%)	绝对值 Absolute value	增长率(%) Growth rate(%)
2015 1~2	5 338	11.4	1 609	6.7	1 840	11.1
1~3	10 003	9.5	3 116	6.9	3 531	7.5
1~4	14 109	6.6	4 517	5.8	5 043	4.6
1~5	18 984	5.5	6 309	4.9	6 999	4.0
1~6	25 421	4.9	8 864	3.6	9 670	4.7
1~7	30 186	4.7	10 781	3.9	11 596	3.8
1~8	34 754	3.7	12 717	3.5	13 591	3.3
1~9	39 865	2.9	14 871	2.3	15 799	2.1
1~10	44 193	2.3	16 851	2.0	17 757	1.5
1~11	48 789	1.1	18 988	1.8	19 926	1.1
1~12	53 231	0.5	21 038	1.8	21 709	1.3
2016 1~2	5 536	3.7	1 678	4.3	1 838	-0.1
1~3	10 539	5.4	3 411	9.5	3 726	5.5
1~4	14 927	5.8	5 071	12.3	5 378	6.6
1~5	20 118	6.0	7 044	11.6	7 402	5.8
1~6	26 589	4.6	9 747	10.0	10 294	6.5
1~7	31 201	3.4	11 881	10.2	12 279	5.9
1~8	35 915	3.3	14 078	10.7	14 394	5.9
1~9	41 303	3.6	16 493	10.9	16 802	6.3
1~10	46 416	5.0	18 727	11.1	18 832	6.1
1~11	51 307	5.2	21 001	10.6	21 080	5.8
1~12	56 233	5.6	23 286	10.7	23 061	6.2
2017 1~2	5 966	7.8	1 907	13.7	1 982	7.8
1~3	11 373	7.9	3 914	14.7	4 005	7.5
1~4	15 437	8.7	5 755	16.8	5 794	7.7
1~5	20 659	8.4	7 853	16.9	7 918	7.0
1~6	27 252	8.4	10 631	16.0	10 991	6.8

房地产开发投资按地区分的构成变化
Change in composition of real estate development investment by region

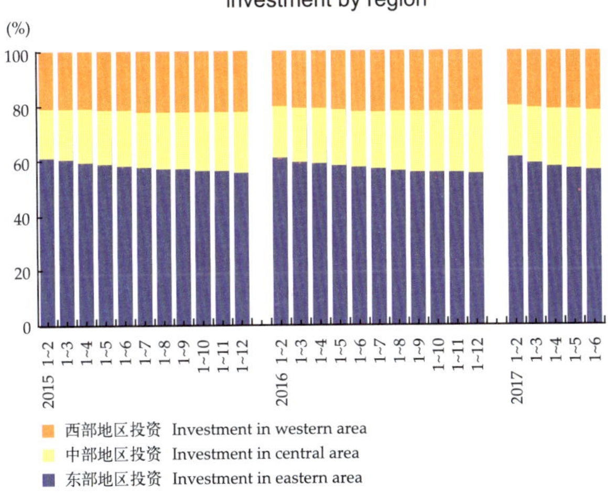

房地产开发投资按地区分的增长趋势
Growth of composition of real estate development investment by region

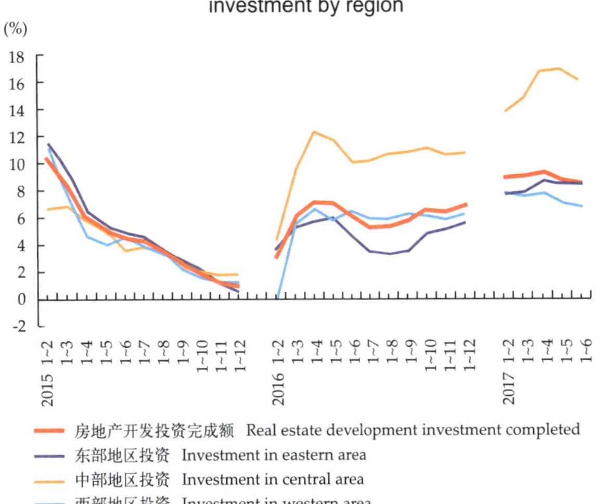

商品房建筑与销售
Construction and sales of commercial buildings

单位：亿平方米、亿元
Unit: 100 million square meters, RMB100 million

年/月 Year/Month	施工面积 Area under construction	同比增长(%) YOY growth(%)	竣工面积 Area completed	同比增长(%) YOY growth(%)	销售面积 Area sold	同比增长(%) YOY growth(%)	销售面积与竣工面积之比(%) Ratio of sold to completed areas(%)	月度累计销售额 Monthly accumulated sales volume	增长率(%) Growth rate (%)
2015 1~2	57.0	7.6	1.1	-12.9	0.9	-16.3	81	5 972	-15.8
1~3	58.4	6.8	1.7	-8.2	1.8	-9.2	107	12 023	-9.3
1~4	60.0	6.2	2.1	-10.5	2.6	-4.8	124	17 739	-3.1
1~5	61.7	5.3	2.7	-13.3	3.6	-0.2	135	24 409	3.1
1~6	63.8	4.3	3.3	-13.8	5.0	3.9	153	34 259	10.0
1~7	65.4	3.4	3.8	-13.1	6.0	6.1	158	41 171	13.4
1~8	66.9	2.5	4.2	-14.6	7.0	7.2	164	48 042	15.3
1~9	69.4	3.0	5.1	-9.8	8.3	7.5	163	56 745	15.3
1~10	70.8	2.3	6.1	-4.2	9.5	7.2	155	64 790	14.9
1~11	72.4	1.8	7.2	-3.5	10.9	7.4	151	74 522	15.6
1~12	73.6	1.3	10.0	-6.9	12.8	6.5	128	87 281	14.4
2016 1~2	60.4	5.9	1.4	28.9	1.1	28.2	81	8 577	43.6
1~3	61.8	5.8	2.0	17.7	2.4	33.1	121	18 524	54.1
1~4	63.4	5.8	2.5	20.1	3.6	36.5	141	27 656	55.9
1~5	65.1	5.6	3.2	20.4	4.8	33.2	150	36 775	50.7
1~6	67.0	5.0	4.0	20.0	6.4	27.9	163	48 682	42.1
1~7	68.6	4.8	4.6	21.3	7.6	26.4	165	57 569	39.8
1~8	70.0	4.6	5.1	19.1	8.7	25.5	173	66 623	38.7
1~9	71.6	3.2	5.7	12.1	10.5	26.9	184	80 208	41.3
1~10	73.1	3.3	6.5	6.6	12.0	26.8	185	91 482	41.2
1~11	74.5	2.9	7.7	6.4	13.6	24.3	176	102 503	37.5
1~12	75.9	3.2	10.6	6.1	15.7	22.5	148	117 627	34.8
2017 1~2	62.3	3.2	1.6	15.8	1.4	25.1	87	10 806	26.0
1~3	63.7	3.1	2.3	15.1	2.9	19.5	126	23 182	25.1
1~4	65.4	3.1	2.8	10.6	4.2	15.7	148	33 223	20.1
1~5	67.1	3.1	3.4	5.9	5.5	14.3	162	43 632	18.6
1~6	69.2	3.4	4.2	5.0	7.5	16.1	180	59 152	21.5

商品房施工面积、竣工面积与销售面积
Area of commercial housing under construction, completed, and sold

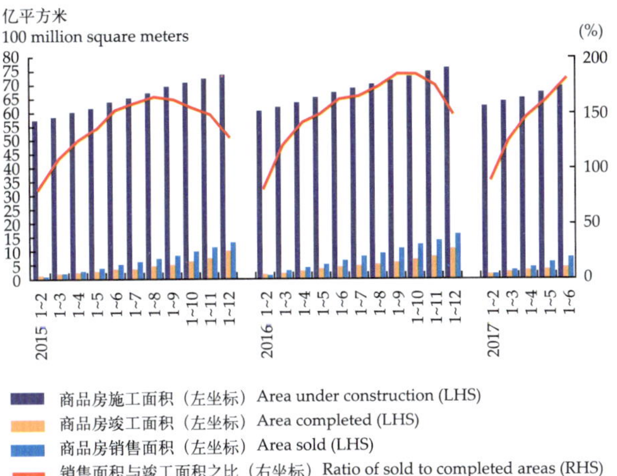

商品房施工面积、竣工面积与销售面积增长趋势
Growth of area of commercial housing under construction, completed, and sold

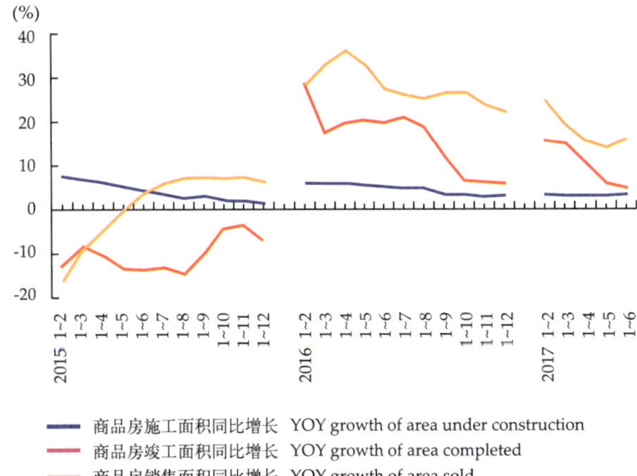

商品房销售额及其增长率
Sales volume of commercial housing and its growth rate

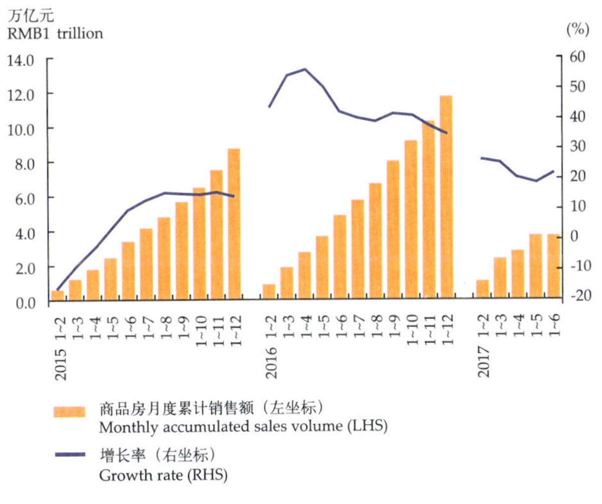

住宅在商品房施工面积、竣工面积与销售面积中所占的比重
Share of residences in commercial housing under construction, completed, and sold

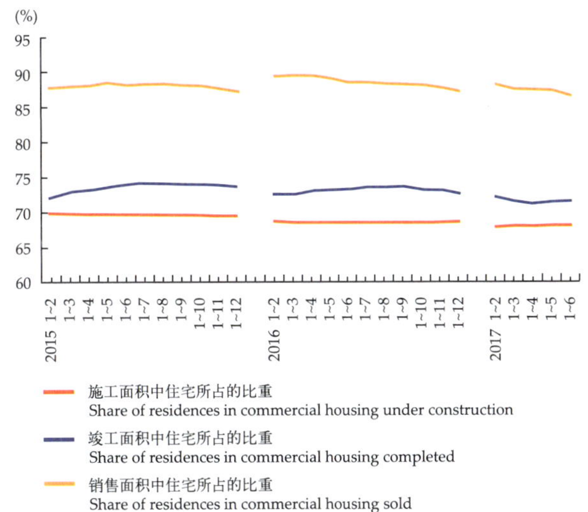

主要经济指标环比增速
MOM growth rates of main economic indicators

年/季 Year/Quarter		国内生产总值 Gross domestic product (%)	年/月 Year/Month		规模以上工业增加值 Value added of industry (%)	固定资产投资（不含农户）Completed investment in fixed assets (excluding rural households) (%)	社会消费品零售总额 Retail sales of consumer goods (%)
2014			2014	1	0.55	1.49	0.85
				2	0.58	1.22	0.91
	I	1.6		3	0.92	1.09	1.10
				4	0.57	1.16	0.81
				5	0.58	0.97	1.01
	II	1.8		6	0.55	1.04	0.79
				7	0.76	0.91	0.94
				8	0.13	0.92	0.80
	III	1.8		9	0.90	1.01	0.79
				10	0.43	0.95	0.91
				11	0.35	0.94	0.87
	IV	1.7		12	0.74	0.94	0.96
2015			2015	1	0.45	0.88	0.80
				2	0.42	0.76	0.84
	I	1.3		3	0.28	0.92	0.86
				4	0.52	0.85	0.74
				5	0.51	0.98	0.81
	II	1.9		6	0.71	0.99	0.93
				7	0.20	0.95	0.79
				8	0.50	0.95	0.89
	III	1.8		9	0.52	0.90	0.83
				10	0.40	0.98	0.81
				11	0.58	0.91	0.91
	IV	1.6		12	0.49	0.90	0.82
2016			2016	1	0.50	0.75	0.83
				2	0.39	0.63	0.60
	I	1.2		3	0.62	0.88	0.90
				4	0.42	0.91	0.81
				5	0.45	0.73	0.80
	II	1.9		6	0.50	0.69	0.91
				7	0.51	0.55	0.79
				8	0.53	0.68	0.89
	III	1.8		9	0.46	0.63	0.84
				10	0.50	0.69	0.71
				11	0.55	0.60	0.99
	IV	1.7		12	0.50	0.65	0.85
2017			2017	1	0.57	0.61	0.59
				2	0.59	0.72	1.01
	I	1.3		3	0.80	0.69	0.88
				4	0.55	0.67	0.78
				5	0.51	0.63	0.82
	II	1.7		6	0.79	0.68	0.91

注：1. 自2011年4月起，国家统计局对外公布国内生产总值、规模以上工业增加值、固定资产投资（不含农户）、社会消费品零售总额四项统计指标的经季节调整的环比数据。
2. 表中数据根据国家统计局最新数据修订。

Notes:1. From April 2011, National Bureau of Statistics began to publish four seasonally-adjusted MOM indices, namely: gross domestic product, value added of industry, completed investment in fixed assets (excluding rural households), retail sales of consumer goods.
2. Data are revised by National Bureau of Statistics of China.

五、对外部门
5. External Sector

1.外贸
(1)Foreign trade

据世界贸易组织统计，2016年，中国货物贸易出口总值为2.10万亿美元，占世界货物贸易出口总值15.96万亿美元的13.2%，比2015年降低0.6个百分点，在全球货物贸易出口排名中位居第一。2016年，中国货物贸易进口总值为1.59万亿美元，占世界货物贸易进口总值16.23万亿美元的9.8%，比2015年降低0.3个百分点，在全球货物贸易进口中排名第二，位于美国之后。

According to WTO statistics, in 2016, China's export volume of goods totaled USD2.10 trillion, accounting for 13.2 percent of the world total of USD15.96 trillion, 0.6 percentage point lower than that in 2015. China's goods export ranked 1st in the world. China's import volume of goods reached USD1.59 trillion, accounting for 9.8 percent of the world total of USD16.23 trillion, 0.3 percentage point lower than that in 2015. China ranked 2nd in the world after the U.S. in terms of goods imports.

2016年世界货物贸易出口前十位排名

Top ten economies in the world in terms of goods exported in 2016

	出口(10亿美元) Exports (USD1 billion)	比重(%) Share (%)
世界 World total	**15 955**	**100.0**
1 中国 China	**2 098**	**13.2**
2 美国 U.S.	1 455	9.1
3 德国 Germany	1 340	8.4
4 日本 Japan	645	4.0
5 荷兰 Netherlands	570	3.6
6 中国香港 HK SAR of China	517	3.2
7 法国 France	501	3.1
8 韩国 Korea	495	3.1
9 意大利 Italy	462	2.9
10 英国 U.K.	409	2.6

2016年世界货物贸易进口前十位排名

Top ten economies in the world in terms of goods imported in 2016

	进口(10亿美元) Imports (USD1 billion)	比重(%) Share (%)
世界 World total	**16 225**	**100.0**
1 美国 U.S.	2 251	13.9
2 中国 China	**1 587**	**9.8**
3 德国 Germany	1 055	6.5
4 英国 U.K.	636	3.9
5 日本 Japan	607	3.7
6 法国 France	573	3.5
7 中国香港 HK SAR of China	547	3.4
8 荷兰 Netherlands	503	3.1
9 加拿大 Canada	417	2.6
10 韩国 Korea	406	2.5

年度进出口额及其增长率
Annual imports & exports and growth rates

单位：亿美元
Unit: USD100 million

年 Year	进出口 Imports & Exports		出口 Exports		进口 Imports		进出口差额 Trade balance
	总额 Total value	增长率(%) Growth rate (%)	总额 Total value	增长率(%) Growth rate (%)	总额 Total value	增长率(%) Growth rate (%)	
1991	1 357	17.6	719	15.8	638	19.6	81
1992	1 655	22.0	849	18.1	806	26.3	44
1993	1 957	18.2	917	8.0	1 040	29.0	-122
1994	2 366	20.9	1 210	31.9	1 156	11.2	54
1995	2 809	18.7	1 488	23.0	1 321	14.2	167
1996	2 899	3.2	1 510	1.5	1 388	5.1	122
1997	3 252	12.2	1 828	21.0	1 424	2.5	404
1998	3 239	-0.4	1 837	0.5	1 402	-1.5	435
1999	3 606	11.3	1 949	6.1	1 657	18.2	292
2000	4 743	31.5	2 492	27.8	2 251	35.8	241
2001	5 097	7.5	2 661	6.8	2 436	8.2	225
2002	6 208	21.8	3 256	22.4	2 952	21.2	304
2003	8 510	37.1	4 382	34.6	4,128	39.8	255
2004	11 546	35.7	5 933	35.4	5 612	36.0	321
2005	14 219	23.2	7 620	28.4	6 600	17.6	1 020
2006	17 604	23.8	9 689	27.2	7 915	19.9	1 775
2007	21 766	23.6	12 205	25.9	9 561	20.8	2 643
2008	25 633	17.8	14 307	17.2	11 326	18.5	2 981
2009	22 075	-13.9	12 016	-16.0	10 059	-11.2	1 957
2010	29 740	34.7	15 778	31.3	13 962	38.8	1 815
2011	36 419	22.5	18 986	20.3	17 433	24.9	1 549
2012	38 671	6.2	20 487	7.9	18 184	4.3	2 303
2013	41 590	7.5	22 090	7.8	19 500	7.2	2 590
2014	43 015	3.4	23 423	6.0	19 592	0.4	3 831
2015	39 530	-8.0	22 735	-2.9	16 796	-14.2	5 939
2016	36 856	-6.8	20 976	-7.7	15 879	-5.5	5 097

注：表中数据根据海关总署最新数据修订。
Note: Data are revised by General Administration of Customs of the People's Republic of China.

出口总值与GDP之比
Total exports over GDP

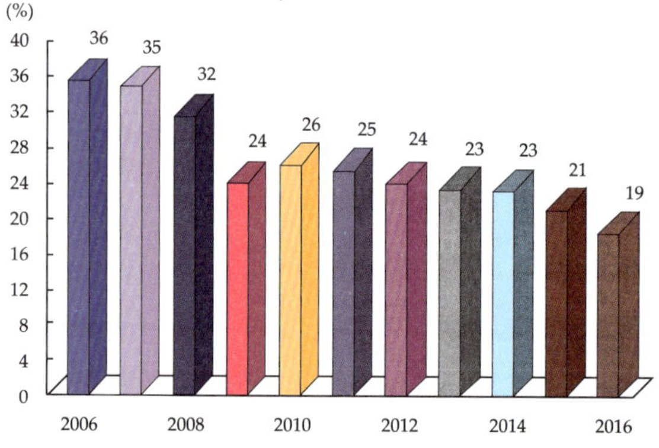

注：图中数据根据国家统计局最新数据修订。
Note: Data are revised by National Bureau of Statistics of China.

贸易差额
Trade balance

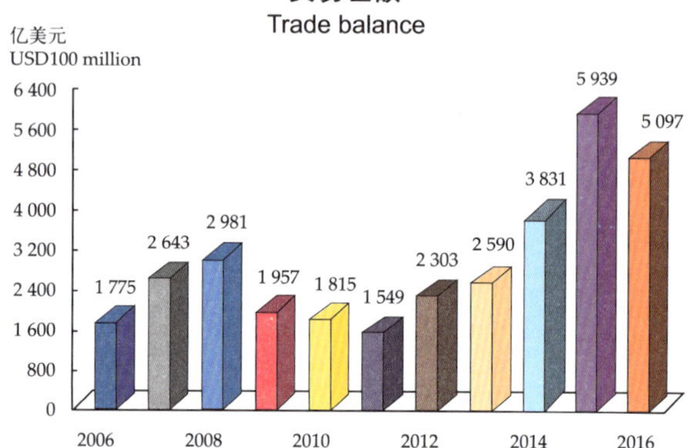

贸易总额及其增长趋势
Total trade volume and growth rates

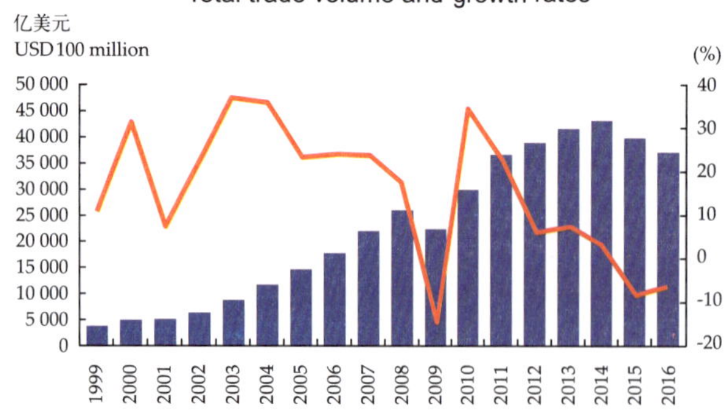

贸易总额与GDP之比
Total trade volume over GDP

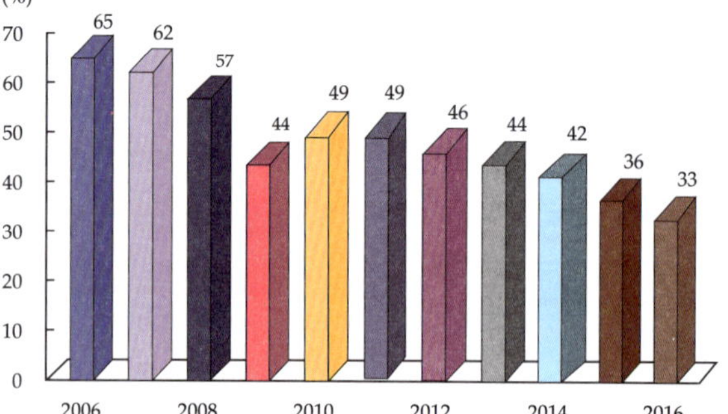

注：图中数据根据国家统计局最新数据修订。
Note: Data are revised by National Bureau of Statistics of China.

当月进出口总值及其增长率
Total monthly imports, exports, and growth rates

单位：亿美元
Unit: USD100 million

年/月 Year/Month	出口总值 Total exports	进口总值 Total imports	出口同比增长率(%) Growth rate of exports (YOY)(%)	进口同比增长率(%) Growth rate of imports (YOY)(%)	当月差额 Monthly trade balance
2015.01	1 999	1 406	-3.5	-19.7	593
2015.02	1 689	1 085	48.1	-20.6	605
2015.03	1 442	1 417	-15.2	-12.5	25
2015.04	1 759	1 427	-6.7	-16.0	332
2015.05	1 888	1 316	-3.5	-17.4	572
2015.06	1 895	1 443	1.5	-6.8	452
2015.07	1 932	1 513	-9.2	-8.5	419
2015.08	1 962	1 365	-5.8	-13.9	597
2015.09	2 049	1 453	-4.1	-20.3	596
2015.10	1 922	1 309	-7.1	-18.7	613
2015.11	1 966	1 426	-7.1	-9.0	540
2015.12	2 231	1 635	-1.9	-7.9	596
2016.01	1 694	1 125	-15.3	-19.9	569
2016.02	1 217	936	-28.0	-13.8	281
2016.03	1 551	1 302	7.5	-8.1	249
2016.04	1 667	1 268	-5.2	-11.1	399
2016.05	1 757	1 309	-6.9	-0.6	448
2016.06	1 766	1 313	-6.8	-9.1	453
2016.07	1 807	1 323	-6.5	-12.5	483
2016.08	1 888	1 387	-3.7	1.7	501
2016.09	1 834	1 430	-10.5	-1.6	404
2016.10	1 768	1 287	-8.0	-1.7	482
2016.11	1 936	1 505	-1.5	5.5	431
2016.12	2 091	1 695	-6.3	3.7	396
2017.01	1 818	1 316	7.3	16.9	502
2017.02	1 194	1 292	-1.9	38.1	-98
2017.03	1 798	1 561	15.9	19.9	237
2017.04	1 791	1 416	7.4	11.6	375
2017.05	1 902	1 497	8.3	14.4	405
2017.06	1 966	1 537	11.3	17.1	428

月度累计进出口总值及其增长率
Total accumulated monthly imports,exports, and growth rates

单位：亿美元
Unit: USD100 million

年/月 Year/Month	累计出口总值 Accumulated total exports	累计进口总值 Accumulated total imports	累计出口同比增长率(%) Growth rate of accumulated exports (YOY) (%)	累计进口同比增长率(%) Growth rate of accumulated imports (YOY) (%)	累计贸易差额 Accumulated trade balance
2015.01	1 999	1 406	-3.5	-19.7	593
2015.02	3 688	2 490	14.9	-20.1	1 198
2015.03	5 131	3 908	4.5	-17.5	1 223
2015.04	6 890	5 335	1.4	-17.1	1 555
2015.05	8 778	6 651	0.3	-17.2	2 126
2015.06	10 673	8 095	0.5	-15.5	2 578
2015.07	12 605	9 607	-1.1	-14.5	2 997
2015.08	14 566	10 972	-1.8	-14.4	3 594
2015.09	16 616	12 425	-2.1	-15.1	4 190
2015.10	18 537	13 734	-2.6	-15.5	4 803
2015.11	20 503	15 161	-3.1	-14.9	5 343
2015.12	22 735	16 796	-2.9	-14.3	5 939
2016.01	1 694	1 125	-15.3	-19.9	569
2016.02	2 911	2 061	-21.1	-17.2	850
2016.03	4 462	3 363	-13.0	-13.9	1 099
2016.04	6 129	4 631	-11.0	-13.2	1 498
2016.05	7 886	5 940	-10.2	-10.7	1 946
2016.06	9 652	7 253	-9.6	-10.4	2 400
2016.07	11 459	8 576	-9.1	-10.7	2 883
2016.08	13 347	9 963	-8.4	-9.2	3 384
2016.09	15 181	11 393	-8.6	-8.3	3 788
2016.10	16 950	12 680	-8.6	-7.7	4 270
2016.11	18 885	14 185	-7.9	-6.4	4 701
2016.12	20 976	15 879	-7.7	-5.5	5 097
2017.01	1 818	1 316	7.3	16.9	502
2017.02	3 012	2 608	3.5	26.5	404
2017.03	4 810	4 169	7.8	24.0	641
2017.04	6 601	5 585	7.7	20.6	1 016
2017.05	8 503	7 082	7.8	19.2	1 421
2017.06	10 469	8 620	8.5	18.9	1 849

注：表中数据根据海关总署最新数据修订。
Note: Data are revised by General Administration of Customs of the People's Republic of China.

当月进出口总值及其增长率
Total monthly imports, exports, and growth rates

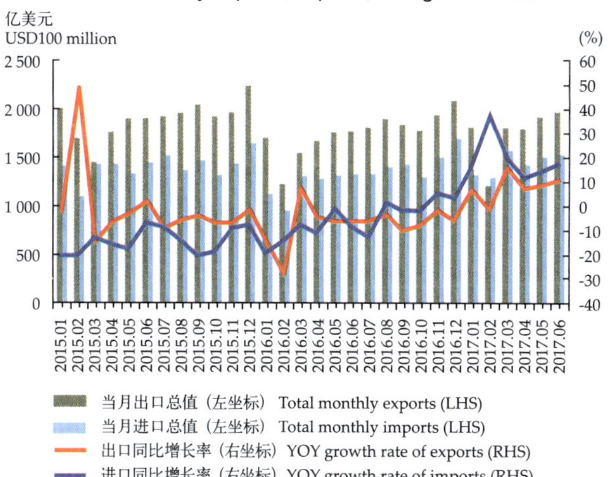

当月出口总值（左坐标） Total monthly exports (LHS)
当月进口总值（左坐标） Total monthly imports (LHS)
出口同比增长率（右坐标） YOY growth rate of exports (RHS)
进口同比增长率（右坐标） YOY growth rate of imports (RHS)

月度累计进出口总值及其增长率
Total accumulated monthly imports, exports, and growth rates

月度累计出口总值（左坐标） Accumulated total monthly exports (LHS)
月度累计进口总值（左坐标） Accumulated total monthly imports (LHS)
累计出口同比增长率（右坐标） YOY growth rate of accumulated exports (RHS)
累计进口同比增长率（右坐标） YOY growth rate of accumulated imports (RHS)

贸易差额月度变动趋势
Movement of monthly trade balance

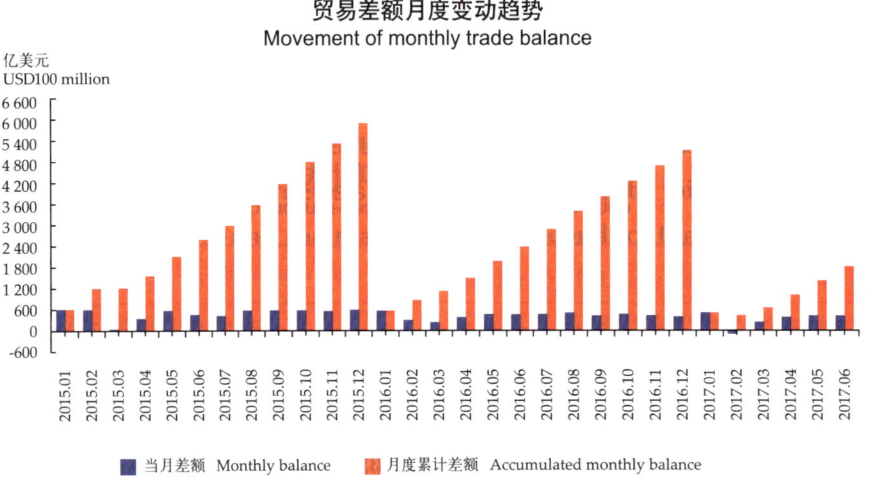

贸易差额构成
Composition of trade balance

单位：亿美元
Unit: USD100 million

年 Year	贸易差额总计 Total trade balance	一般贸易 General trade	加工贸易 Processing trade	其他贸易 Other trade
1998	435	306	359	-229
1999	292	121	373	-202
2000	241	51	451	-261
2001	225	-16	535	-293
2002	304	71	577	-344
2003	255	-57	789	-478
2004	321	-45	1 063	-696
2005	1 020	354	1 425	-759
2006	1 775	832	1 889	-946
2007	2 643	1 107	2 491	-954
2008	2 981	908	2 967	-894
2009	1 957	-47	2 646	-642
2010	1 815	-487	3 228	-926
2011	1 549	-906	3 655	-1 200
2012	2 303	-345	3 814	-1 166
2013	2 590	-225	3 634	-818
2014	3 831	942	3 600	-710
2015	5 939	2 941	3 508	-509
2016	5 097	2 304	3 192	-399

注：“贸易差额总计”根据《海关统计》月报修订。
Note: "Total trade balance" are revised by *China Monthly Exports and Imports*.

月度累计贸易差额按企业性质分
Accumulated monthly trade balance by enterprise

单位：亿美元
Unit: USD100 million

年/月 Year/Month	国有企业 State-owned enterprises	外资企业 Foreign-funded enterprises	其他企业 Other enterprises
2015.01	-145	162	577
2015.02	-234	333	1 099
2015.03	-435	386	1 272
2015.04	-601	490	1 666
2015.05	-705	658	2 174
2015.06	-865	769	2 675
2015.07	-1 041	853	3 185
2015.08	-1 156	1 013	3 738
2015.09	-1 285	1 203	4 272
2015.10	-1 393	1 418	4 777
2015.11	-1 504	1 568	5 279
2015.12	-1 654	1 748	5 845
2016.01	-79	163	484
2016.02	-151	245	756
2016.03	-261	330	1 030
2016.04	-351	435	1 414
2016.05	-472	545	1 873
2016.06	-585	660	2 325
2016.07	-724	811	2 796
2016.08	-843	935	3 291
2016.09	-989	1 066	3 711
2016.09	-1 110	1 224	4 156
2016.10	-1 250	1 369	4 582
2016.12	-1 452	1 465	5 084
2017.01	-159	155	506
2017.02	-339	129	614
2017.03	-553	212	982
2017.04	-727	307	1 436
2017.05	-895	384	1 932
2017.06		487	

贸易差额构成
Composition of trade balance

月度累计贸易差额按企业性质分
Accumulated monthly trade balance by enterprise

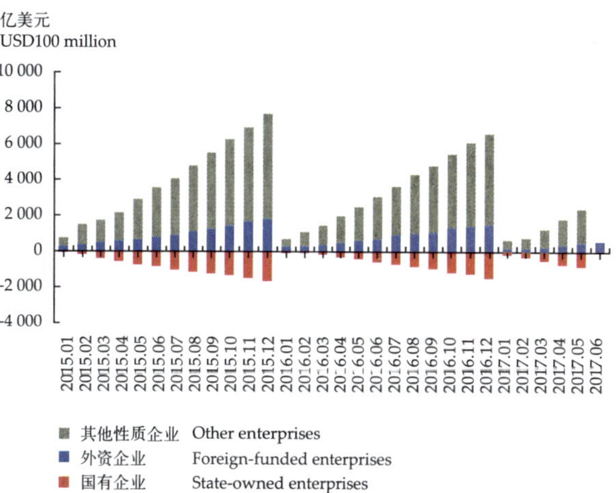

一般贸易累计进出口及其增长率
Accumulated imports and exports under general trade and growth rates

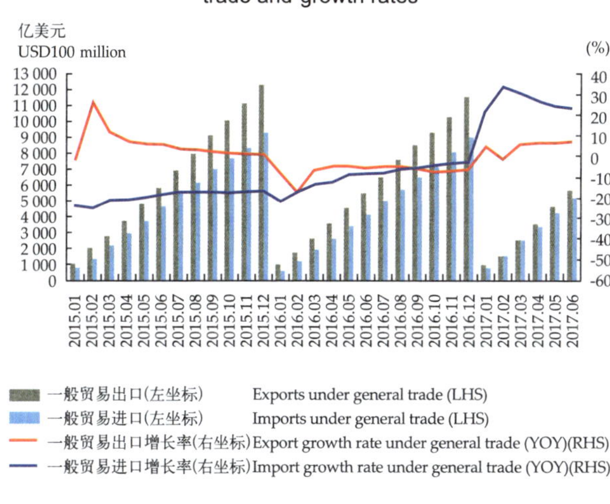

加工贸易累计进出口及其增长率
Accumulated imports and exports under processing trade and growth rates

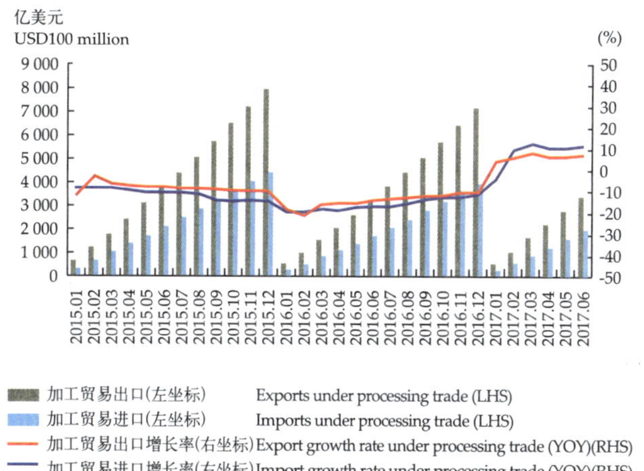

中国大陆对美国进出口及其增长趋势
Mainland China's imports from and exports to the U.S. and their growth

亿美元
USD100 million
(%)

累计出口（左坐标） Accumulated exports (LHS)
累计进口（左坐标） Accumulated imports (LHS)
累计出口同比增长率（右坐标）Growth rate of accumulated exports (YOY)(RHS)
累计进口同比增长率（右坐标）Growth rate of accumulated imports (YOY)(RHS)

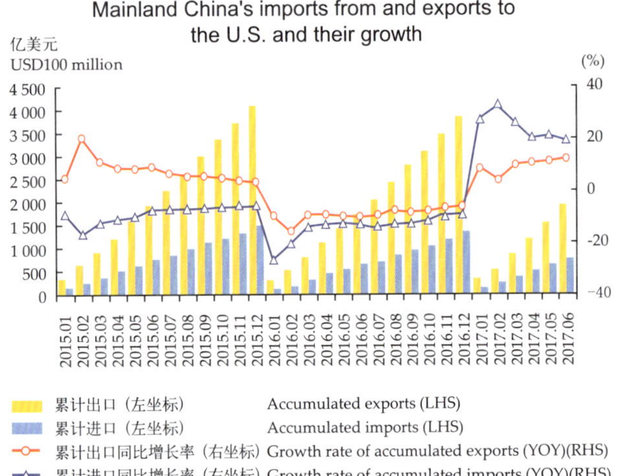

中国大陆对美国贸易总额和贸易差额
Mainland China's trade volume and trade balance with the U.S.

亿美元
USD100 million

累计贸易差额 Accumulated trade balance
累计贸易总额 Accumulated trade volume

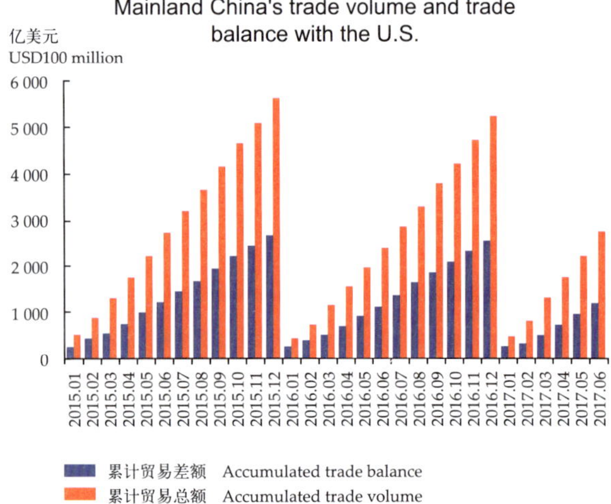

中国大陆对欧盟进出口及其增长趋势
Mainland China's imports from and exports to the EU and their growth

亿美元
USD100 million
(%)

累计出口（左坐标） Accumulated exports (LHS)
累计进口（左坐标） Accumulated imports (LHS)
累计出口同比增长率（右坐标）Growth rate of accumulated exports (YOY)(RHS)
累计进口同比增长率（右坐标）Growth rate of accumulated imports (YOY)(RHS)

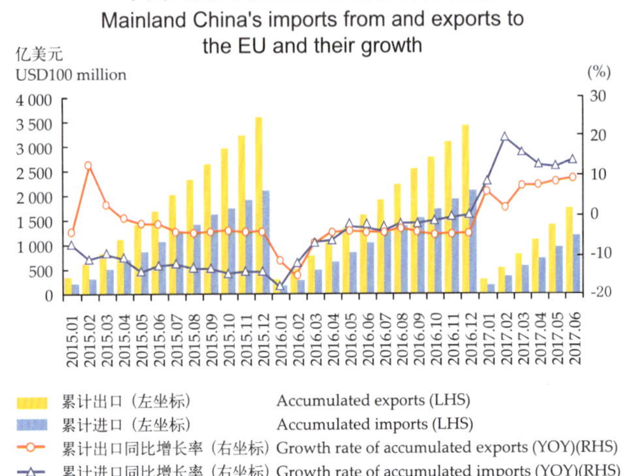

中国大陆对欧盟贸易总额和贸易差额
Mainland China's trade volume and trade balance with the EU

亿美元
USD100 million

累计贸易差额 Accumulated trade balance
累计贸易总额 Accumulated trade volume

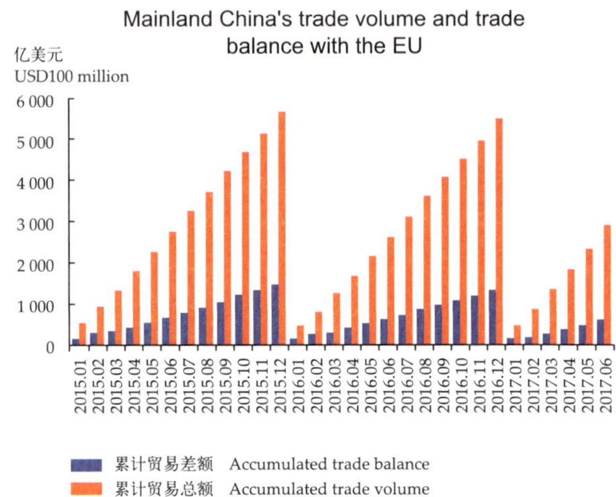

中国大陆对日本进出口及其增长趋势
Mainland China's imports from and exports to Japan and their growth

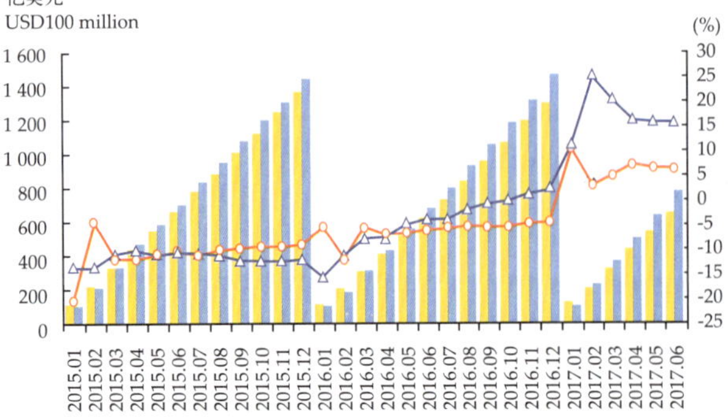

亿美元
USD100 million
(%)

累计出口（左坐标） Accumulated exports (LHS)
累计进口（左坐标） Accumulated imports (LHS)
累计出口同比增长率（右坐标）Growth rate of accumulated exports (YOY)(RHS)
累计进口同比增长率（右坐标）Growth rate of accumulated imports (YOY)(RHS)

中国大陆对日本贸易总额和贸易差额
Mainland China's trade volume and trade balance with Japan

亿美元
USD100 million

累计贸易差额 Accumulated trade balance
累计贸易总额 Accumulated trade volume

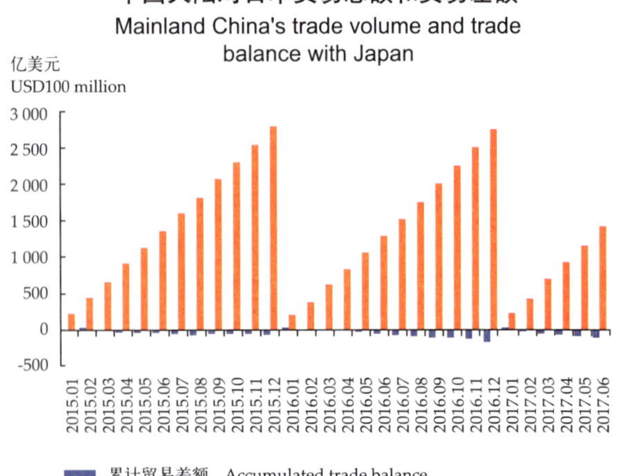

中国大陆对东盟进出口及其增长趋势
Mainland China's imports from and exports to ASEAN and their growth

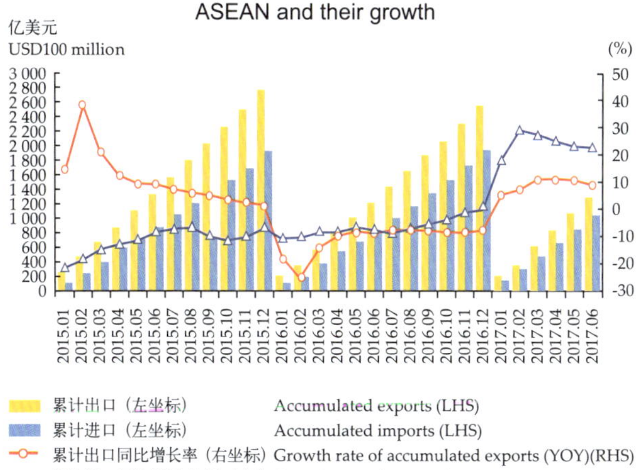

中国大陆对东盟贸易总额和贸易差额
Mainland China's trade volume and trade balance with ASEAN

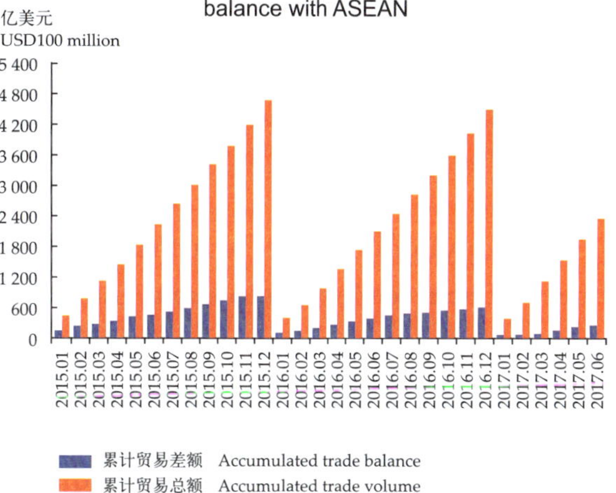

中国大陆对中国香港地区进出口及其增长趋势
Mainland China's imports from and exports to Hong Kong SAR of China and their growth

中国大陆对中国香港地区贸易总额和贸易差额
Mainland China's trade volume and trade balance with Hong Kong SAR of China

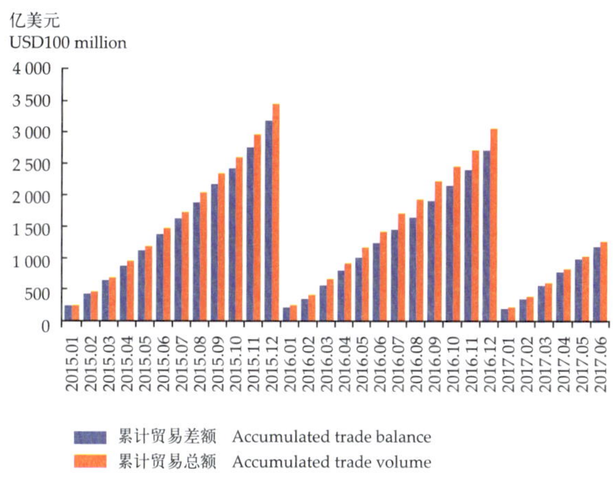

中国大陆对中国台湾地区进出口及其增长趋势
Mainland China's imports from and exports to China Taiwan and their growth

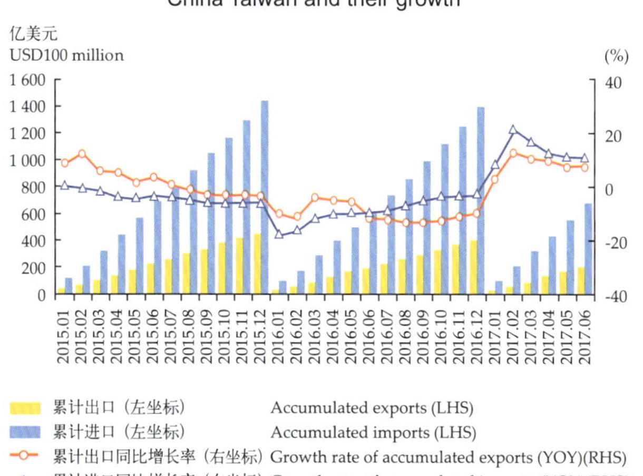

中国大陆对中国台湾地区贸易总额和贸易差额
Mainland China's trade volume and trade balance with China Taiwan

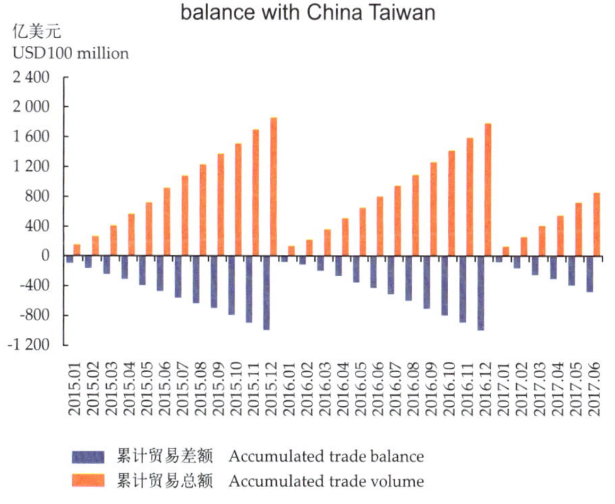

2.外资
(2) Foreign investment

据联合国贸易与发展会议2017年6月发布的《2017年世界投资报告》，2016年中国吸收外资全球排名第三，流入1 340亿美元，报告指出：2016年全球外国直接投资流入量为1.75万亿美元，较上年下降2%。

另据商务部统计，2016年，新批设立外商投资企业27 900家，实际使用外资金额1 260亿美元。

According to the UNCTAD's World Investment Report 2017 published in June 2017, China ranked world's No.3 recipient of foreign direct investment (FDI) in 2016, with capital inflows of USD134.0 billion. It is pointed out in the report that global FDI inflows decreased by 2% to USD1.75 trillion in 2016.

According to statistics of the Ministry of Commerce, in 2016, 27,900 foreign-invested enterprises were approved for incorporation in China, with actual utilized FDI reaching USD126.0 billion.

实际利用外商直接投资及其增长趋势
Actual utilized foreign direct investments and growth rates

单位：亿美元
Unit: USD100 million

年 Year	绝对值 Absolute value	增长率(%) Growth rates (%)
1991	43.7	25.2
1992	110.1	152.1
1993	275.2	150.0
1994	337.7	22.7
1995	375.2	11.1
1996	417.3	11.2
1997	452.6	8.5
1998	454.6	0.5
1999	403.2	-11.3
2000	407.2	1.0
2001	468.8	15.1
2002	527.4	12.5
2003	535.1	1.4
2004	606.3	13.3
2005	603.3	-0.5
2006	630.2	4.5
2007	747.7	18.6
2008	924.0	23.6
2009	900.3	-2.6
2010	1 057.4	17.4
2011	1 160.1	9.7
2012	1 117.2	-3.7
2013	1 175.9	5.3
2014	1 195.6	1.7
2015	1 262.7	5.6
2016	1 260.0	-0.2

实际利用外商直接投资及其增长率
Actual utilized foreign direct investments and growth rates

月度累计实际外商直接投资
Accumulated utilized FDI on a monthly basis

单位：亿美元
Unit: USD100 million

年/月 Year/Month	实际外商直接投资累计金额 Accumulated utilized FDI	实际外商直接投资累计同比增长率(%) Growth rate of accumulated utilized FDI (%)
2015.01	139	29.3
2015.02	225	16.4
2015.03	349	10.6
2015.04	445	10.5
2015.05	538	10.1
2015.06	684	8.0
2015.07	766	7.7
2015.08	853	8.9
2015.09	949	8.6
2015.10	1 037	8.1
2015.11	1 140	7.3
2015.12	1 263	5.6
2016.01	141	1.1
2016.02	225	0.2
2016.03	354	1.5
2016.04	453	1.8
2016.05	542	0.7
2016.06	694	1.5
2016.07	771	0.7
2016.08	859	0.6
2016.09	951	0.2
2016.10	1 039	0.2
2016.11	1 138	-0.2
2016.12	1 260	-0.2
2017.01	120	-14.7
2017.02	207	-8.1
2017.03	338	-4.5
2017.04	427	-5.7
2017.05	509	-6.2
2017.06	657	-5.4

月度累计实际外商直接投资
Accumulated utilized FDI on a monthly basis

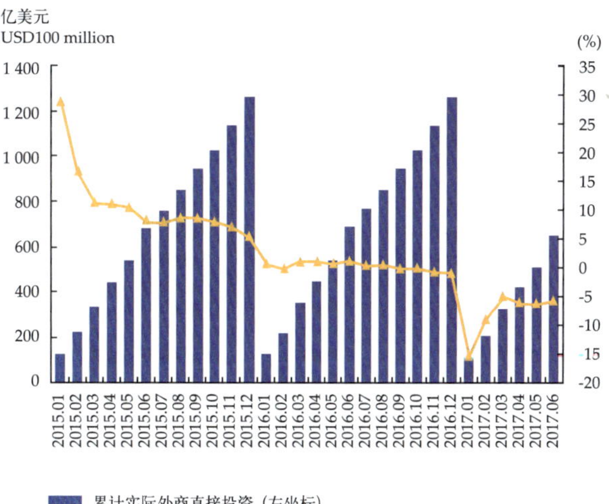

累计实际外商直接投资（左坐标）
Accumulated utilized FDI (LHS)

累计实际外商直接投资同比增长率（右坐标）
Growth rate of accumulated utilized FDI (YOY)(RHS)

3.国际收支

(3) Balance of payments (BOP)

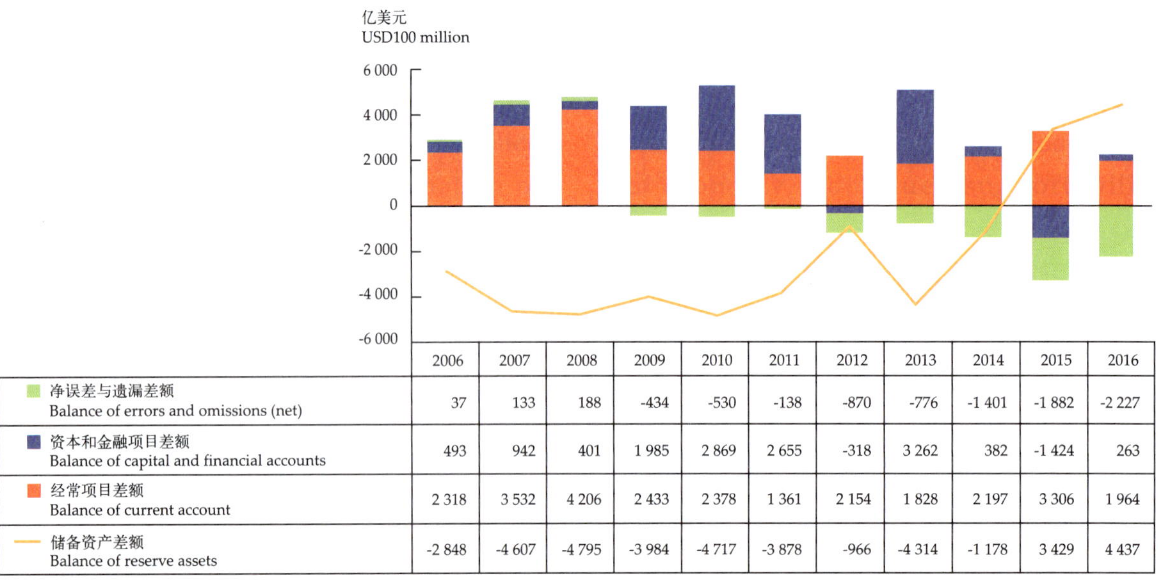

	2006	2007	2008	2009	2010	2011	2012	2013	2014	2015	2016
净误差与遗漏差额 Balance of errors and omissions (net)	37	133	188	-434	-530	-138	-870	-776	-1 401	-1 882	-2 227
资本和金融项目差额 Balance of capital and financial accounts	493	942	401	1 985	2 869	2 655	-318	3 262	382	-1 424	263
经常项目差额 Balance of current account	2 318	3 532	4 206	2 433	2 378	1 361	2 154	1 828	2 197	3 306	1 964
储备资产差额 Balance of reserve assets	-2 848	-4 607	-4 795	-3 984	-4 717	-3 878	-966	-4 314	-1 178	3 429	4 437

注：1. 储备资产的增加用负值表示，储备资产的减少用正值表示。
2. 图中数据根据国家外汇管理局最新数据修订。

Notes: 1. The increase in the reserve assets is expressed in a negative figure and the decrease in the reserve assets is expressed in a positive figure.
2. Data are revised by State Administration of Foreign Exchange.

2017年上半年国际收支平衡表简表
BOP sheet in the first half of 2017

单位：亿美元
Unit: USD100 million

项 目 Items		金 额 Amounts
一、经常账户 Current account		693
	贷方 credit	12 680
	借方 debit	-11 987
1.1 货物和服务 Goods and Services		793
	贷方 credit	11 283
	借方 debit	-10 490
1.1.1 货物 Goods		2 144
	贷方 credit	10 269
	借方 debit	-8 126
1.1.2 服务 Services		-1 351
	贷方 credit	1 014
	借方 debit	-2 364
1.2 初次收入 Primary income		-34
	贷方 credit	1 250
	借方 debit	-1 284
1.3 二次收入 Secondary income		-67
	贷方 credit	147
	借方 debit	-213
二、资本和金融账户 Capital and financial account		389
2.1 资本账户 Capital account		-1
	贷方 credit	1
	借方 debit	-2
2.2 金融账户 Financial account		390
资产 Assets		-1 632
负债 Liabilities		2 021
2.2.1 非储备性质的金融账户 Financial account excluding reserve assets		679
2.2.1.1 直接投资 Direct investment		139
资产 Assets		-411
负债 Liabilities		550
2.2.1.2 证券投资 Portfolio investment		-195
资产 Assets		-401
负债 Liabilities		206
2.2.1.3 金融衍生工具 Financial derivatives		3
资产 Assets		5
负债 Liabilities		-2
2.2.1.4 其他投资 Other investment		732
资产 Assets		-536
负债 Liabilities		1 267
2.2.2 储备资产 Reserve assets		-290
三、净误差与遗漏 Net errors and omissions		-1 081

注：根据《国际收支和国际投资头寸手册》（第六版）编制。
Note: Compiled in accordance with the sixth edition of *Balance of Payments and International Investment Position Manual* (BPM6).

4.外汇储备
(4) Foreign exchange reserves

外汇储备及其增长率
Foreign exchange reserves and growth rates

单位：亿美元
Unit: USD100 million

年/月 Year/Month	外汇储备 Foreign exchange reserves	同比增长(%) Growth rate (YOY)(%)
2015.01	38 134	-1.4
2015.02	38 015	-2.9
2015.03	37 300	-5.5
2015.04	37 481	-5.8
2015.05	37 111	-6.8
2015.06	36 938	-7.5
2015.07	36 513	-7.9
2015.08	35 574	-10.4
2015.09	35 141	-9.6
2015.10	35 255	-8.5
2015.11	34 383	-10.6
2015.12	33 304	-13.3
2016.01	32 309	-15.3
2016.02	32 023	-15.8
2016.03	32 126	-13.9
2016.04	32 197	-14.1
2016.05	31 917	-14.0
2016.06	32 052	-13.2
2016.07	32 011	-12.3
2016.08	31 852	-10.5
2016.09	31 664	-9.9
2016.10	31 207	-11.5
2016.11	30 516	-11.2
2016.12	30 105	-9.6
2017.01	29 982	-7.2
2017.02	30 051	-6.2
2017.03	30 091	-6.3
2017.04	30 295	-5.9
2017.05	30 536	-4.3
2017.06	30 568	-4.6

外汇储备及其增长率
Foreign exchange reserves and growth rates

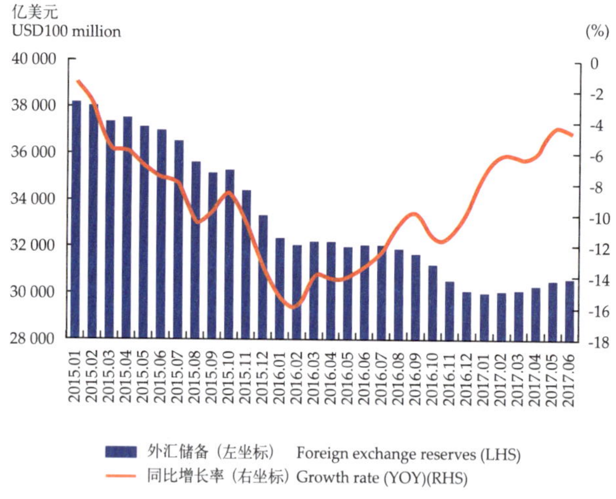

5.外债
(5) External debt

外币外债余额与债务率
Balance and ratio of external debt to foreign exchange income

外币外债余额与负债率
Balance and ratio of external debt to GDP

注：图中数据根据国家外汇管理局最新数据修订。
Note: Data are revised by State Administration of Foreign Exchange.

2017年6月末外债数据

External debt balance at the end of June, 2017

单位：亿美元
Unit: USD100 million

	外债余额 Outstanding external debt	广义政府债务 General government debt	中央银行债务 Monetary authority debt	银行债务 Bank debt	其他部门债务 Other sectors debt	直接投资：公司间贷款 Direct investment intercompany lending
债务余额 Debt balance	15 628	1 402	333	7 683	4 125	2 085
比重(%) Share (%)	100.0	8.97	2.13	49.16	26.39	13.34

注：2014年年末，国家外汇管理局按照国际货币基金组织“数据公布特殊标准”（SDDS）的分类标准公布我国外币外债数据，机构部门的分类相应进行了调整。
Note: At the end of 2014, State Administration of Foreign Exchange (SAFE) started to publish the data of China's external debts denominated in foreign currencies according to IMF's SDDS classification standards. The classification of sectors and departments were also adjusted accordingly.

2017年6月末外债结构

External debt structure at the end of June, 2017

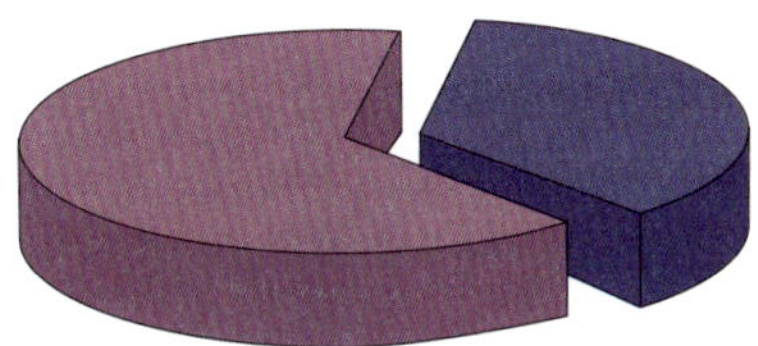

2017年6月末，中国外债余额为15 628亿美元，其中，中长期外债余额为5 549亿美元，占外债余额的35.51%；短期外债余额为10 079亿美元，占外债余额的64.49%。
China's outstanding balance of external debt was USD1,562.8 billion at the end of June, 2017, among which USD554.9 billion or 35.51 percent was medium and long-term debt, and USD1,007.9 billion or 64.49 percent was short-term debt.

六、财政收支与债务
6. Fiscal Revenue, Expenditure and Debt

年度财政收入、财政支出及其增长趋势
Annual budgetary revenue, budgetary expenditure, and their growth

单位：亿元
Unit: RMB100 million

年 Year	财政收入 Budgetary revenue	财政支出 Budgetary expenditure	财政收入同比增长率(%) Growth rate of budgetary revenue (YOY) (%)	财政支出同比增长率(%) Growth rate of budgetary expenditure (YOY)(%)
1994	5 218	5 793	20.0	24.8
1995	6 242	6 824	19.6	17.8
1996	7 408	7 938	18.7	16.3
1997	8 651	9 234	16.8	16.3
1998	9 876	10 798	14.2	16.9
1999	11 444	13 188	15.9	22.1
2000	13 395	15 887	17.0	20.5
2001	16 386	18 903	22.3	19.0
2002	18 904	22 053	15.4	16.7
2003	21 715	24 650	14.9	11.8
2004	26 396	28 487	21.6	15.6
2005	31 649	33 930	19.9	19.1
2006	38 760	40 423	22.5	19.1
2007	51 322	49 781	32.4	23.2
2008	61 330	62 593	19.5	25.4
2009	68 518	76 300	11.7	21.9
2010	83 080	89 575	21.3	17.4
2011	103 740	108 930	24.8	21.2
2012	117 210	125 712	12.8	15.1
2013	129 143	139 744	10.2	11.2
2014	140 350	151 662	8.6	8.2
2015	152 217	175 768	8.4	15.8
2016	159 552	187 841	4.5	6.4

注：表中数据根据财政部最新数据修订。
Note: Data are revised by Ministry of Finance.

月度累计财政收支增长率与收支差额
Monthly growth rate and balance of accumulated fiscal revenue and expenditure

单位：亿元
Unit: RMB100 million

年/月 Year/Month	财政收入累计同比增长率(%) Growth rate of accumulated fiscal revenue(YOY)(%)	财政支出累计同比增长率(%) Growth rate of accumulated fiscal expenditure(YOY)(%)	累计财政收支总量差额 Balance of accumulated fiscal revenue and expenditure
2015.01	5.0	-19.9	8 067
2015.02	3.2	10.5	6 851
2015.03	3.9	7.8	3 592
2015.04	5.1	13.8	4 559
2015.05	5.0	11.1	5 791
2015.06	6.6	11.8	2 312
2015.07	7.5	13.4	3 829
2015.08	7.4	14.8	657
2015.09	7.6	16.4	-6 250
2015.10	7.7	18.1	-5 306
2015.11	8.0	18.9	-10 288
2015.12	8.4	15.8	-23 551
2016.01	5.8	24.3	7 032
2016.02	6.3	12.0	6 215
2016.03	6.5	15.4	938
2016.04	8.6	12.4	3 351
2016.05	8.3	13.6	3 352
2016.06	7.1	15.1	-3 651
2016.07	6.5	13.0	-1 649
2016.08	6.0	12.7	-5 942
2016.09	5.9	12.5	-14 556
2016.10	5.9	10.0	-11 016
2016.11	5.7	10.2	-17 588
2016.12	4.5	6.4	-28 289
2017.01	17.7	37.5	6 273
2017.02	14.9	17.4	6 594
2017.03	14.1	21.0	-1 551
2017.04	11.8	16.3	1 598
2017.05	10.0	14.7	756
2017.06	9.8	15.8	-9 177

注：表中数据根据财政部最新数据修订。
Note: Data are revised by Ministry of Finance.

年度财政收入、财政支出及其增长趋势
Annual budgetary revenue, budgetary expenditure, and their growth

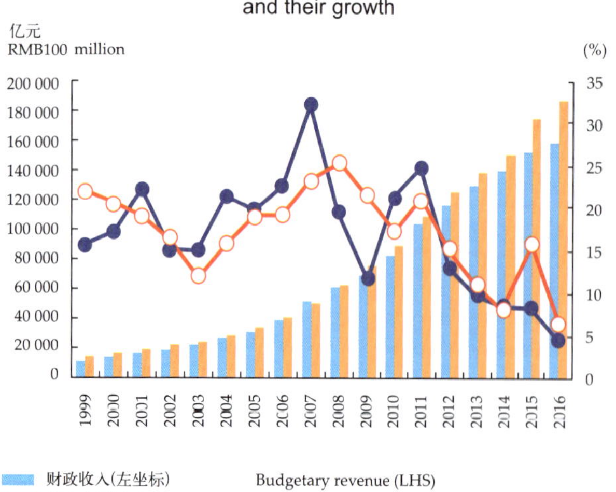

财政收入(左坐标) Budgetary revenue (LHS)
财政支出(左坐标) Budgetary expenditure (LHS)
财政收入同比增长率(右坐标) Growth rate of budgetary revenue (YOY)(RHS)
财政支出同比增长率(右坐标) Growth rate of budgetary expenditure (YOY)(RHS)

月度累计财政收支增长率与收支差额
Monthly growth rate and balance of accumulated fiscal revenue and expenditure

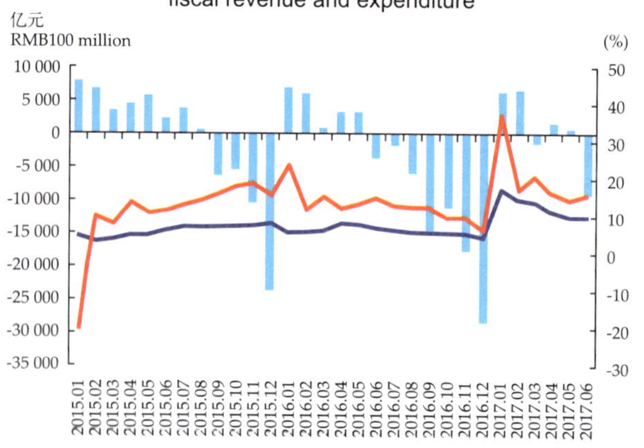

累计财政收支差额（左坐标）
Balance of accumulated fiscal revenue and expenditure (LHS)
财政收入累计同比增长率（右坐标）
Growth rate of accumulated fiscal revenue (YOY)(RHS)
财政支出累计同比增长率（右坐标）
Growth rate of accumulated fiscal expenditure (YOY)(RHS)

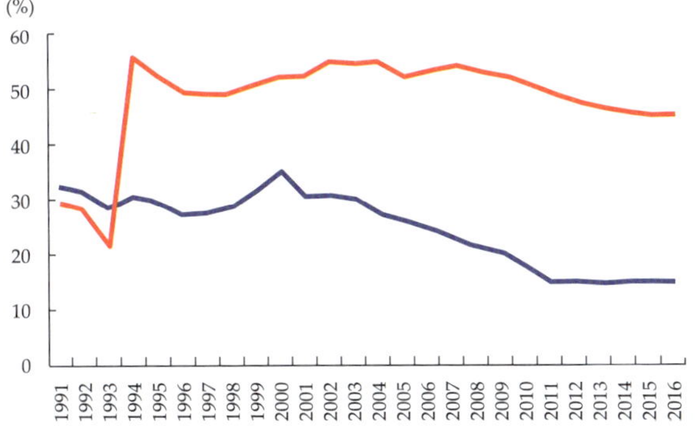

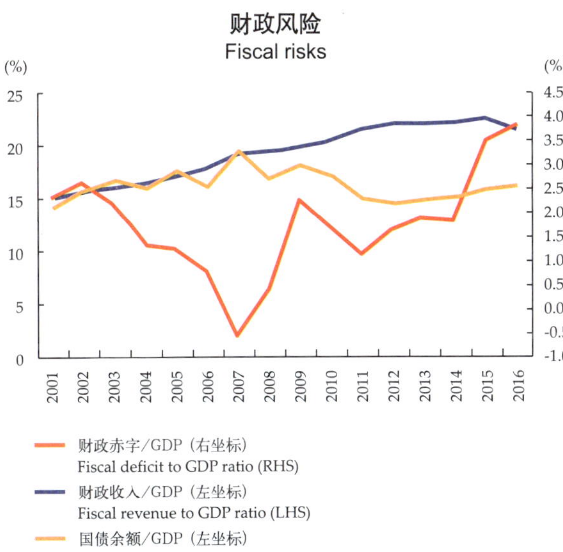

2017年主要预算指标：

2017年，中央财政预算收入为78 612亿元，比2016年执行数（下同）增长3.8%。从中央预算稳定调节基金调入1 350亿元，从中央政府性基金预算、中央国有资本经营预算调入283亿元，合计收入总量为80 245亿元。中央一般公共预算支出95 745亿元，增长6.1%。中央财政收支总量相抵，赤字为15 500亿元，比上年预算数增加1 500亿元。中央财政国债余额限额为141 408.35亿元。

汇总中央预算和地方预算安排，2017年全国一般公共预算收入168 630亿元，增长5%。加上调入资金2 433亿元，可安排的收入总量为171 063亿元。全国一般公共预算支出194 863亿元，增长6.5%。赤字23 800亿元，比2016年增加2 000亿元。

Budgetary targets for 2017:

In 2017, revenue in the central government's general public budget is expected to reach RMB7.8612 trillion, an increase of 3.8% over the actual figure for 2016. Adding in the RMB135 billion from the Central Budget Stabilization Fund and the RMB28.3 billion from the budgets of central government-managed funds and central government state capital operations, total revenue in 2017 should amount to RMB8.0245 trillion. Expenditures from the central government's general public budget are projected to reach RMB9.5745 trillion, an increase of 6.1%. Total expenditures are projected to exceed total revenue leaving a deficit of RMB1.55 trillion, an increase of RMB150 billion over last year. The ceiling for the outstanding balance of central government bonds will be RMB14.140835 trillion.

Combining the general public budgets of the central and local governments, it is projected that nationwide revenue will amount to RMB16.863 trillion, up 5% from last year. Adding in the RMB243.3 billion transferred from other sources, total revenue available is expected to reach RMB17.1063 trillion. Nationwide expenditures are budgeted at RMB19.4863 trillion, an increase of 6.5%. This will produce a national deficit of RMB2.38 trillion, an increase of RMB200 billion over 2016.

七、货币银行
7. Money and Banking

1. 货币供应量
(1) Money supply

年度M0、M1、M2及其变化趋势
Annual M0, M1, and M2 and their changes

单位：万亿元 Unit: RMB1 trillion

年 Year	M0	M1	M2	M0同比增长率(%) Growth rate of M0 (YOY)(%)	M1同比增长率(%) Growth rate of M1 (YOY)(%)	M2同比增长率(%) Growth rate of M2 (YOY)(%)
1999	1.3	4.6	12.0	20.1	17.7	14.7
2000	1.5	5.3	13.8	8.9	16.0	14.0
2001	1.6	6.0	15.8	7.1	12.7	14.4
2002	1.7	7.1	18.5	10.1	16.8	16.8
2003	2.0	8.4	22.1	14.3	18.7	19.6
2004	2.1	9.6	25.3	8.7	13.6	14.6
2005	2.4	10.7	29.9	11.9	11.8	17.6
2006	2.7	12.6	34.6	12.7	17.5	16.9
2007	3.0	15.3	40.3	12.1	21.0	16.7
2008	3.4	16.6	47.5	12.7	9.1	17.8
2009	3.8	22.1	61.0	11.8	32.4	27.7
2010	4.5	26.7	72.6	16.7	21.2	19.7
2011	5.1	29.0	85.2	13.8	7.9	13.6
2012	5.5	30.9	97.4	7.7	6.5	13.8
2013	5.9	33.7	110.7	7.1	9.3	13.6
2014	6.0	34.8	122.8	2.9	3.2	12.2
2015	6.3	40.1	139.2	4.9	15.2	13.3
2016	6.8	48.7	155.0	8.1	21.4	11.3

月度M0、M1、M2及其变化趋势
Monthly M0, M1, and M2 and their changes

单位：万亿元 Unit: RMB1 trillion

年/月 Year/Month	M0	M1	M2	M0同比增长率(%) Growth rate of M0 (YOY)(%)	M1同比增长率(%) Growth rate of M1 (YOY)(%)	M2同比增长率(%) Growth rate of M2 (YOY)(%)
2015.01	6.3	34.8	124.3	-17.6	10.6	10.8
2015.02	7.3	33.4	125.7	17.0	5.6	12.5
2015.03	6.2	33.7	127.5	6.2	2.9	11.6
2015.04	6.1	33.6	128.1	3.7	3.7	10.1
2015.05	5.9	34.3	130.7	1.8	4.7	10.8
2015.06	5.9	35.6	133.3	2.9	4.3	11.8
2015.07	5.9	35.3	135.3	2.9	6.6	13.3
2015.08	5.9	36.3	135.7	1.8	9.3	13.3
2015.09	6.1	36.4	136.0	3.7	11.4	13.1
2015.10	6.0	37.6	136.1	3.8	14.0	13.5
2015.11	6.0	38.8	137.4	3.2	15.7	13.7
2015.12	6.3	40.1	139.2	4.9	15.2	13.3
2016.01	7.3	41.3	141.6	15.1	18.6	14.0
2016.02	6.9	39.3	142.5	-4.8	17.4	13.3
2016.03	6.5	41.2	144.6	4.4	22.1	13.4
2016.04	6.4	41.4	144.5	6.0	22.9	12.8
2016.05	6.3	42.4	146.2	6.3	23.7	11.8
2016.06	6.3	44.4	149.0	7.2	24.6	11.8
2016.07	6.3	44.3	149.2	7.2	25.4	10.2
2016.08	6.3	45.5	151.1	7.4	25.3	11.4
2016.09	6.5	45.4	151.6	6.6	24.7	11.5
2016.10	6.4	46.5	151.9	7.2	23.9	11.6
2016.11	6.5	47.5	153.0	7.6	22.7	11.4
2016.12	6.8	48.7	155.0	8.1	21.4	11.3
2017.01	8.7	47.3	157.6	19.4	14.5	11.3
2017.02	7.2	47.7	158.3	3.3	21.4	11.1
2017.03	6.9	48.9	160.0	6.1	18.8	10.6
2017.04	5.8	49.6	161.0	-3.7	22.5	10.3
2017.05	4.9	50.4	162.2	-10.4	24.7	10.0
2017.06	4.0	51.2	163.3	-17.0	26.8	9.6

货币供应量与货币流动性
Money supply and monetary liquidity

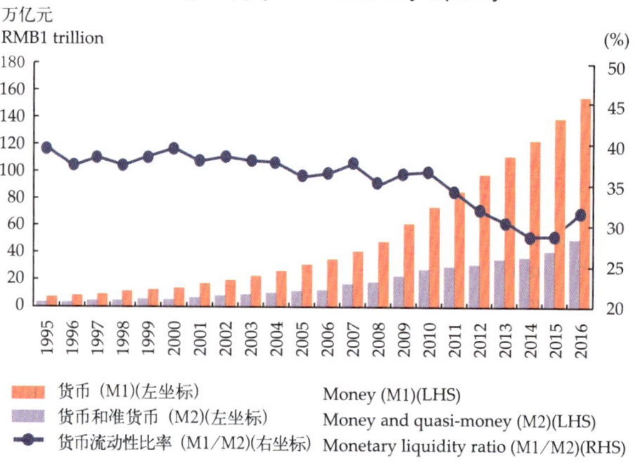

年度M0、M1、M2及其变化趋势
Annual M0, M1, and M2 and their changes

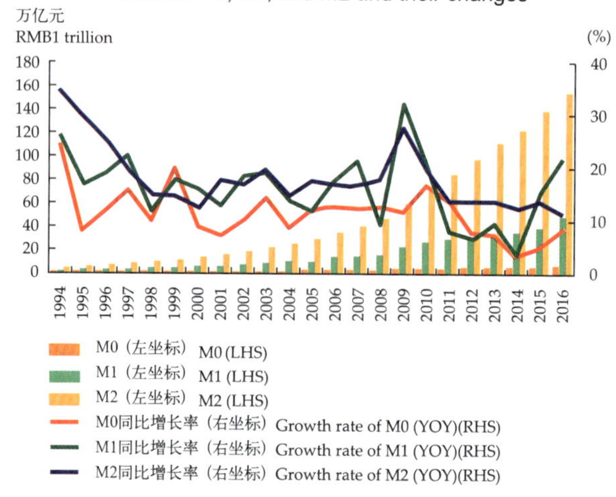

月度M0、M1、M2及其变化趋势
Monthly M0, M1, and M2 and their changes

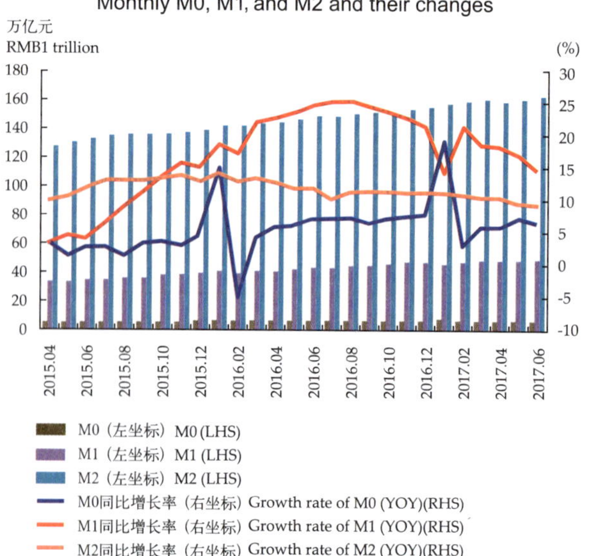

货币供应量构成
Composition of money supply

单位：亿元
Unit: RMB 100 million

年/月 Year/Month	货币和准货币 Money & quasi-money M2	货币 Money M1	流通中货币 Currency in circulation M0	单位活期存款 Corporate demand deposits	准货币 Quasi-money	单位定期存款 Corporate time deposits	个人存款 Personal deposits	其他存款 Other deposits
2016.01	1 416 320	412 686	72 527	340 159	1 003 634	294 289	560 968	148 377
2016.02	1 424 619	392 505	69 422	323 083	1 032 114	294 043	581 012	157 059
2016.03	1 446 198	411 581	64 651	346 930	1 034 617	300 623	586 856	147 138
2016.04	1 445 210	413 505	64 403	349 102	1 031 705	303 424	577 490	150 791
2016.05	1 461 695	424 251	62 781	361 470	1 037 444	302 474	577 996	156 974
2016.06	1 490 492	443 644	62 819	380 825	1 046 848	301 674	587 549	157 625
2016.07	1 491 559	442 934	63 276	379 658	1 048 624	301 688	585 218	161 718
2016.08	1 510 983	454 544	63 455	391 089	1 056 439	307 806	589 372	159 261
2016.09	1 516 361	454 340	65 069	389 272	1 062 020	315 077	598 881	148 063
2016.10	1 519 485	465 447	64 215	401 232	1 054 039	307 896	594 170	151 973
2016.11	1 530 432	475 406	64 904	410 502	1 055 027	309 068	597 374	148 585
2016.12	1 550 067	486 557	68 304	418 253	1 063 509	307 990	603 504	152 016
2017.01	1 575 946	472 526	86 599	385 928	1 103 419	317 957	634 746	150 716
2017.02	1 582 913	476 528	71 728	404 800	1 106 385	311 668	635 880	158 838
2017.03	1 599 610	488 770	68 605	420 165	1 110 839	317 183	643 278	150 378
2017.04	1 596 332	490 180	68 393	421 788	1 106 151	318 093	630 993	157 066
2017.05	1 601 360	496 390	67 333	429 057	1 104 971	314 930	632 226	157 815
2017.06	1 631 283	510 228	66 978	443 250	1 121 054	317 003	642 932	161 119

广义货币供应量M2变动
Changes in the composition of broad money M2

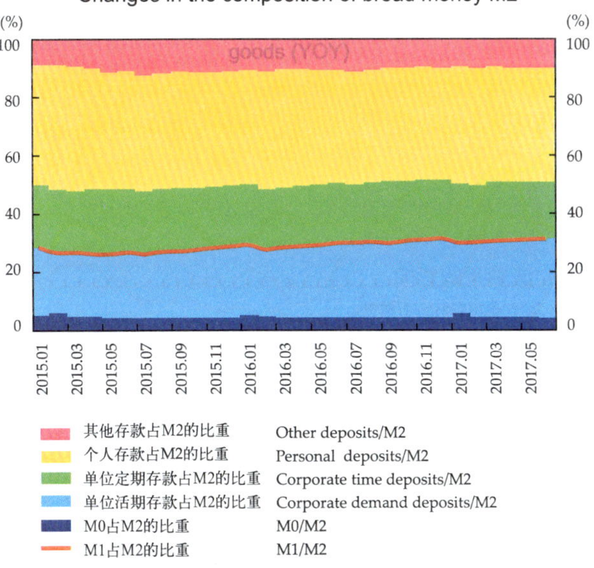

2017年6月末货币供应量构成
Composition of money supply at the end of June, 2017

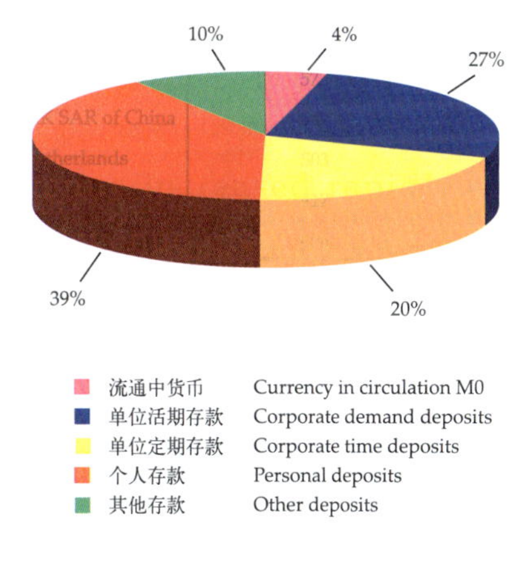

存款性公司概览
Depository corporations survey

单位：万亿元
Unit: RMB1 trillion

年/月 Year/Month	国外净资产 Net foreign assets	国内信贷 Domestic credit	对政府债权(净) Claims on government (net)	对非金融部门债权 Claims on non-financial sectors	对其他金融部门债权 Claims on other financial sectors	其他 Others	货币和准货币 Money & quasi-money M2
2015.01	29.11	109.36	4.82	91.90	12.64	-14.20	124.27
2015.02	29.36	111.24	5.34	93.16	12.74	-14.86	125.74
2015.03	29.46	113.66	5.62	94.33	13.70	-15.59	127.53
2015.04	29.25	114.78	5.57	95.15	14.05	-15.95	128.08
2015.05	29.30	117.20	5.54	96.30	15.36	-15.77	130.74
2015.06	29.47	119.98	6.15	97.83	16.01	-16.11	133.34
2015.07	29.38	122.54	6.25	98.77	17.52	-17.17	135.32
2015.08	29.14	123.92	6.83	99.83	17.25	-17.37	135.69
2015.09	28.72	125.57	7.49	101.14	16.95	-18.31	135.98
2015.10	28.72	128.04	7.31	103.48	17.25	-20.66	136.10
2015.11	28.51	130.20	7.64	104.75	17.81	-21.32	137.40
2015.12	28.06	133.27	9.83	105.12	18.32	-22.11	139.23
2016.01	27.64	137.42	9.48	106.39	21.56	-23.43	141.63
2016.02	27.44	139.17	9.65	107.39	22.13	-24.15	142.46
2016.03	27.19	142.52	10.53	108.92	23.07	-25.09	144.62
2016.04	27.16	143.51	11.05	109.31	23.15	-26.15	144.52
2016.05	27.17	145.98	11.54	110.55	23.89	-26.97	146.17
2016.06	27.08	149.61	12.89	111.81	24.92	-27.64	149.05
2016.07	27.00	150.48	12.92	112.42	25.14	-28.33	149.16
2016.08	27.08	152.69	13.91	112.95	25.83	-28.67	151.10
2016.09	26.84	154.44	14.69	113.97	25.78	-29.64	151.64
2016.10	26.76	155.50	14.38	114.83	26.29	-30.31	151.95
2016.11	26.52	157.86	14.99	116.26	26.61	-31.34	153.04
2016.12	26.39	160.01	16.24	116.61	27.16	-31.39	155.01
2017.01	26.29	162.05	15.84	118.12	28.09	-30.75	157.59
2017.02	26.13	162.94	15.64	118.97	28.33	-30.78	158.29
2017.03	26.08	165.06	16.63	120.02	28.42	-31.18	159.96
2017.04	25.89	165.69	16.59	121.00	28.10	-31.95	160.98
2017.05	25.68	166.51	16.86	121.97	27.68	-32.05	162.17
2017.06	25.55	170.14	17.65	123.41	29.09	-32.56	163.35

注：*自2006年起，不再编制《银行概览》，改为编制《存款性公司概览》。《存款性公司概览》由《货币当局资产负债表》和《其他存款性公司资产负债表》合并而成。《存款性公司概览》与原《银行概览》的差别是，《存款性公司概览》不包含信托投资公司和金融租赁公司。为了保持数据的连续性，2006年之前的《存款性公司概览》由原《银行概览》替代。因此，2006年及以后各期数据与历史数据不完全可比。
**其他包括外币存款、债券、实收资本和其他项，即其他=货币和准货币－（国外净资产+国内信贷）。
Notes: *Beginning in 2006, the Balance Sheet of the Monetary Authority and the Balance Sheet of Other Depository Corporations were consolidated into the Depository Corporations Survey, and the Banking Survey was no longer compiled. The main difference between the Depository Corporations Survey and the Banking Survey is that data on trust and investment companies and financial leasing companies are not included in the Depository Corporations Survey. In order to maintain data consistency, the original Banking Survey can be substituted for the Depository Corporations Survey before 2006. Therefore, from 2006, the monetary statistics are not fully comparable with the historical statistics.
** Others include foreign currency deposits, bonds, paid-in capital, and other items (net). Others = Money & Quasi-money M2 – (Net Foreign Assets + Domestic Credit).

国外净资产及国内信贷对广义货币的影响
The impact of net foreign assets and domestic credit on broad money M2

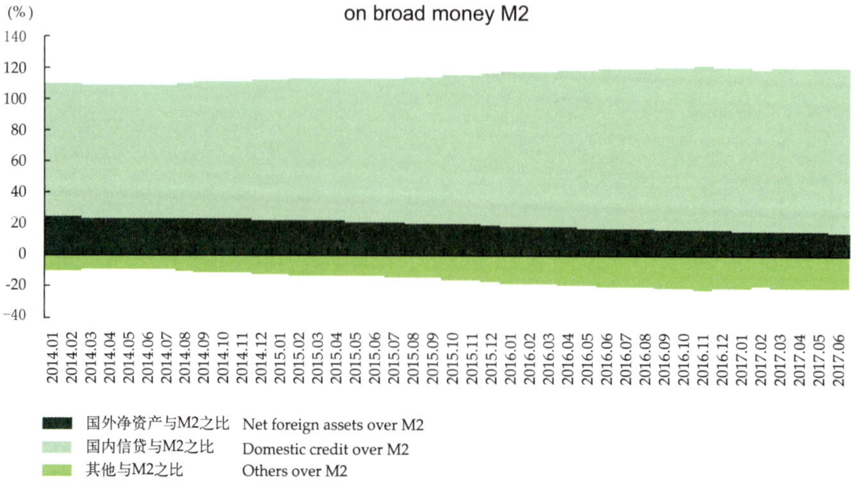

(%)
140
120
100
80
60
40
20
0
-20
-40

2014.01 2014.02 2014.03 2014.04 2014.05 2014.06 2014.07 2014.08 2014.09 2014.10 2014.11 2014.12 2015.01 2015.02 2015.03 2015.04 2015.05 2015.06 2015.07 2015.08 2015.09 2015.10 2015.11 2015.12 2016.01 2016.02 2016.03 2016.04 2016.05 2016.06 2016.07 2016.08 2016.09 2016.10 2016.11 2016.12 2017.01 2017.02 2017.03 2017.04 2017.05 2017.06

国外净资产与M2之比 Net foreign assets over M2
国内信贷与M2之比 Domestic credit over M2
其他与M2之比 Others over M2

2.存贷款
(2) Deposits and loans

金融机构人民币各项存贷款余额及其增长趋势
Outstanding amounts of total deposits & loans and their growth in financial institutions

单位：万亿元
Unit: RMB1 trillion

年/月 Year/Month	各项存款 Total deposits	各项贷款 Total loans	各项存款同比增长率(%) Growth rate of deposits (YOY)(%)	各项贷款同比增长率(%) Growth rate of loans (YOY)(%)
2015.01	122.4	83.7	13.7	13.9
2015.02	122.3	84.7	10.9	14.3
2015.03	124.9	85.9	10.1	14.0
2015.04	125.8	86.6	9.7	14.1
2015.05	129.0	87.5	10.9	14.0
2015.06	131.8	88.8	10.7	13.4
2015.07	134.0	90.3	13.4	15.5
2015.08	134.1	91.1	13.0	15.4
2015.09	133.7	92.1	12.6	15.4
2015.10	134.3	92.6	12.7	15.4
2015.11	135.7	93.4	13.1	14.9
2015.12	135.7	94.0	12.4	14.3
2016.01	137.8	96.5	12.5	15.3
2016.02	138.6	97.2	13.3	14.7
2016.03	141.1	98.6	13.0	14.7
2016.04	142.0	99.1	12.9	14.4
2016.05	143.8	100.1	11.5	14.4
2016.06	146.2	101.5	10.9	14.3
2016.07	101.9	146.7	12.9	9.5
2016.08	102.9	148.5	13.0	10.8
2016.09	104.1	148.5	13.0	11.1
2016.10	104.8	149.7	13.1	11.5
2016.11	105.6	150.4	13.1	10.8
2016.12	106.6	150.6	13.5	11.0
2017.01	108.6	152.1	12.6	10.4
2017.02	109.8	154.4	13.0	11.4
2017.03	110.8	155.6	12.4	10.3
2017.04	111.9	155.9	12.9	9.8
2017.05	113.0	157.0	12.9	9.2
2017.06	114.6	159.7	12.9	9.2

注：自2015年起，"各项存款"含非银行业金融机构存放款项，"各项贷款"含拆放给非银行业金融机构的款项。
Note: Beginning in 2015, total deposits include deposits of non-banking financial institutions, and total loans include loans to non-banking financial institutions.

金融机构人民币各项存贷款余额及其增长趋势
Outstanding amounts of total deposits & loans and their growth in financial institutions

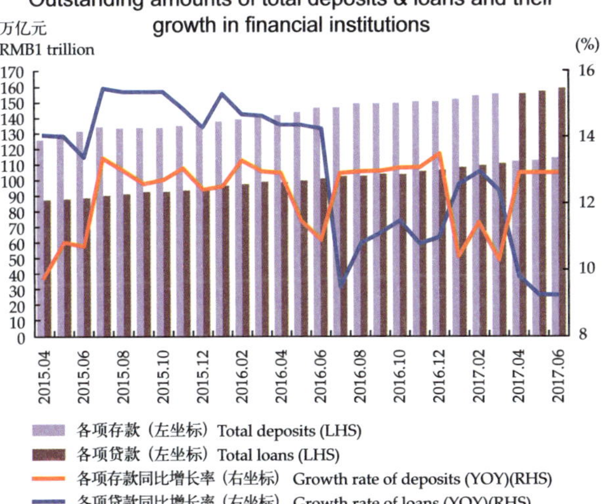

金融机构当年累计新增人民币存款
Accumulated new RMB deposits in financial institutions

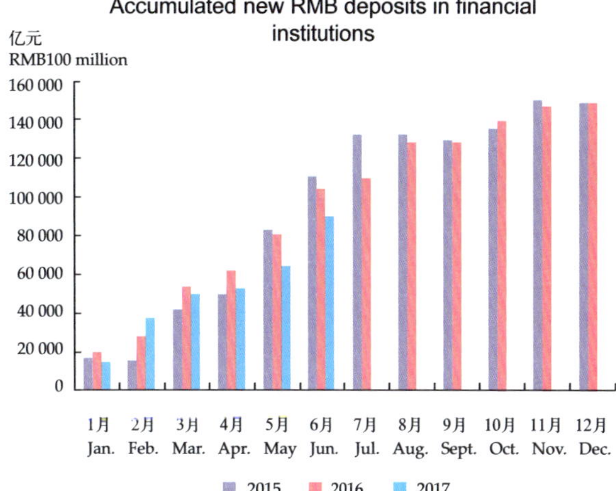

金融机构当月新增人民币存款
New RMB deposits in financial institutions by month

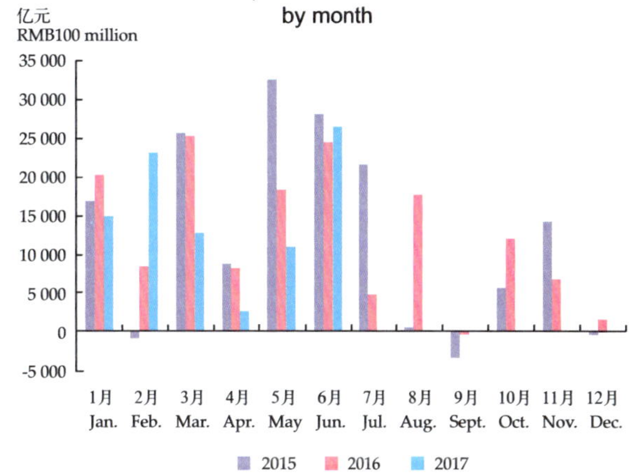

2017年6月末人民币存款余额
Outstanding amounts of RMB deposits at the end of June, 2017

单位：亿元
Unit: RMB100 million

	余额 Outstanding amount
各项存款 Total deposits	**1 596 636**
境内存款 Domestic deposits	1 585 978
住户存款 Deposits of households	637 138
非金融企业存款 Deposits of non-financial enterprises	515 971
政府存款 Deposits of government	295 245
非银行业金融机构存款 Deposits of non-banking financial institutions	137 624
境外存款 Overseas deposits	10 657

住户存款和非金融企业存款余额
Outstanding amounts of household deposits and non-financial corporate deposits

单位：亿元
Unit: RMB100 million

年/月 Year/Month	住户存款 Deposits of households	活期及临时性存款 Demand & temporary deposits	定期及保证性存款 Time & marginal deposits	非金融企业存款 Deposits of non-financial enterprises	活期及临时性存款 Demand & temporary deposits	定期及保证性存款 Time & marginal deposits
2015.01	506 890	181 577	325 314	380 697	140 356	240 340
2015.02	532 341	192 473	339 868	363 335	126 935	236 400
2015.03	538 399	189 934	348 465	373 435	132 701	240 734
2015.04	527 889	181 744	346 145	377 404	132 923	244 481
2015.05	523 476	179 167	344 308	387 721	136 796	250 924
2015.06	532 829	187 645	345 184	398 245	144 245	254 000
2015.07	532 232	187 484	344 748	396 110	141 809	254 301
2015.08	534 098	188 832	345 266	402 782	147 069	255 713
2015.09	541 749	194 150	347 599	404 797	147 153	257 643
2015.10	535 828	191 211	344 617	405 072	154 347	250 725
2015.11	536 766	193 467	343 299	415 443	162 091	253 353
2015.12	546 078	202 869	343 209	430 247	174 586	255 661
2016.01	555 011	207 962	347 050	436 746	172 961	263 785
2016.02	575 047	214 816	360 231	421 940	161 459	260 481
2016.03	580 800	217 001	363 799	445 248	175 269	269 980
2016.04	571 504	210 862	360 642	447 421	175 498	271 923
2016.05	572 047	210 949	361 098	452 836	180 098	272 737
2016.06	581 521	216 945	364 576	465 346	191 138	274 208
2016.07	579 279	215 652	363 627	462 284	188 193	274 091
2016.08	583 411	218 758	364 653	476 050	194 385	281 665
2016.09	592 909	225 331	367 578	480 303	192 839	287 464
2016.10	588 229	222 213	366 016	482 386	199 872	282 514
2016.11	591 500	225 149	366 351	490 742	205 371	285 370
2016.12	597 751	231 630	366 121	502 178	215 107	287 072
2017.01	629 064	249 796	379 268	484 207	195 938	288 268
2017.02	630 077	240 875	389 202	490 852	204 560	286 291
2017.03	637 409	241 907	395 502	503 768	212 132	291 636
2017.04	625 236	235 017	390 219	504 220	213 156	291 064
2017.05	626 485	236 093	390 392	505 292	215 037	290 255
2017.06	637 138	242 055	395 083	515 971	222 012	293 960

住户存款和非金融企业存款余额
Outstanding amounts of household deposits and non-financial enterprise deposits

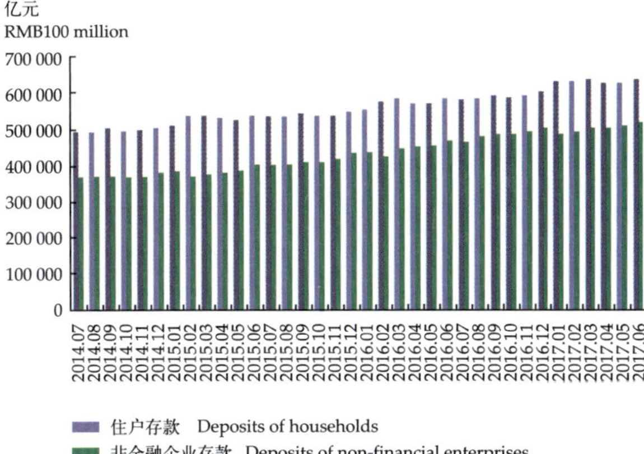

住户存款构成
Composition of household deposits

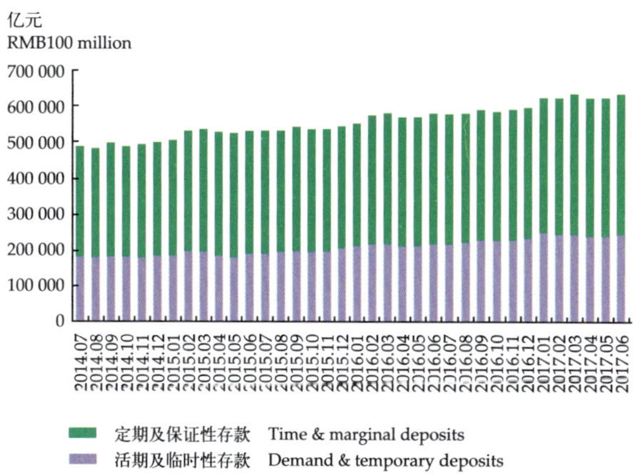

非金融企业存款构成
Composition of non-financial enterprise deposits

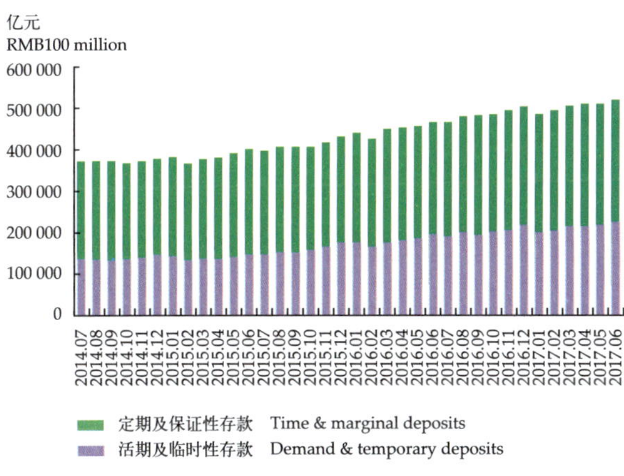

2017年6月末人民币存款余额
Outstanding amounts of RMB deposits at the end of June, 2017

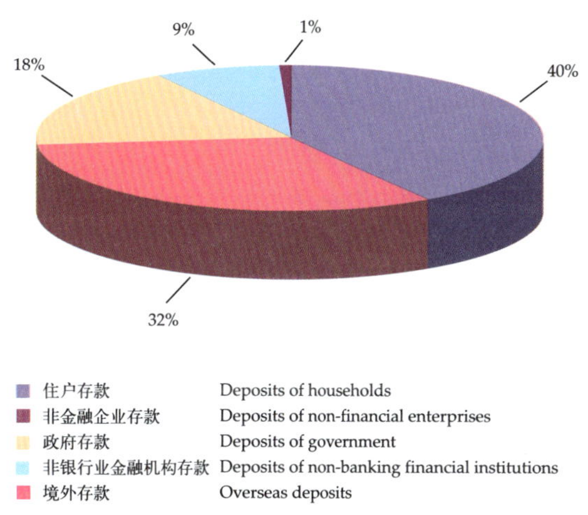

2017年6月末人民币贷款余额
RMB loans issued by the end of June 2017 by sectors

单位：亿元
Unit: RMB100 million

	余额 Outstanding amounts	比年初增加 Increase over the beginning of the year
各项贷款 Total loans	**1 145 721**	**79 678**
境内贷款 Domestic loans	1 141 256	79 586
住户贷款 Loans to households	371 453	37 749
短期贷款 Short-term loans	105 095	9 527
中长期贷款 Mid & long-term loans	266 358	28 222
非金融性企业及机关团体贷款 Loans to non-financial enterprises and government departments & organizations	762 748	44 323
短期贷款及票据融资 Short-term loans and paper financing	276 643	16 410
中长期贷款 Mid & long-term loans	428 307	42 079
其他贷款 Other loans	57 798	-14 165
非银行业金融机构贷款 Loans to non-banking financial institutions	7 055	-2 487
境外贷款 Overseas loans	4 465	92

金融机构当年累计新增人民币贷款
Accumulated new RMB loans in financial institutions

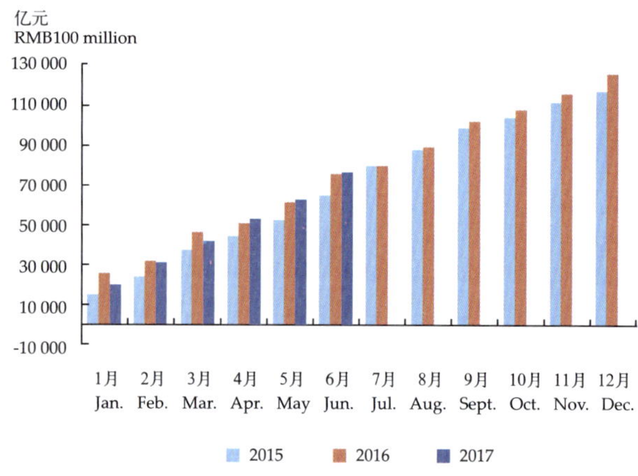

金融机构当月新增人民币贷款
New RMB loans in financial institutions by month

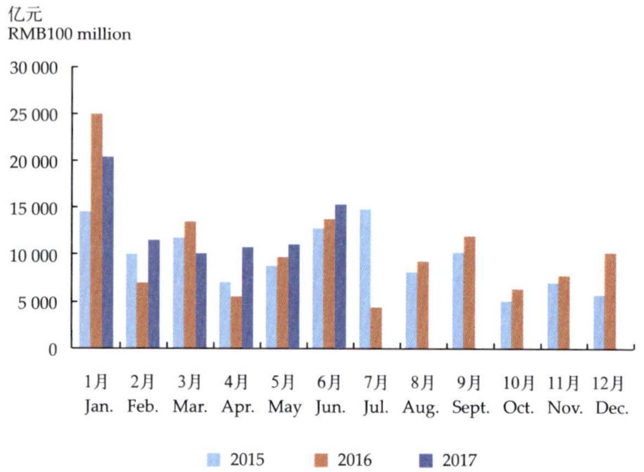

当年累计新增住户贷款
Accumulated new loans to households

亿元
RMB100 million

70 000
60 000
50 000
40 000
30 000
20 000
10 000
0

1月 Jan. 2月 Feb. 3月 Mar. 4月 Apr. 5月 May 6月 Jun. 7月 Jul. 8月 Aug. 9月 Sept. 10月 Oct. 11月 Nov. 12月 Dec.

2015 2016 2017

当月新增住户贷款
New loans to households by month

亿元
RMB100 million

9 000
8 000
7 000
6 000
5 000
4 000
3 000
2 000
1 000
0
-1 000

1月 Jan. 2月 Feb. 3月 Mar. 4月 Apr. 5月 May 6月 Jun. 7月 Jul. 8月 Aug. 9月 Sept. 10月 Oct. 11月 Nov. 12月 Dec.

2015 2016 2017

当年累计新增非金融企业及其他部门贷款
Accumulated new loans to non-financial institutions and other sectors

亿元
RMB100 million

1月 Jan. 2月 Feb. 3月 Mar. 4月 Apr. 5月 May 6月 Jun. 7月 Jul. 8月 Aug. 9月 Sept. 10月 Oct. 11月 Nov. 12月 Dec.

2015　2016　2017

当月新增非金融企业及其他部门贷款
New loans to non-financial institutions and other sectors by month

亿元
RMB100 million

1月 Jan. 2月 Feb. 3月 Mar. 4月 Apr. 5月 May 6月 Jun. 7月 Jul. 8月 Aug. 9月 Sept. 10月 Oct. 11月 Nov. 12月 Dec.

2015　2016　2017

2017年6月末个人消费贷款构成
Composition of consumer loans at the end of June, 2017

单位：亿元
Unit: RMB100 million

	余额 Outstanding amounts	同比增长率(%) Growth rate (YOY)(%)	比年初增加 Increase over the beginning of the year	比上年同期变化 Change compared with the same period of last year
个人消费贷款 Consumer loans	**284 459**	**31.1**	**33 983**	**6 483**
个人住房贷款 Individual housing mortgage loans	201 002	30.8	22 153	- 707
个人汽车消费贷款 Individual auto loans	7 762	33.5	676	100
助学贷款 Student loans	767	16.9	- 48	- 7
其他贷款 Other loans	74 928	31.9	11 201	7 097

2017年6月末个人消费贷款构成
Composition of consumer loans at the end of June, 2017

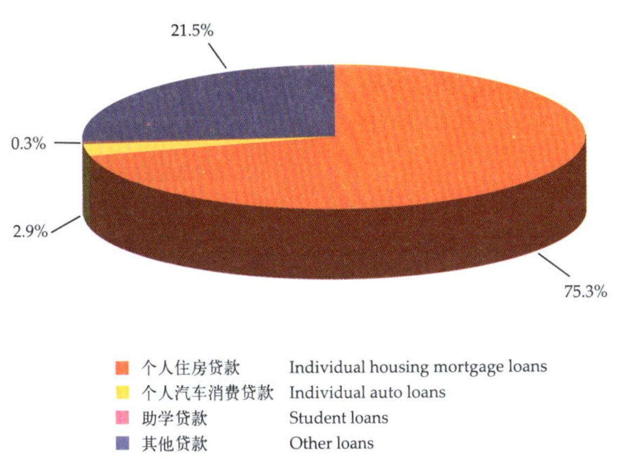

个人住房贷款　Individual housing mortgage loans
个人汽车消费贷款　Individual auto loans
助学贷款　Student loans
其他贷款　Other loans

当年累计新增个人消费贷款
Accumulated new consumer loans

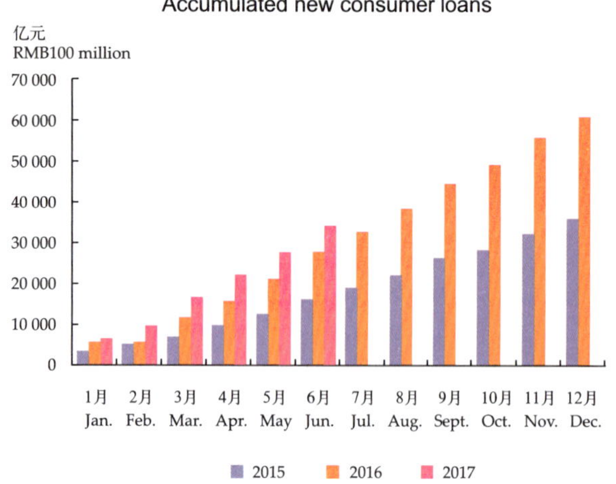

当月新增个人消费贷款
New consumer loans by month

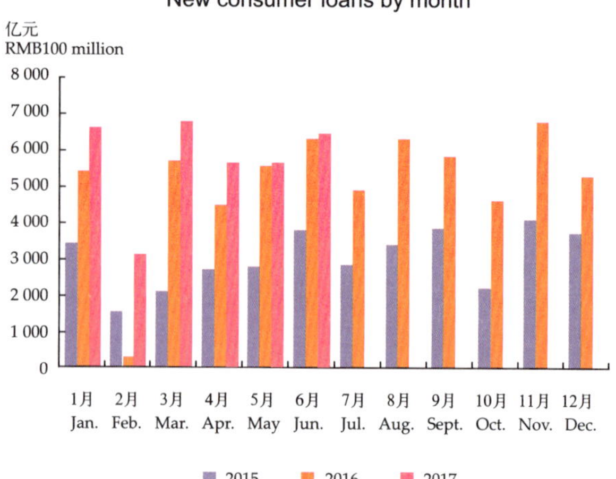

个人消费贷款余额及其增长趋势
Consumer loans and their growth

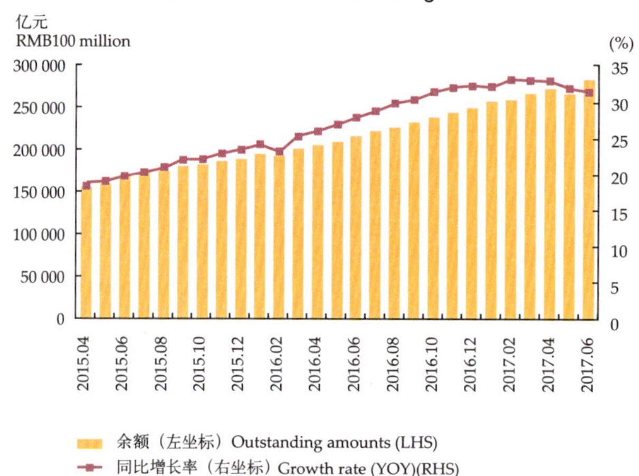

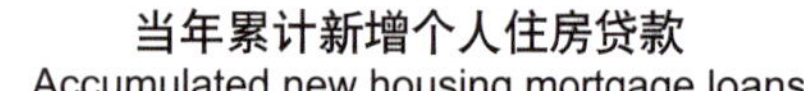

Accumulated new housing mortgage loans

当月新增个人住房贷款
New housing mortgage loans by month

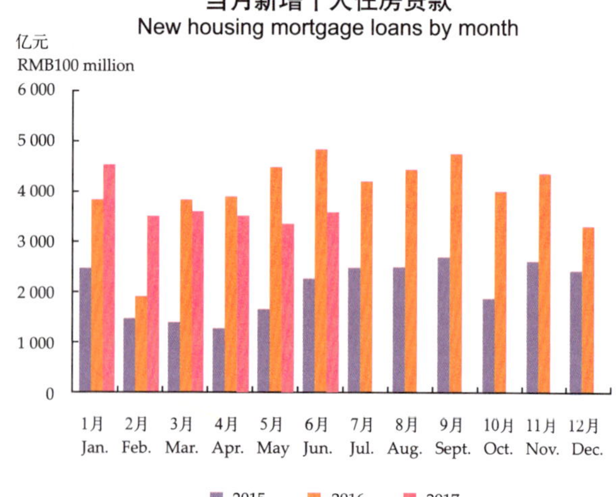

个人住房贷款余额及其增长趋势
Individual housing mortgage loans and their growth

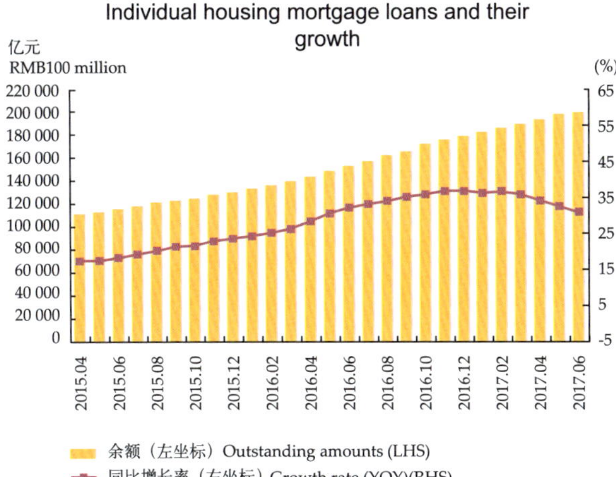

个人汽车消费贷款余额及其增长趋势
Individual auto loans and their growth

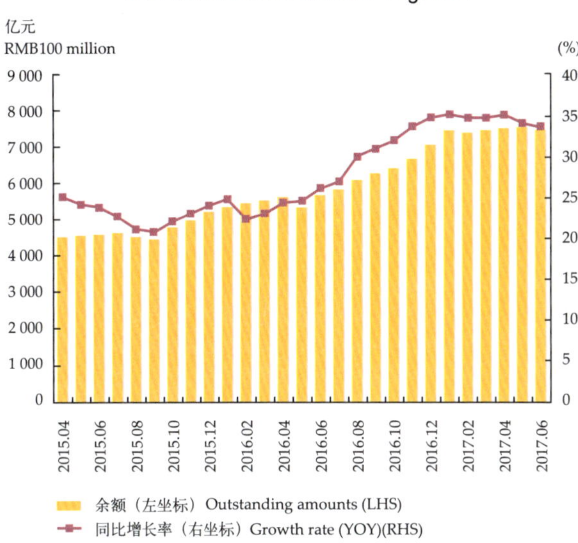

助学贷款余额及其增长趋势
Student loans and their growth

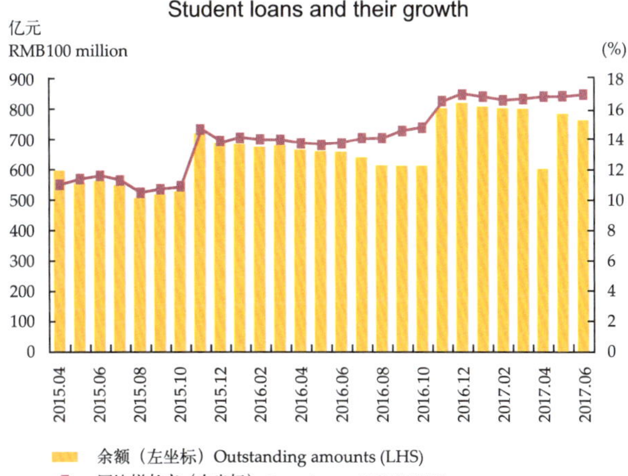

3. 基础货币
(3) Monetary base

基础货币余额及其增长趋势
Monetary base and its growth

单位：万亿元
Unit: RMB1 trillion

年/月 Year/Month	余额 Outstanding amounts	同比增长率(%) Growth rate (YOY) (%)
2015.01	28.83	0.2
2015.02	29.87	9.0
2015.03	29.58	7.7
2015.04	29.31	7.4
2015.05	28.78	5.1
2015.06	28.88	3.2
2015.07	28.32	2.4
2015.08	28.39	2.1
2015.09	27.97	-2.0
2015.10	27.58	-1.3
2015.11	27.16	-3.0
2015.12	27.64	-6.0
2016.01	29.04	-1.3
2016.02	29.05	-4.4
2016.03	28.34	-5.7
2016.04	27.95	-4.6
2016.05	27.92	-3.0
2016.06	28.91	-1.3
2016.07	28.41	-1.1
2016.08	28.52	-0.9
2016.09	29.07	2.4
2016.10	29.01	3.7
2016.11	29.19	5.9
2016.12	30.90	10.2
2017.01	30.78	6.0
2017.02	30.27	4.2
2017.03	30.24	6.7
2017.04	29.95	7.1
2017.05	29.96	7.3
2017.06	30.38	5.9

基础货币余额及其增长趋势
Monetary base and its growth

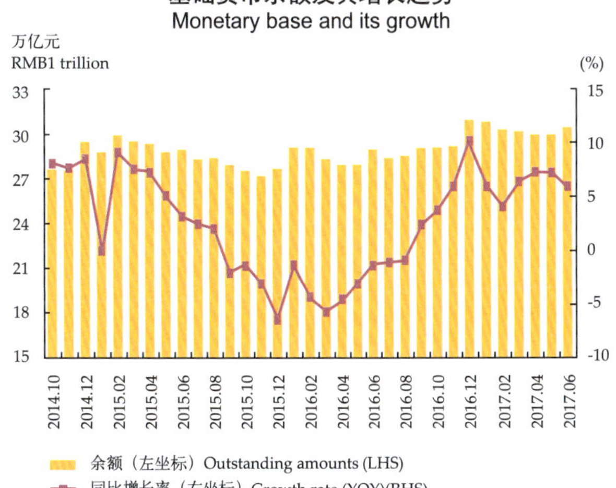

基础货币构成
Composition of monetary base

单位：亿元
Unit: RMB100 million

年/季 Year/Quarter	货币发行 Currency issue	其他存款性公司存款 Deposits of other depository corporations
2013Q1	61 331	192 319
2013Q2	59 831	197 945
2013Q3	63 041	200 097
2013Q4	64 981	206 042
2014Q1	64 816	209 925
2014Q2	63 260	216 638
2014Q3	65 545	219 754
2014Q4	67 151	226 942
2015Q1	69 078	226 675
2015Q2	65 112	223 668
2015Q3	68 455	211 222
2015Q4	69 886	206 492
2016Q1	71 353	212 024
2016Q2	69 031	220 040
2016Q3	71 920	218 786
2016Q4	74 884	234 095
2017Q1	75 247	227 141
2017Q2	73 269	229 662

"注：2011年1月起，中国人民银行采用国际货币基金组织关于储备货币的定义，不再将其他金融性公司在货币当局的存款计入储备货币。
Note:Since January 2011, the PBC used the definition of reserve money defined by IMF, deposits of other financial corporation are no longer included in reserve money."

基础货币构成
Composition of monetary base

万亿元
RMB1 trillion

■ 金融性公司存款 Deposits of financial corporations
■ 货币发行 Currency issue

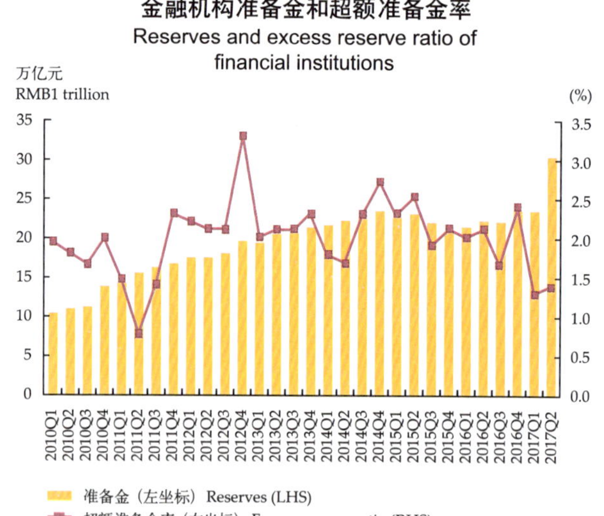

金融机构法定人民币存款准备金率
Official RMB reserve requirement ratios of financial institutions

单位：%
Unit: %

日期 Date	中资全国性大型银行① Chinese-funded large banks operating nationwide[1]	中小金融机构② Medium and small-sized financial institutions[2]	农村合作银行 Rural cooperative banks	农村信用社和村镇银行 Rural credit cooperatives and township and village banks
2003.09.21	7.0	7.0	—	6.0
2004.04.25	7.5	7.5	7.5	6.0
2006.07.05	8.0	8.0	7.5	6.0
2006.08.15	8.5	8.5	7.5	6.0
2006.11.15	9.0	9.0	8.0	6.5
2007.01.15	9.5	9.5	8.5	7.0
2007.02.25	10.0	10.0	9.0	7.5
2007.04.16	10.5	10.5	9.5	8.0
2007.05.15	11.0	11.0	10.0	8.5
2007.06.05	11.5	11.5	10.5	9.0
2007.08.15	12.0	12.0	11.0	9.5
2007.09.25	12.5	12.5	11.5	10.0
2007.10.25	13.0	13.0	12.0	10.5
2007.11.26	13.5	13.5	12.5	11.0
2007.12.25	14.5	14.5	13.5	12.0
2008.01.25	15.0	15.0	14.0	12.5
2008.03.25	15.5	15.5	14.5	13.0
2008.04.25	16.0	16.0	15.0	13.5
2008.05.20	16.5	16.5	15.5	14.0
2008.06.15	17.0	17.0	16.0	14.5
2008.06.25	17.5	17.5	16.5	15.0
2008.09.25	17.5	16.5	15.5	14.0
2008.10.15	17.0	16.0	15.0	13.5
2008.12.05	16.0	14.0	13.0	11.5
2008.12.25	15.5	13.5	11.0	11.0
2010.01.18	16.0	14.0	11.0	11.0
2010.02.25	16.5	14.5	11.0	11.0
2010.05.10	17.0	15.0	11.5	11.0
2010.11.16	17.5	15.5	12.0	11.5
2010.11.29	18.0	16.0	12.5	12.0
2010.12.20	18.5	16.5	13.0	12.5
2011.01.20	19.0	17.0	13.5	13.0
2011.02.24	19.5	17.5	14.0	13.5
2011.03.25	20.0	18.0	14.5	14.0
2011.04.21	20.5	18.5	15.0	14.5
2011.05.18	21.0	19.0	15.5	15.0
2011.06.20	21.5	19.5	16.0	15.5
2011.12.05	21.0	19.0	15.5	15.0
2012.02.24	20.5	18.5	15.0	14.5
2012.05.18	20.0	18.0	14.5	14.0
2015.02.05	19.5	17.5	14.0	13.5
2015.04.20	18.5	16.5	11.5	11.5
2015.09.06	18.0	16.0	10.5	10.5
2015.10.24	17.5	15.5	9.5	9.5
2016.03.01	17.0	15.0	9.0	9.0

注：①包括中国工商银行、中国农业银行、中国银行、中国建设银行、交通银行和中国邮政储蓄银行。
②包括中国农业发展银行、股份制商业银行、城市商业银行、农村商业银行、有关外资金融机构。
③2014年4月、6月和2015年2月、4月、6月、9月、10月，中国人民银行七次实施定向降准。

Notes: 1. Including Industrial and Commercial Bank of China, Agricultural Bank of China, Bank of China, China Construction Bank, Bank of Communications, Postal Savings Bank of China.
2. Including Agricultural Development Bank of China, joint-stock commercial banks, city commercial banks, rural commercial banks and foreign-funded financial institutions.
3. In April and June 2014, and February, April, June, September and October 2015, the PBC conducted targeted reductions of the deposit reserve requirement ratio (RRR) on 7 occasions.

4. 社会融资规模
(4) All-system financing aggregates

社会融资规模增量统计表
Statistics of the increments in all-system financing aggregates

单位：亿元人民币
Unit: RMB100 million

日期 Date	增量 Flow	其中： Of which :						
		人民币贷款 RMB loans	外币贷款(折合人民币) Foreign currency-denominated loans (RMB equivalent)	委托贷款 Entrusted loans	信托贷款 Trust loans	未贴现的银行承兑汇票 Undiscounted bankers' acceptances	企业债券 Net financing of corporate bonds	非金融企业境内股票融资 Equity financing on the domestic stock market by non-financial enterprises
2015.01	20 469	14 708	212	832	52	1 946	1 821	526
2015.02	13 564	11 437	- 146	1 299	38	- 592	670	542
2015.03	12 407	9 920	- 4	1 111	- 77	- 910	1 318	639
2015.04	10 557	8 045	- 265	344	- 46	- 74	1 591	597
2015.05	12 362	8 510	81	324	- 195	961	1 675	584
2015.06	18 334	13 240	560	1 414	536	-1 028	2 082	1 051
2015.07	7 419	5 890	- 133	1 137	99	-3 317	2 740	615
2015.08	10 856	7 756	- 620	1 198	317	-1 577	2 880	479
2015.09	13 290	10 417	-2 344	2 422	- 159	-1 279	3 524	349
2015.10	5 303	5 574	-1 317	1 390	- 201	-3 697	3 041	121
2015.11	10 224	8 873	-1 142	910	- 301	-2 545	3 347	568
2015.12	18 151	8 323	-1 308	3 530	370	1 545	3 560	1 531
2016.01	34 253	25 370	-1 727	2 175	552	1 327	4 579	1 469
2016.02	8 245	8 105	- 569	1 650	308	-3 705	1 318	810
2016.03	24 040	13 176	6	1 660	732	173	7 190	562
2016.04	7 809	5 642	- 706	1 694	269	-2 776	2 366	951
2016.05	6 770	9 374	- 524	1 566	121	-5 067	- 250	1 073
2016.06	16 479	13 141	- 267	1 721	809	-2 720	2 008	1 158
2016.07	4 791	4 550	- 401	1 775	210	-5 118	2 208	1 135
2016.08	14 605	7 969	70	1 432	736	- 376	3 236	1 075
2016.09	17 115	12 628	- 487	1 451	1 057	-2 230	2 872	1 368
2016.10	8 865	6 010	- 335	725	530	-1 801	2 192	1 125
2016.11	18 328	8 463	- 310	1 994	1 625	1 171	3 859	861
2016.12	16 260	9 943	- 389	4 011	1 643	1 589	-2 048	828
2017.01	37 202	23 133	126	3 136	3 175	6 130	- 619	1 565
2017.02	10 864	10 317	368	1 172	1 062	-1 719	-1 169	570
2017.03	21 363	11 586	288	2 039	3 113	2 390	306	800
2017.04	13 834	10 806	- 283	- 48	1 473	345	455	769
2017.05	10 659	11 780	- 99	- 278	1 812	-1 245	-2 513	511
2017.06	17 711	14 474	73	- 32	2 481	- 230	- 176	487

注：1. 社会融资规模增量是指一定时期内实体经济（国内非金融企业和住户）从金融体系获得的资金额。
2. 当期数据为初步统计数。
数据来源：中国人民银行、国家发展和改革委员会、中国证券监督管理委员会、中国保险监督管理委员会、中央国债登记结算有限责任公司和银行间市场交易商协会等部门。
Notes: 1. The increment in the all-system financing aggregates refers to the total volume of financing provided by the financial system to the real economy (the non-financial corporate sector and the household sector in the domestic market) during a certain period of time.
2. Data for the current period is preliminary.
Sources: The People's Bank of China, National Development and Reform Commission, China Securities Regulatory Commission, China Insurance Regulatory Commission, China Central Depository & Clearing Co., Ltd., National Association of Financial Market Institutional Investors, and etc..

社会融资规模存量统计表（年）
Statistics of stocks of all-system financing aggregates (by year)

年 Year	存量（亿元） Stock (RMB100 million)	同比增速 (%) Growth rate (%)	其中 Of which : 人民币贷款(%) RMB loans (%)	外币贷款(折合人民币)(%) Foreign currency-denominated loans (RMB equivalent) (%)	委托贷款(%) Entrusted loans (%)	信托贷款(%) Trust loans (%)	未贴现的银行承兑汇票(%) Undiscounted bankers' acceptances (%)	企业债券(%) Net financing of corporate bonds (%)	非金融企业境内股票融资(%) Equity financing on the domestic stock market by non-financial enterprises (%)
2003	181 655	22.3	21.4	26.6	13.3		126.0	132.9	8.0
2004	204 143	14.9	14.3	16.8	61.6		-8.0	4.0	8.5
2005	224 265	13.5	13.3	11.0	11.8		0.7	129.1	4.2
2006	264 500	18.1	16.3	9.0	20.0		44.9	68.7	12.5
2007	321 326	21.5	16.4	21.9	29.9	84.0	138.4	41.0	45.8
2008	379 765	20.5	18.7	5.1	29.1	84.3	9.2	78.7	17.7
2009	511 835	34.8	31.3	55.5	35.8	63.4	36.5	86.2	18.3
2010	649 869	27.0	19.9	15.9	44.2	34.4	135.5	42.3	30.9
2011	767 478	18.2	16.1	13.1	21.2	13.5	24.8	36.2	17.7
2012	914 186	19.1	15.0	27.2	17.1	75.0	20.7	44.4	8.6
2013	1074 575	17.5	14.2	7.2	39.7	61.1	12.6	24.2	6.7
2014	1228 591	14.3	13.6	4.1	29.2	10.7	-1.8	25.8	12.7
2015	1381 383	12.4	13.9	-13.0	17.2	0.8	-14.8	25.1	20.2
2016	1559 900	12.8	13.4	-12.9	19.8	15.8	-33.4	22.5	27.6

社会融资规模存量统计表（季）
Statistics of stocks of all-system financing aggregates (by quarter)

单位：万亿元人民币
Unit: RMB1 trillion

日期 Date	存量 Stock	其中 Of which : 人民币贷款 RMB loans	外币贷款（折合人民币） Foreign currency-denominated loans (RMB equivalent)	委托贷款 Entrusted loans	信托贷款 Trust loans	未贴现的银行承兑汇票 Undiscounted bankers' acceptances	企业债券 Net financing of corporate bonds	非金融企业境内股票融资 Equity financing on the domestic stock market by non-financial enterprises
2015Q1	127.58	85.09	3.48	9.67	5.35	6.96	12.07	3.94
2015Q2	131.58	88.07	3.50	9.87	5.38	6.94	12.61	4.16
2015Q3	134.70	90.48	3.33	10.35	5.41	6.32	13.47	4.30
2015Q4	138.14	92.75	3.02	10.93	5.39	5.85	14.63	4.53
2016Q1	144.75	97.42	2.78	11.56	5.61	5.63	15.89	4.81
2016Q2	147.99	100.23	2.70	12.06	5.73	4.58	16.47	5.13
2016Q3	151.51	102.75	2.63	12.52	5.93	3.80	17.31	5.49
2016Q4	155.99	105.19	2.63	13.20	6.31	3.90	17.92	5.77
2017Q1	162.82	109.69	2.69	13.83	7.01	4.58	17.86	6.07
2017Q2	166.92	113.40	2.62	13.79	7.59	4.47	17.67	6.24

5. 利率
(5) Interest rates

中央银行基准利率
Central bank benchmark interest rates

单位：年利率%
Unit: annual interest rate%

日期 Date	法定存款准备金 Required reserves	超额存款准备金 Excess reserves	对金融机构贷款 Lending to financial institutions				再贴现 Rediscount
			1年期 1-year	6个月以内 6-month and less	3个月以内 3-month and less	1个月以内 1-month and less	
1996.05.01	8.82	8.82	10.98	10.17	10.08	9.00	*
1996.08.23	8.28	7.92	10.62	—	9.72	—	*
1997.10.23	7.56	7.02	9.36	9.09	8.82	8.55	*
1998.03.25	5.22	—	7.92	7.02	6.84	6.39	6.03
1998.07.01	3.51	—	5.67	5.58	5.49	5.22	4.32
1998.12.07	3.24	—	5.13	5.04	4.86	4.59	3.96
1999.06.10	2.07	—	3.78	3.69	3.51	3.24	2.16
2001.09.11	—	—	—	—	—	—	2.97
2002.02.21	1.89	—	3.24	3.15	2.97	2.70	2.97
2003.12.20	—	1.62	—	—	—	—	—
2004.03.25	—	—	3.87	3.78	3.60	3.33	3.24
2005.03.17	—	0.99	—	—	—	—	—
2008.01.01	—	—	4.68	4.59	4.41	4.14	4.32
2008.11.27	1.62	0.72	3.60	3.51	3.33	3.06	2.97
2008.12.23	—	—	3.33	3.24	3.06	2.79	1.80
2010.12.26	—	—	3.85	3.75	3.55	3.25	2.25
2015.11.05	—	—	3.50	3.40	3.20	2.90	2.25

注：1. 1998年3月法定准备金和超额准备金两个账户合并为准备金账户。
2. *按同档次中央银行贷款利率下浮5%～10%。
3. 2015年11月，中国人民银行将原期限"20天以内"改为"1个月以内"。

Notes: 1. The required reserves account and excess reserves account were merged into the reserves account in March 1998.
2. *The interest rate is 5%~10% below that of the central bank lending rate of the same tranche.
3. In November 2015, the PBC switched previous tenor "20-day and less" to "1-month and less".

法定存款准备金利率和再贴现利率
Required reserves interest rates and rediscount interest rates

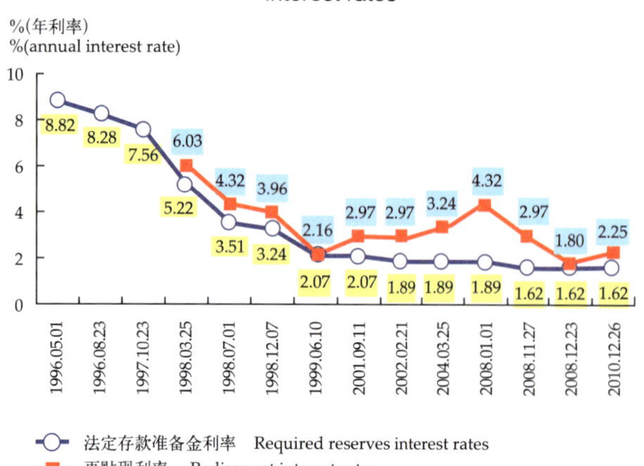

对金融机构贷款利率
Interest rates of central bank lending to financial institutions

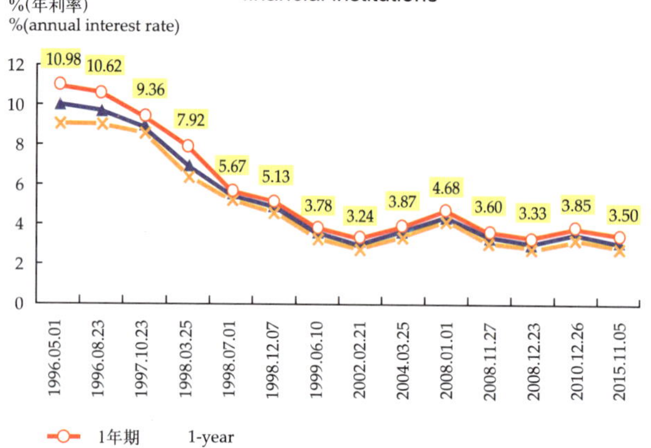

金融机构人民币存款基准利率
RMB deposit benchmark interest rates in financial institutions

单位：年利率%
Unit: annual interest rate %

日期 Date	活期 Demand deposits	定期 Time deposits					
		3个月 3-month	6个月 6-month	1年 1-year	2年 2-year	3年 3-year	5年 5-year
1990.04.15	2.88	6.30	7.74	10.08	10.98	11.88	13.68
1990.08.21	2.16	4.32	6.48	8.64	9.36	10.08	11.52
1991.04.21	1.80	3.24	5.40	7.56	7.92	8.28	9.00
1993.05.15	2.16	4.86	7.20	9.18	9.90	10.80	12.06
1993.07.11	3.15	6.66	9.00	10.98	11.70	12.24	13.86
1996.05.01	2.97	4.86	7.20	9.18	9.90	10.80	12.06
1996.08.23	1.98	3.33	5.40	7.47	7.92	8.28	9.00
1997.10.23	1.71	2.88	4.14	5.67	5.94	6.21	6.66
1998.03.25	1.71	2.88	4.14	5.22	5.58	6.21	6.66
1998.07.01	1.44	2.79	3.96	4.77	4.86	4.95	5.22
1998.12.07	1.44	2.79	3.33	3.78	3.96	4.14	4.50
1999.06.10	0.99	1.98	2.16	2.25	2.43	2.70	2.88
2002.02.21	0.72	1.71	1.89	1.98	2.25	2.52	2.79
2004.10.29	0.72	1.71	2.07	2.25	2.70	3.24	3.60
2006.08.19	0.72	1.80	2.25	2.52	3.06	3.69	4.14
2007.03.18	0.72	1.98	2.43	2.79	3.33	3.96	4.41
2007.05.19	0.72	2.07	2.61	3.06	3.69	4.41	4.95
2007.07.21	0.81	2.34	2.88	3.33	3.96	4.68	5.22
2007.08.22	0.81	2.61	3.15	3.60	4.23	4.95	5.49
2007.09.15	0.81	2.88	3.42	3.87	4.50	5.22	5.76
2007.12.21	0.72	3.33	3.78	4.14	4.68	5.40	5.85
2008.10.09	0.72	3.15	3.51	3.87	4.41	5.13	5.58
2008.10.30	0.72	2.88	3.24	3.60	4.14	4.77	5.13
2008.11.27	0.36	1.98	2.25	2.52	3.06	3.60	3.87
2008.12.23	0.36	1.71	1.98	2.25	2.79	3.33	3.60
2010.10.20	0.36	1.91	2.20	2.50	3.25	3.85	4.20
2010.12.26	0.36	2.25	2.50	2.75	3.55	4.15	4.55
2011.02.09	0.40	2.60	2.80	3.00	3.90	4.50	5.00
2011.04.06	0.50	2.85	3.05	3.25	4.15	4.75	5.25
2011.07.07	0.50	3.10	3.30	3.50	4.40	5.00	5.50
2012.06.08	0.40	2.85	3.05	3.25	4.10	4.65	5.10
2012.07.06	0.35	2.60	2.80	3.00	3.75	4.25	4.75
2014.11.22	0.35	2.35	2.55	2.75	3.35	4.00	—
2015.03.01	0.35	2.10	2.30	2.50	3.10	3.75	—
2015.05.11	0.35	1.85	2.05	2.25	2.85	3.50	—
2015.06.28	0.35	1.60	1.80	2.00	2.60	3.25	—
2015.08.26	0.35	1.35	1.55	1.75	2.35	3.00	—
2015.10.24	0.35	1.10	1.30	1.50	2.10	2.75	—

注：自2014年11月起，中国人民银行不再公布人民币5年期定期存款基准利率。
Note: Since November, 2014, the PBC stopped publishing the benchmark interest rate for 5-year RMB deposits.

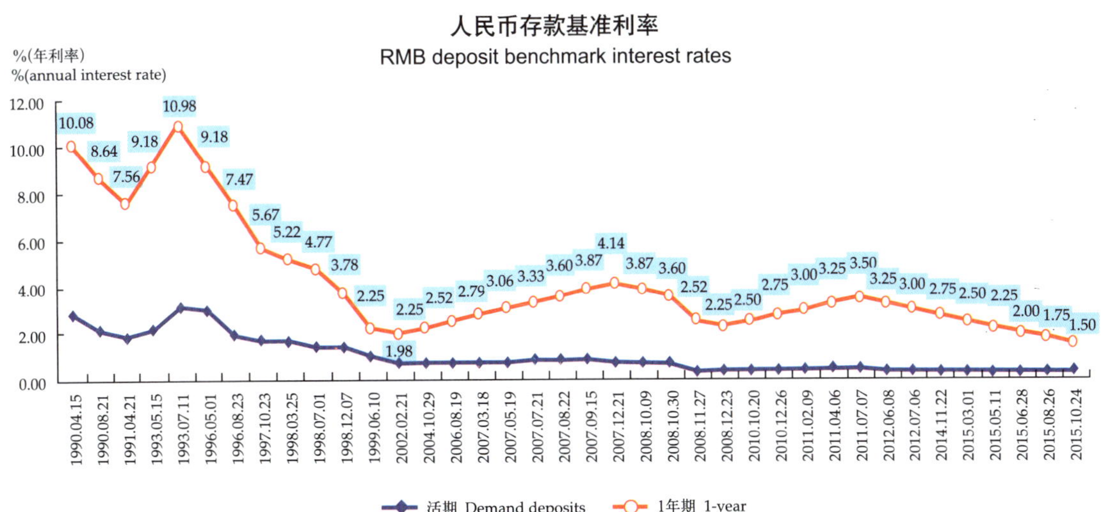

金融机构人民币贷款基准利率
RMB lending benchmark interest rates in financial institutions

单位：年利率%
Unit: annual interest rate %

日期 Date	短期贷款 Short-term loans		中长期贷款 Medium- and long-term loans		
	6个月以内(含6个月)① 6-month and less (including 6-month)[1]	6个月至1年(含1年)② 6-month to 1-year (including 1-year)[2]	1～3年(含3年) 1 to 3-year (including 3-year)	3～5年(含5年)③ 3 to 5-year (including 5-year)[3]	5年以上 More than 5-year
1991.04.21	8.10	8.64	9.00	9.54	9.72
1993.05.15	8.82	9.36	10.80	12.06	12.24
1993.07.11	9.00	10.98	12.24	13.86	14.04
1995.01.01	9.00	10.98	12.96	14.58	14.76
1995.07.01	10.08	12.06	13.50	15.12	15.30
1996.05.01	9.72	10.98	13.14	14.94	15.12
1996.08.23	9.18	10.08	10.98	11.70	12.42
1997.10.23	7.65	8.64	9.36	9.90	10.53
1998.03.25	7.02	7.92	9.00	9.72	10.35
1998.07.01	6.57	6.93	7.11	7.65	8.01
1998.12.07	6.12	6.39	6.66	7.20	7.56
1999.06.10	5.58	5.85	5.94	6.03	6.21
2002.02.21	5.04	5.31	5.49	5.58	5.76
2004.10.29	5.22	5.58	5.76	5.85	6.12
2006.04.28	5.40	5.85	6.03	6.12	6.39
2006.08.19	5.58	6.12	6.30	6.48	6.84
2007.03.18	5.67	6.39	6.57	6.75	7.11
2007.05.19	5.85	6.57	6.75	6.93	7.20
2007.07.21	6.03	6.84	7.02	7.20	7.38
2007.08.22	6.21	7.02	7.20	7.38	7.56
2007.09.15	6.48	7.29	7.47	7.65	7.83
2007.12.21	6.57	7.47	7.56	7.74	7.83
2008.09.16	6.21	7.20	7.29	7.56	7.74
2008.10.09	6.12	6.93	7.02	7.29	7.47
2008.10.30	6.03	6.66	6.75	7.02	7.20
2008.11.27	5.04	5.58	5.67	5.94	6.12
2008.12.23	4.86	5.31	5.40	5.76	5.94
2010.10.20	5.10	5.56	5.60	5.96	6.14
2010.12.26	5.35	5.81	5.85	6.22	6.40
2011.02.09	5.60	6.06	6.10	6.45	6.60
2011.04.06	5.85	6.31	6.40	6.65	6.80
2011.07.07	6.10	6.56	6.65	6.90	7.05
2012.06.08	5.85	6.31	6.40	6.65	6.80
2012.07.06	5.60	6.00	6.15	6.40	6.55
2014.11.22	—	5.60	—	6.00	6.15
2015.03.01	—	5.35	—	5.75	5.90
2015.05.11	—	5.10	—	5.50	5.65
2015.06.28	—	4.85	—	5.25	5.40
2015.08.26	—	4.60	—	5.00	5.15
2015.10.24	—	4.35	—	4.75	4.90

注：①自2014年11月起，中国人民银行将贷款基准利率期限档次简并为1年以内（含1年）、1～5年（含5年）和5年以上三个档次。
②2014年11月后为1年以内（含1年）。
③2014年11月后为1～5年（含5年）。

Notes: 1. Since November, 2014, the PBC simplified the term category of RMB benchmark lending rates, which thereafter included less than 1-year(including 1-year), 1 to 5-year (including 5-year), and more than 5-year.
2. Less than 1-year (including 1-year) after November, 2014.
3. 1 to 5-year (including 5-year) after November, 2014.

人民币贷款基准利率
RMB lending benchmark interest rates

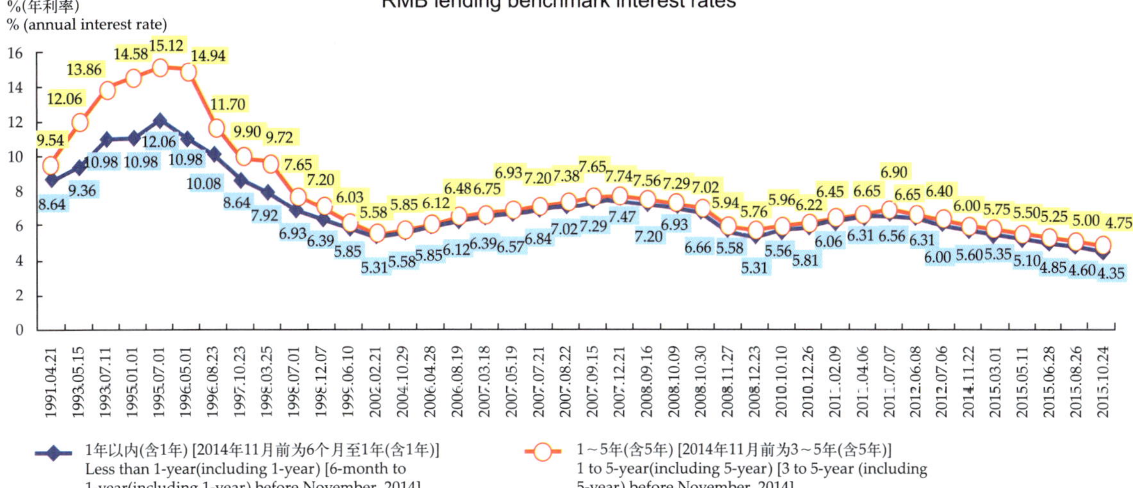

金融机构人民币贷款各利率区间占比表
Share of loans with floating rates in various ranges

单位：%　Unit: %

日期 Date	下浮 Floating downward	基准 At benchmark	上浮 Floating upward					
			小计 Subtotal	(1.0, 1.1]	(1.1, 1.3]	(1.3, 1.5]	(1.5, 2.0]	2.0以上Above 2.0
2015.01	10.20	19.93	69.87	19.90	25.31	11.87	9.37	3.42
2015.02	10.83	19.40	69.77	19.18	23.72	12.22	10.89	3.76
2015.03	11.30	19.77	68.93	18.65	23.14	12.55	10.58	4.01
2015.04	12.33	16.59	71.08	19.18	22.98	12.79	11.53	4.60
2015.05	12.58	16.20	71.22	17.08	24.00	12.95	12.34	4.85
2015.06	17.43	15.77	66.80	15.70	21.18	12.63	12.42	4.87
2015.07	13.91	15.76	70.33	15.55	22.32	13.00	13.44	6.02
2015.08	15.88	14.81	69.31	15.22	21.69	13.00	13.12	6.28
2015.09	15.59	17.61	66.80	16.50	20.03	11.40	12.57	6.30
2015.10	18.00	17.13	64.87	14.80	18.52	11.59	12.84	7.12
2015.11	17.82	17.86	64.32	14.24	18.57	10.79	13.10	7.62
2015.12	21.45	18.60	59.95	13.56	17.68	9.89	11.77	7.05
2016.01	19.56	17.16	63.28	15.71	18.44	10.39	11.39	7.35
2016.02	21.92	16.92	61.16	15.06	17.08	9.55	11.71	7.76
2016.03	20.82	17.60	61.58	14.54	17.06	10.19	11.92	7.87
2016.04	21.99	16.27	61.74	13.88	16.73	10.45	12.53	8.15
2016.05	22.94	15.91	61.15	13.16	17.10	10.67	12.40	7.82
2016.06	24.06	17.80	58.14	13.57	16.24	10.13	11.40	6.80
2016.07	21.37	16.11	62.52	12.83	17.52	11.16	13.00	8.01
2016.08	21.46	15.77	62.77	12.95	17.61	11.07	13.27	7.87
2016.09	21.43	18.19	60.38	13.77	17.00	10.73	11.72	7.16
2016.10	22.94	16.89	60.17	13.01	16.17	10.82	12.20	7.98
2016.11	24.24	17.65	58.11	12.72	15.96	10.02	11.79	7.61
2016.12	28.22	19.05	52.73	13.04	14.93	8.44	10.02	6.29
2017.01	23.87	19.41	56.72	14.53	16.04	9.24	10.43	6.48
2017.02	27.64	18.55	53.81	15.12	15.14	8.17	9.12	6.27
2017.03	23.30	18.13	58.57	14.19	16.17	9.83	10.76	7.62
2017.04	21.41	17.71	60.88	15.23	17.60	9.75	10.83	7.46
2017.05	20.70	18.11	61.19	14.76	17.68	10.27	11.11	7.37
2017.06	16.13	19.47	64.39	15.12	19.06	11.77	11.45	6.99

2017年第二季度金融机构人民币贷款各利率区间占比表
Share of loans with rates floating at various ranges in the second quarter of 2017

单位：% Unit: %

	下浮 Floating downward	基准 At benchmark	上浮 Floating upward					
			小计 Subtotal	(1.0, 1.1]	(1.1, 1.3]	(1.3, 1.5]	(1.5, 2.0]	2.0以上 Above 2.0
四大国有商业银行 Four state-owned commercial banks	29.29	22.46	48.25	24.56	17.86	5.10	0.67	0.06
股份制商业银行 Joint-stock commercial banks	10.72	18.82	70.46	17.95	30.04	14.71	5.63	2.13
外资商业银行 Foreign commercial banks	30.49	19.00	50.51	25.55	20.45	3.23	0.87	0.41
城市商业银行 City commercial banks	4.53	14.16	81.31	11.26	22.59	18.74	18.68	10.04
农村合作金融机构 Rural cooperative financial institutions	2.57	7.84	89.60	4.68	12.13	15.25	32.35	25.19
政策性银行 Policy banks	44.57	40.67	14.75	12.41	2.28	0.06	0.00	0.00
合计 Total	19.18	18.51	62.31	15.04	18.18	10.68	11.16	7.25

大额美元存款与美元贷款平均利率表
Average interest rates of large-value dollar deposits and loans

单位：% Unit: %

日期 Date	大额存款 Large-value deposits						贷款 Loans				
	活期 Demand	3个月以内 Within 3 months	3(含)~6个月 3~6 months (including 3 months)	6(含)~12个月 6~12 months (including 6 months)	1年 1 year	1年以上 Above 1 year	3个月以内 Within 3 months	3(含)~6个月 3~6 months (including 3 months)	6(含)~12个月 6~12 months (including 6 months)	1年 1 year	1年以上 Above 1 year
2015.01	0.14	0.87	1.33	1.75	2.25	1.50	2.06	1.97	2.24	2.50	3.44
2015.02	0.22	0.64	1.35	1.50	1.92	1.54	1.90	2.08	2.15	2.48	3.50
2015.03	0.15	0.71	1.18	1.45	1.97	1.25	1.73	2.28	1.77	2.42	3.42
2015.04	0.13	0.70	1.28	1.46	1.82	1.02	1.66	1.92	1.44	2.21	3.14
2015.05	0.14	0.80	1.28	1.36	2.01	1.05	1.81	1.93	1.92	2.13	2.93
2015.06	0.16	0.63	1.22	1.26	1.94	2.14	1.56	1.73	1.90	2.33	2.86
2015.07	0.17	0.72	1.18	1.36	1.73	1.87	1.82	2.34	2.09	2.13	3.35
2015.08	0.17	0.65	1.15	1.58	1.73	1.68	1.57	1.87	2.02	2.26	3.00
2015.09	0.12	0.57	1.02	1.45	1.53	1.60	1.43	1.93	2.20	2.21	2.88
2015.10	0.14	0.55	1.02	1.28	1.49	1.50	1.46	2.17	2.04	2.41	2.89
2015.11	0.15	0.60	1.04	1.30	1.60	1.73	1.43	2.02	1.93	2.25	3.18
2015.12	0.16	0.56	1.07	1.32	1.59	1.79	1.65	1.80	1.92	2.61	3.36
2016.01	0.24	0.65	1.20	1.37	1.64	1.55	1.50	2.15	1.94	2.07	3.30
2016.02	0.22	0.62	1.11	1.25	1.44	1.40	1.47	1.99	1.84	1.99	4.14
2016.03	0.20	0.68	1.13	1.27	1.50	1.60	1.48	1.85	3.08	2.28	3.32
2016.04	0.23	0.81	0.96	1.39	1.52	1.53	1.48	2.02	1.81	1.97	3.50
2016.05	0.24	0.76	1.12	1.31	1.59	1.38	1.52	1.94	1.85	1.86	3.11
2016.06	0.18	0.67	1.23	1.51	1.62	1.41	1.62	1.84	1.76	2.29	3.45
2016.07	0.21	0.76	1.13	1.46	1.67	1.61	1.62	2.07	1.89	2.04	2.87
2016.08	0.21	0.79	1.24	1.63	1.76	1.79	1.74	2.23	2.02	2.14	3.26
2016.09	0.18	0.69	1.36	1.60	1.76	1.81	1.78	2.11	1.83	2.03	3.41
2016.10	0.18	0.74	1.11	1.51	1.66	1.73	1.72	2.26	1.93	2.16	3.31
2016.11	0.17	0.76	1.25	1.51	1.76	1.91	1.75	2.24	2.31	2.40	3.63
2016.12	0.14	0.88	1.50	1.80	1.79	1.95	1.89	2.26	2.61	2.46	3.69
2017.01	0.20	1.05	1.59	1.88	2.03	2.19	2.03	2.32	2.19	2.21	3.80
2017.02	0.20	1.05	1.57	1.89	2.13	2.24	1.95	2.30	2.02	2.28	4.07
2017.03	0.22	1.14	1.68	2.01	2.25	2.24	2.17	2.32	2.26	2.38	3.90
2017.04	0.25	1.22	1.59	2.02	2.14	2.25	2.31	2.45	2.42	2.55	3.22
2017.05	0.22	1.39	1.73	2.51	2.09	2.25	2.67	2.77	2.61	2.58	3.48
2017.06	0.22	1.41	1.93	2.02	2.35	1.87	2.43	2.45	2.71	2.46	3.50

八、金融市场
8. Financial Market

1.货币市场
(1) Money market

银行间市场交易量
Transaction volume in the inter-bank market

单位：万亿元
Unit: RMB1 trillion

年 Year	债券回购 Repurchasing	同业拆借 Inter-bank borrowing	现券买卖 Outright transactions
2000	1.6	0.7	0.1
2001	4.0	0.8	0.1
2002	10.2	1.2	0.4
2003	11.7	2.4	3.1
2004	9.4	1.5	2.5
2005	15.9	1.3	6.0
2006	26.6	2.2	10.2
2007	44.8	10.6	15.6
2008	58.1	15.0	37.1
2009	70.3	19.4	47.3
2010	87.6	27.9	64.0
2011	99.5	33.4	63.6
2012	141.7	46.7	75.2
2013	158.2	35.5	41.6
2014	224.4	37.7	40.4
2015	457.8	64.2	86.7
2016	601.3	95.9	127.1

银行间市场月加权平均利率
Monthly weighted average interest rates in the inter-bank market

单位：% Unit: %

年/月 Year/Month	同业拆借市场 Inter-bank borrowing market	质押式债券回购 Bond-pledged repurchasing
2015.07	1.51	1.43
2015.08	1.79	1.79
2015.09	2.05	2.01
2015.10	1.99	1.94
2015.11	1.90	1.85
2015.12	1.97	1.95
2016.01	2.11	2.10
2016.02	2.09	2.10
2016.03	2.09	2.10
2016.04	2.11	2.11
2016.05	2.10	2.07
2016.06	2.14	2.10
2016.07	2.12	2.09
2016.08	2.13	2.12
2016.09	2.25	2.28
2016.10	2.30	2.35
2016.11	2.33	2.38
2016.12	2.44	2.56
2017.01	2.36	2.48
2017.02	2.47	2.61
2017.03	2.62	2.84
2017.04	2.65	2.80
2017.05	2.88	2.92
2017.06	2.94	3.03

银行间市场交易量
Transaction volume in the inter-bank market

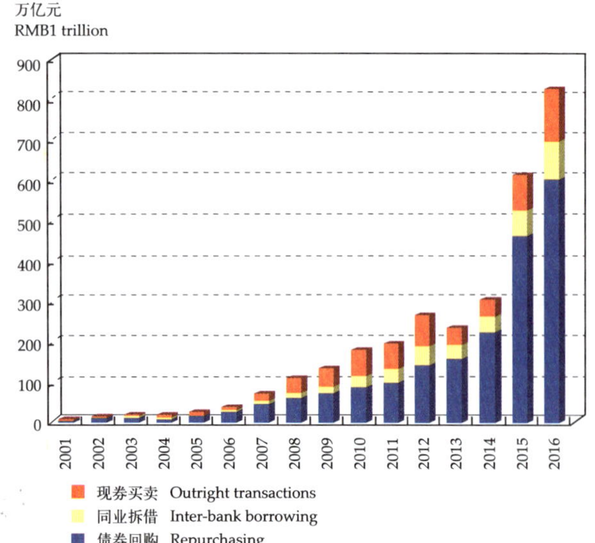

银行间市场月加权平均利率
Monthly weighted average interest rates in the inter-bank market

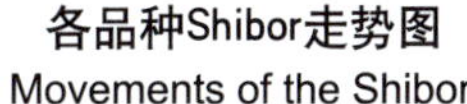

各品种Shibor走势图
Movements of the Shibor

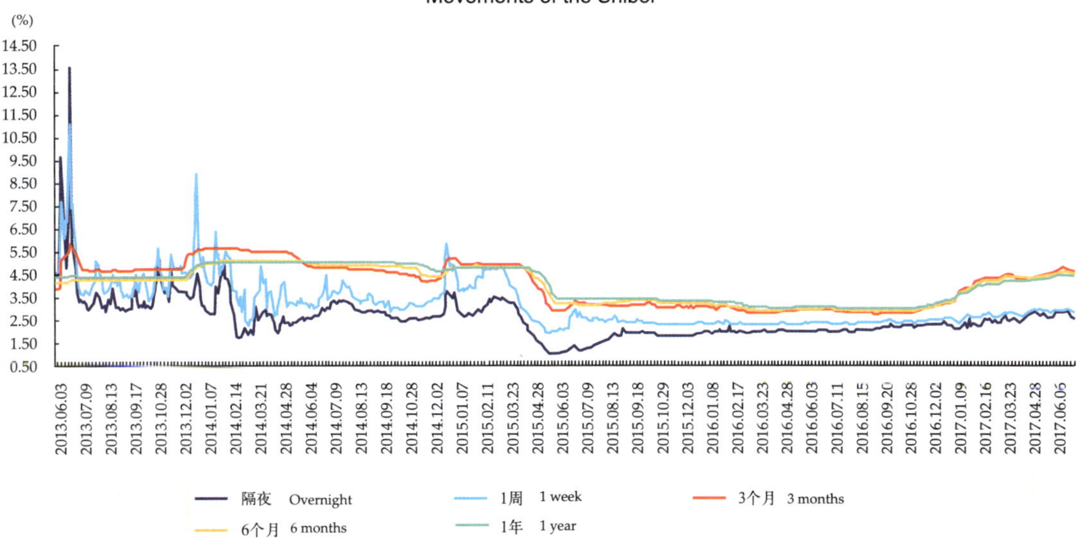

全国银行间同业拆借各期限当月交易量及月加权平均利率
Monthly transaction volume and monthly weighted average interest rates of inter-bank borrowing with different maturities

单位：亿元、%
Unit: RMB100 million, %

年/月 Year/Month	1天 1 day		7天 7 days		14天 14 days		21天 21 days		1个月 1 month		2个月 2 months		3个月 3 months		4个月 4 months		6个月 6 months		9个月 9 months		1年 1 year	
	交易量 Volume	利率 Rate	交易量 Volume	利率 Rate	交易量 Volume	利率 Rate	交易量 Volume	利率 Rate	交易量 Volume	利率 Rate	交易量 Volume	利率 Rate	交易量 Volume	利率 Rate	交易量 Volume	利率 Rate	交易量 Volume	利率 Rate	交易量 Volume	利率 Rate	交易量 Volume	利率 Rate
2015.07	58 716	1.31	5 915	2.76	930	3.03	121	3.14	311	3.26	80	3.82	638	4.18	7	3.56	28	3.65	2	3.78	1	3.61
2015.08	53 120	1.68	5 383	2.57	1 184	2.71	71	2.84	253	2.83	50	3.04	105	3.64	6	3.25	6	3.47	1	3.80	1	3.85
2015.09	42 107	1.93	5 572	2.52	1 836	2.79	76	3.08	364	3.14	111	3.20	145	3.50	2	3.50	7	3.85	0	—	5	3.46
2015.10	47 456	1.91	5 173	2.47	1 007	2.74	105	2.85	225	3.20	22	3.11	95	3.86	9	3.44	7	3.82	0	—	18	3.77
2015.11	75 975	1.82	7 948	2.43	1 515	2.64	234	2.84	488	2.73	160	2.81	138	3.44	14	3.28	14	3.35	1	3.26	302	3.36
2015.12	68 097	1.86	8 106	2.53	1 275	2.84	197	3.60	902	2.90	51	3.26	524	3.18	22	3.36	15	3.50	2	3.54	90	3.29
2016.01	49 988	2.03	5 600	2.55	434	2.91	60	3.38	552	3.02	113	3.28	214	3.36	35	3.40	96	3.21	17	3.43	75	3.30
2016.02	43 420	2.02	3 434	2.48	1 543	2.77	74	3.10	105	2.99	124	2.87	227	3.20	7	3.17	13	3.19	4	3.28	29	3.44
2016.03	65 639	2.03	6 943	2.45	1 384	2.64	77	3.05	361	2.86	48	2.92	197	2.99	12	3.26	11	3.37	2	3.44	41	3.23
2016.04	65 571	2.06	6 011	2.52	742	2.72	50	2.99	295	2.89	112	2.88	109	3.31	0	2.95	14	3.17	2	3.29	64	3.14
2016.05	88 884	2.06	8 229	2.46	359	2.71	67	2.81	343	2.69	119	2.98	400	3.19	2	3.33	38	3.05	2	3.16	15	3.47
2016.06	86 021	2.07	10 996	2.47	1 172	2.84	188	2.91	626	2.96	131	2.93	683	3.25	12	3.14	15	3.19	0	—	4	3.30
2016.07	92 190	2.07	9 286	2.46	386	2.67	105	2.83	357	2.76	96	2.88	117	3.16	12	2.94	15	3.17	4	3.23	3	3.13
2016.08	94 385	2.08	11 259	2.47	762	2.64	209	2.57	330	2.63	142	2.84	142	3.10	11	3.01	20	3.03	—	—	7	3.41
2016.09	67 417	2.16	10 116	2.52	3 155	2.70	551	2.88	469	2.97	417	2.91	491	2.95	67	3.01	38	3.11	1	3.30	7	3.23
2016.10	46 834	2.24	6 202	2.58	803	2.74	264	2.95	444	2.91	238	2.99	362	2.98	41	3.06	52	3.16	4	3.19	4	3.19
2016.11	75 014	2.29	6 409	2.65	885	2.77	285	2.98	133	3.03	60	3.24	373	3.26	53	3.17	176	3.16	225	3.12	208	3.27
2016.12	64 399	2.34	8 280	2.76	1 146	3.13	281	4.52	447	3.84	531	4.22	162	4.09	12	3.96	22	4.74	—	—	66	4.55
2017.01	50 192	2.22	6 982	2.71	1 814	3.15	588	3.81	687	3.69	428	4.22	199	4.23	34	4.26	51	4.35	1	4.25	90	4.67
2017.02	62 629	2.38	5 150	2.93	904	3.30	194	3.68	316	4.15	271	4.34	189	4.51	203	4.47	20	4.53	15	4.31	14	4.60
2017.03	67 691	2.51	6 244	3.16	1 026	3.53	140	4.20	421	4.39	930	4.51	133	4.87	18	4.64	23	4.63	10	4.65	25	4.64
2017.04	53 821	2.56	4 989	3.18	761	3.41	63	4.03	466	4.13	447	4.35	129	4.55	11	4.62	39	4.43	11	4.67	31	4.78
2017.05	47 751	2.79	6 267	3.24	729	3.83	38	4.20	270	4.13	229	4.67	175	4.86	11	4.70	20	4.96	9	4.97	17	4.36
2017.06	55 703	2.85	6 910	3.30	661	3.92	64	4.50	365	4.91	224	5.11	249	5.14	24	5.09	33	4.91	10	5.20	42	5.26

全国银行间同业拆借各期限月加权平均利率
Monthly weighted average interest rates of inter-bank borrowing with different maturities

(%)

1天 1 day　　7天 7 days

全国银行间同业拆借各期限当月交易量
Monthly transaction volume of inter-bank borrowing with different maturities

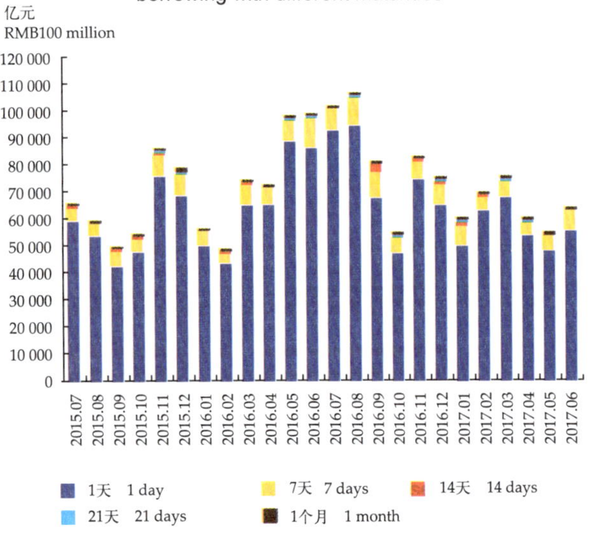

2. 债券市场
(2) Bond market

债券回购交易成交金额
Turnover of repurchasing

单位：亿元
Unit: RMB100 million

年/月 Year/Month	银行间债券市场 Inter-bank bond market	交易所 Stock exchanges
2015.07	454 804	114 797
2015.08	391 011	109 841
2015.09	408 038	113 980
2015.10	417 044	105 522
2015.11	549 165	125 870
2015.12	606 238	150 361
2016.01	473 730	146 144
2016.02	341 473	117 039
2016.03	546 060	178 897
2016.04	436 020	167 069
2016.05	539 866	186 165
2016.06	550 771	193 161
2016.07	592 092	221 504
2016.08	633 040	252 475
2016.09	509 930	223 245
2016.10	399 353	179 541
2016.11	503 548	230 851
2016.12	487 146	239 736
2017.01	349 831	181 480
2017.02	358 030	179 444
2017.03	499 901	226 438
2017.04	416 858	193 041
2017.05	467 927	231 671
2017.06	549 157	258 220

债券现券交易成交金额
Turnover of outright transactions

单位：亿元
Unit: RMB100 million

年/月 Year/Month	银行间债券市场 Inter-bank bond market	交易所 Stock exchanges
2015.07	90 184	3 831
2015.08	81 630	3 310
2015.09	76 583	3 043
2015.10	77 123	2 020
2015.11	102 661	2 979
2015.12	109 635	3 665
2016.01	93 098	2 974
2016.02	60 441	2 323
2016.03	113 409	4 093
2016.04	96 315	3 585
2016.05	99 388	4 461
2016.06	108 213	4 174
2016.07	115 310	4 694
2016.08	137 377	6 172
2016.09	111 870	4 277
2016.10	97 599	3 989
2016.11	122 806	5 559
2016.12	115 093	6 629
2017.01	53 830	3 581
2017.02	63 859	3 613
2017.03	89 692	4 732
2017.04	69 993	3 927
2017.05	76 416	4 753
2017.06	91 797	5 250

债券回购交易成交金额
Turnover of repurchasing

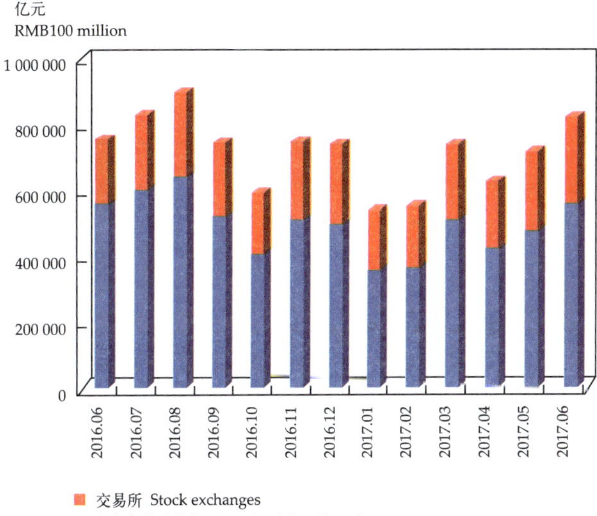

债券现券交易成交金额
Turnover of outright transactions

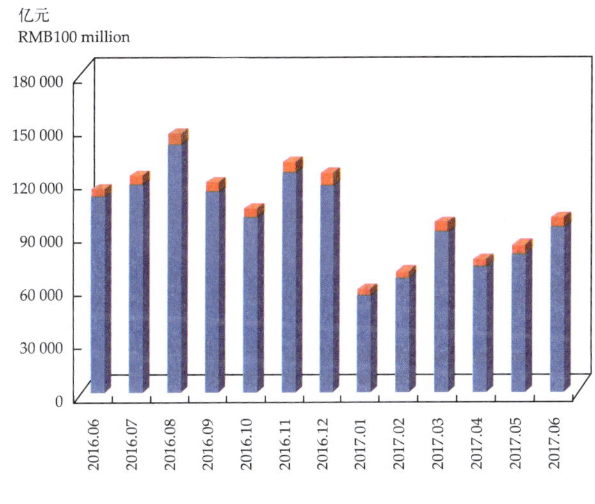

政府债券发行、兑付、期末余额
Issue and redemption values and end-period balance of government bonds

单位：亿元
Unit: RMB100 million

年／月 Year/Month	发行额 Issue value	兑付额 Redemption value	期末余额 End-period balance
2015.07	7 827	1 513	124 536
2015.08	6 748	1 393	129 433
2015.09	7 868	1 291	137 283
2015.10	6 927	1 021	141 918
2015.11	10 110	709	150 912
2015.12	2 702	764	154 524
2016.01	1 700	1 413	155 184
2016.02	2 568	1 707	155 294
2016.03	9 687	1 352	163 159
2016.04	13 528	1 288	174 726
2016.05	8 383	980	182 038
2016.06	13 567	2 054	194 223
2016.07	7 177	2 244	198 964
2016.08	12 218	3 009	207 487
2016.09	6 101	1 503	213 814
2016.10	7 218	2 117	217 550
2016.11	6 255	1 097	223 841
2016.12	2 686	946	225 734
2017.01	1 360	731	226 400
2017.02	1 846	1 906	226 209
2017.03	6 497	2 380	229 439
2017.04	6 084	1 074	235 378
2017.05	8 408	1 898	241 883
2017.06	8 697	2 111	248 454

政府债券发行与兑付
Issue and redemption values of government bonds

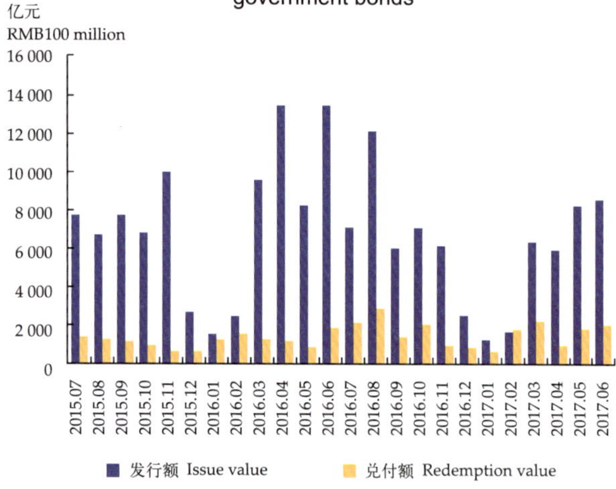

政府债券期末余额
Outstanding amounts of government bonds at end-period

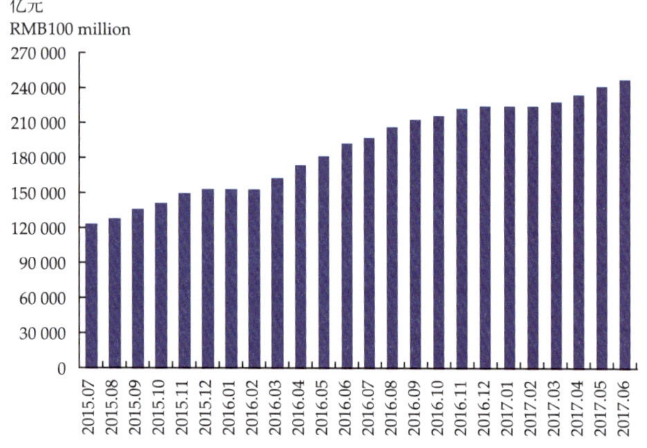

3.股票市场
(3) Stock market

股票成交、发行筹资额
Turnover of stock trading and funds raised in the stock market

年/月 Year/Month		成交金额（亿元） Turnover of stock trading (RMB100 million)		A股筹资（亿元） A-shares capital raised (RMB100 million)					B股筹资（亿元） B-shares capital raised (RMB100 million)	H股筹资（亿元） H-shares capital raised (RMB100 million)	
		上海证券交易所A股 A-shares on the Shanghai Stock Exchange	深圳证券交易所A股 A-shares on the Shenzhen Stock Exchange	首次发行金额 Initial public offering	公开增发 Additional offering	定向增发（现金） Placement (Cash)	配股 Allotment	权证行权 Exercise warrant		首次发行金额 Initial public offering	再筹资金额 Refinancing
2016	1	43 264	64 708	40.07	0.00	1 927.46	122.58	0.00	0.00	1.52	72.13
	2	30 725	47 316	38.41	0.00	1 022.14	68.68	0.00	0.00	0.00	57.67
	3	53 661	80 149	58.94	0.00	1 130.04	0.00	0.00	0.00	0.00	0.00
	4	42 186	72 041	75.95	0.00	1 839.75	40.18	0.00	0.00	172.57	0.25
	5	31 664	58 936	47.57	0.00	1 376.71	17.72	0.00	0.00	0.00	0.00
	6	37 873	76 767	138.67	0.00	1 336.30	31.59	0.00	0.00	0.00	0.00
	7	47 307	79 835	209.96	0.00	1 540.37	17.76	0.00	0.00	119.74	0.83
	8	44 641	67 025	146.05	0.00	1 231.60	0.00	0.00	0.00	73.69	0.00
	9	31 581	50 966	255.95	0.00	1 760.32	0.00	0.00	0.00	495.78	0.03
	10	30 760	46 388	189.81	0.00	1 586.40	0.00	0.00	0.00	92.08	214.90
	11	58 849	77 509	199.15	0.00	897.35	0.00	0.00	0.00	28.99	60.83
	12	44 369	53 838	233.04	0.00	1 329.85	0.00	0.00	0.00	94.43	122.32
2017	1	30 669	36 917	237.97	0.00	3 886.86	0.00	0.00	0.00	2.81	0.20
	2	37 916	42 835	125.17	0.00	664.95	0.00	0.00	0.00	0.00	1.23
	3	51 068	64 772	286.14	0.00	878.85	0.00	0.00	0.00	3.99	161.24
	4	42 394	49 617	180.30	0.00	967.98	48.52	0.00	0.00	157.38	0.00
	5	36 198	45 046	161.61	0.00	399.64	0.00	0.00	0.00	2.81	39.69
	6	36 656	48 039	171.33	0.00	526.45	39.42	0.00	0.00	64.07	0.00

月末加权平均市盈率
Weighted average price-earnings ratio at month-end

年/月 Year/Month	上海证券交易所A股 A-shares on the Shanghai Stock Exchange	上海证券交易所B股 B-shares on the Shanghai Stock Exchange	深圳证券交易所A股 A-shares on the Shenzhen Stock Exchange	深圳证券交易所B股 B-shares on the Shenzhen Stock Exchange
2015.07	18.0	20.8	47.3	13.7
2015.08	15.8	17.9	40.3	11.8
2015.09	15.1	18.6	38.9	11.7
2015.10	16.7	21.6	45.7	12.7
2015.11	17.0	23.4	49.9	13.2
2015.12	17.6	26.2	53.3	14.0
2016.01	13.7	21.2	39.4	12.3
2016.02	13.5	20.9	38.0	11.8
2016.03	15.1	22.9	41.7	12.6
2016.04	14.8	22.7	38.2	11.4
2016.05	14.3	28.4	38.5	10.6
2016.06	14.4	28.3	40.7	10.8
2016.07	14.8	28.0	40.1	11.2
2016.08	15.4	29.2	42.2	11.3
2016.09	15.1	29.5	41.7	11.5
2016.10	15.7	28.6	43.0	11.5
2016.11	16.6	29.1	44.4	11.5
2016.12	15.9	28.0	41.6	11.2
2017.01	16.3	27.9	40.9	11.0
2017.02	16.8	28.8	42.7	11.0
2017.03	16.9	27.5	40.4	10.5
2017.04	16.7	27.2	36.2	11.2
2017.05	16.5	21.1	34.3	10.8
2017.06	17.0	21.5	36.0	11.3

股票成交金额
Turnover of stock trading

亿元
RMB100 million

深圳证券交易所A股 A-shares on the Shenzhen Stock Exchange
上海证券交易所A股 A-shares on the Shanghai Stock Exchange

月末加权平均市盈率
Weighted average price-earnings ratio at month-end

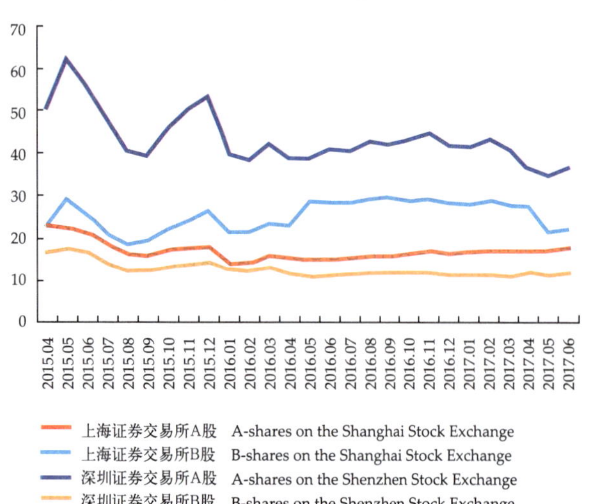

月末收盘指数
Closing index at month-end

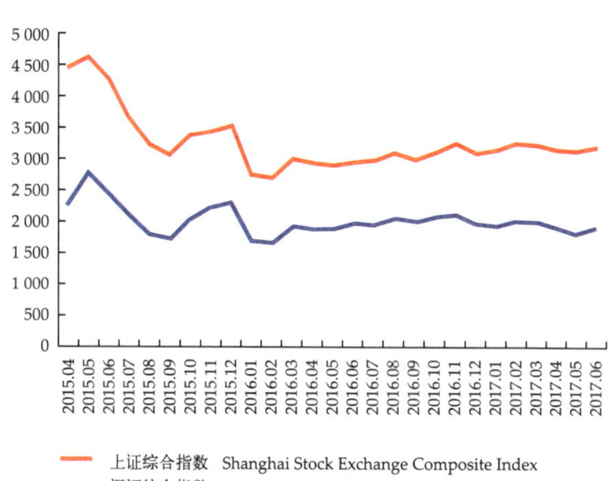

4.票据市场
(4) Commercial paper market

票据市场交易额与期末余额
Transactions and outstanding balance of commercial paper market

单位：亿元
Unit: RMB100 million

年/月 Year/Month	商业汇票 Drafts	贴现 Discount bills	再贴现 Rediscount bills
	发生额 Transactions during the period		
2015.07	19 509	107 895	336
2015.08	15 669	77 807	361
2015.09	17 916	87 281	354
2015.10	19 332	63 771	354
2015.11	17 352	98 619	339
2015.12	20 794	106 475	394
2016.01	21 913	116 046	291
2016.02	10 543	67 245	200
2016.03	17 016	89 560	436
2016.04	13 448	82 156	306
2016.05	14 711	75 440	301
2016.06	16 620	88 266	351
2016.07	13 116	64 541	333
2016.08	13 648	64 993	289
2016.09	15 005	53 619	315
2016.10	13 513	39 877	255
2016.11	14 482	40 116	317
2016.12	16 492	63 602	411
2017.01	13 261	40 386	253
2017.02	27 505	34 840	279
2017.03	14 928	46 113	416
2017.04	12 294	38 573	320
2017.05	13 044	40 618	343
2017.06	13 760	23 226	434
	期末余额 Outstanding balance at the end of the period		
2015.07	106 708	40 384	1 272
2015.08	109 060	42 841	1 305
2015.09	106 254	43 128	1 281
2015.10	106 250	44 964	1 305
2015.11	103 161	46 390	1 292
2015.12	104 124	45 756	1 305
2016.01	107 622	49 482	1 130
2016.02	109 591	48 899	1 139
2016.03	105 386	49 417	1 230
2016.04	104 669	51 804	1 176
2016.05	101 104	53 368	1 163
2016.06	98 022	53 218	1 202
2016.07	93 856	53 495	1 172
2016.08	95 634	55 729	1 188
2016.09	94 860	57 152	1 138
2016.10	92 653	58 249	1 088
2016.11	93 248	57 240	1 085
2016.12	90 259	54 710	1 165
2017.01	91 920	50 188	1 116
2017.02	88 602	47 770	1 109
2017.03	88 400	43 877	1 224
2017.04	88 417	41 895	1 255
2017.05	84 618	40 426	1 298
2017.06	82 756	38 828	1 402

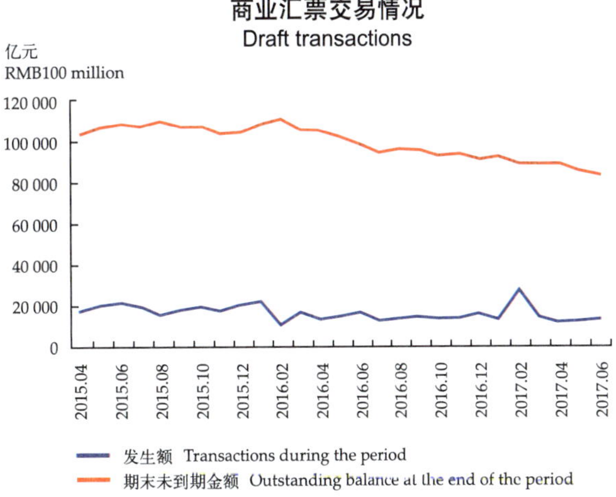

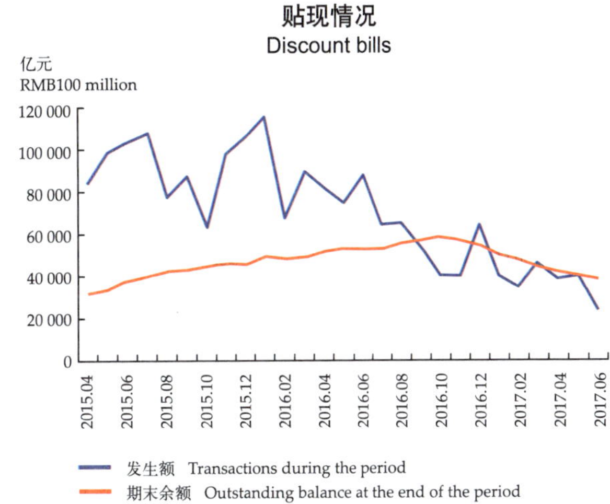

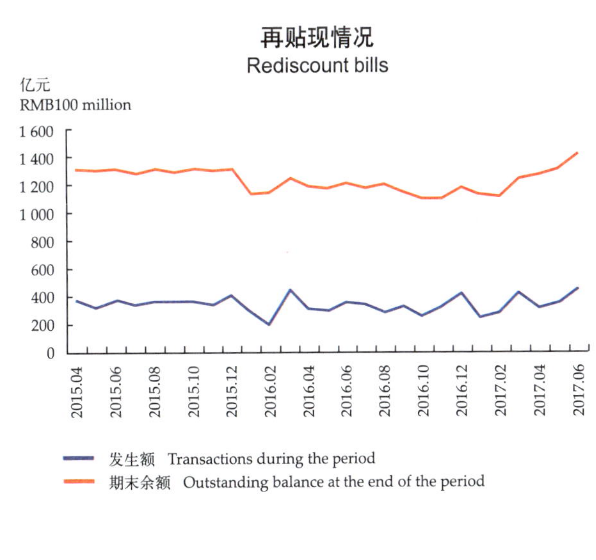

5.外汇市场
(5) Foreign exchange market

世界主要货币兑人民币月平均汇率
Monthly average exchange rate of the RMB against major foreign currencies

年/月 Year/Month	人民币/美元 RMB/USD	人民币/欧元 RMB/EUR	人民币/100日元 RMB/JPY100	人民币/港元 RMB/HKD	卢布/人民币 RUB/RMB
2015.07	6.1167	6.7459	4.9793	0.7891	9.2518
2015.08	6.3056	7.0193	5.1213	0.8133	10.3457
2015.09	6.3691	7.1624	5.3008	0.8218	10.4653
2015.10	6.3486	7.1330	5.2887	0.8192	9.8492
2015.11	6.3666	6.8439	5.1995	0.8214	10.1800
2015.12	6.4476	7.0162	5.2981	0.8319	10.8303
2016.01	6.5527	7.1245	5.5531	0.8423	11.7333
2016.02	6.5311	7.2232	5.677	0.8394	11.7194
2016.03	6.5064	7.2343	5.7627	0.8383	10.7939
2016.04	6.4762	7.3397	5.9021	0.8350	10.2823
2016.05	6.5315	7.3825	5.998	0.8413	10.0816
2016.06	6.5874	7.3983	6.2436	0.8486	9.8986
2016.07	6.6774	7.3847	6.4183	0.8608	9.6257
2016.08	6.6474	7.4487	6.5633	0.8571	9.7792
2016.09	6.6715	7.4774	6.5509	0.8601	9.6566
2016.10	6.7442	7.4059	6.4842	0.86937	9.2904
2016.11	6.8375	7.3851	6.3266	0.88157	9.4173
2016.12	6.9182	7.2925	5.9692	0.89164	8.9694
2017.01	6.8918	7.3179	5.9939	0.88858	8.6881
2017.02	6.8713	7.3085	6.0788	0.88552	8.4799
2017.03	6.8932	7.3668	6.1043	0.88764	8.4025
2017.04	6.8845	7.3829	6.2655	0.88557	8.1998
2017.05	6.8827	7.6042	6.1331	0.88397	8.2929
2017.06	6.8019	7.6389	6.1367	0.87228	8.5123

世界主要货币兑人民币期末汇率
Exchange rate of the RMB against major foreign currencies at the end of the period

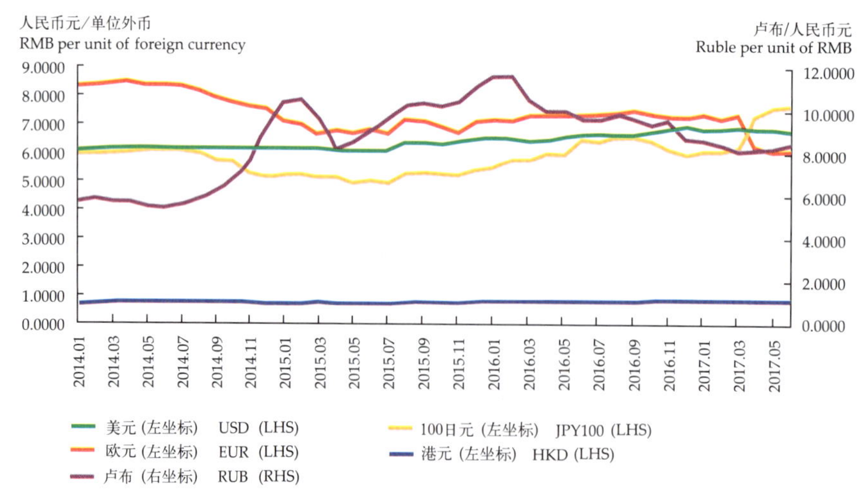

人民币/美元中间价
Central parity of the RMB against the USD
2005年7月21日至2017年6月30日
From July 21, 2005 to June 30, 2017

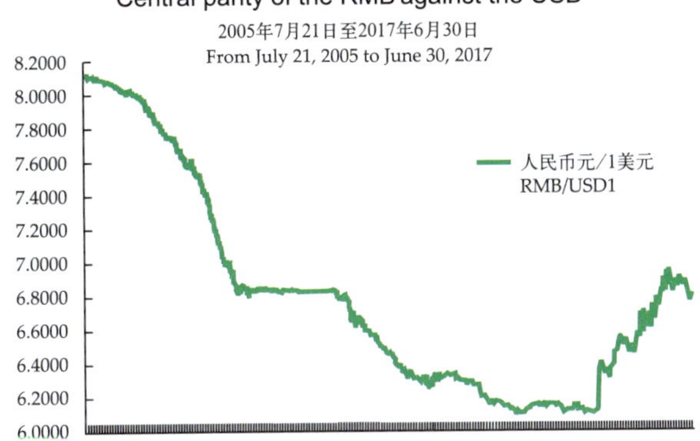

人民币/日元中间价
Central parity of the RMB against the JPY
2005年7月21日至2017年6月30日
From July 21, 2005 to June 30, 2017

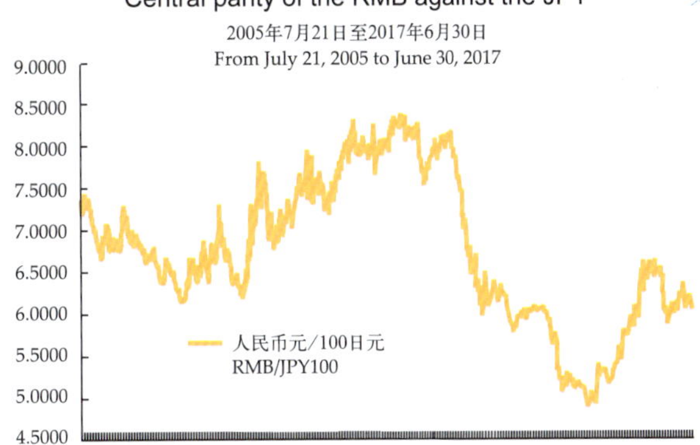

人民币/欧元中间价
Central parity of the RMB against the EUR
2005年7月21日至2017年6月30日
From July 21, 2005 to June 30, 2017

人民币/港元中间价
Central parity of the RMB against the HKD
2005年7月21日至2017年6月30日
From July 21, 2005 to June 30, 2017

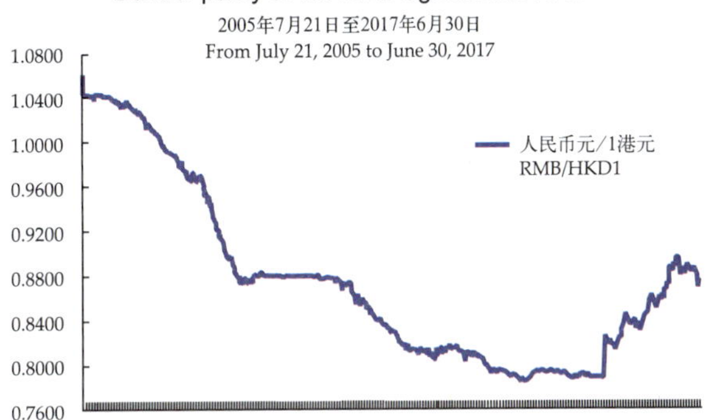

卢布/人民币中间价
Central parity of the RUB against the RMB
2010年11月22日至2017年6月30日
From November 22, 2010 to June 30, 2017

2017年1月3日以来人民币汇率中间价
Central parity of RMB against major foreign currencies
Since January 3, 2017

日期 Date	人民币/美元 RMB/USD	人民币/欧元 RMB/EUR	人民币/100日元 RMB/JPY100	人民币/港元 RMB/HKD	卢布/人民币 RUB/RMB
2017.01.03	6.9498	7.2772	5.9305	0.8959	8.8149
2017.01.04	6.9526	7.2469	5.9193	0.8964	8.7786
2017.01.05	6.9307	7.2903	5.9192	0.8938	8.7441
2017.01.06	6.8668	7.2843	5.9508	0.8855	8.7108
2017.01.09	6.9262	7.2930	5.9208	0.8931	8.6493
2017.01.10	6.9234	7.3309	5.9693	0.8927	8.6794
2017.01.11	6.9235	7.3092	5.9768	0.8928	8.6940
2017.01.12	6.9141	7.3199	6.0038	0.8916	8.6327
2017.01.13	6.8909	7.3129	6.0003	0.8886	8.6216
2017.01.16	6.8874	7.3252	6.0333	0.8881	8.6553
2017.01.17	6.8992	7.3216	6.0549	0.8896	8.6764
2017.01.18	6.8525	7.3404	6.0702	0.8836	8.6776
2017.01.19	6.8568	7.2878	5.9809	0.8840	8.6820
2017.01.20	6.8693	7.3230	5.9805	0.8855	8.6938
2017.01.23	6.8572	7.3509	6.0209	0.8839	8.6927
2017.01.24	6.8331	7.3644	6.0689	0.8809	8.6969
2017.01.25	6.8596	7.3613	6.0297	0.8843	8.6371
2017.01.26	6.8588	7.3821	6.0596	0.8842	8.6480
2017.02.03	6.8556	7.3825	6.0781	0.8835	8.6530
2017.02.06	6.8606	7.4010	6.1000	0.8843	8.5866
2017.02.07	6.8604	7.3693	6.1390	0.8843	8.5879
2017.02.08	6.8849	7.3539	6.1372	0.8874	8.6191
2017.02.09	6.8710	7.3495	6.1399	0.8855	8.6121
2017.02.10	6.8819	7.3306	6.0674	0.8871	8.5810
2017.02.13	6.8898	7.3148	6.0450	0.8881	8.4767
2017.02.14	6.8806	7.2948	6.0514	0.8867	8.4224
2017.02.15	6.8632	7.2618	6.0020	0.8845	8.3090
2017.02.16	6.8629	7.2784	6.0105	0.8843	8.3376
2017.02.17	6.8456	7.3089	6.0423	0.8822	8.4027
2017.02.20	6.8743	7.2979	6.0908	0.8857	8.4850
2017.02.21	6.8790	7.2944	6.0757	0.8864	8.4271
2017.02.22	6.8830	7.2547	6.0566	0.8869	8.3391
2017.02.23	6.8695	7.2543	6.0632	0.8852	8.4333
2017.02.24	6.8655	7.2694	6.0896	0.8848	8.4191
2017.02.27	6.8814	7.2589	6.1307	0.8867	8.4894
2017.02.28	6.8750	7.2774	6.0986	0.8858	8.4575
2017.03.01	6.8798	7.2648	6.0913	0.8863	8.4891
2017.03.02	6.8809	7.2536	6.0381	0.8864	8.4679
2017.03.03	6.8896	7.2334	6.0253	0.8876	8.5273
2017.03.06	6.8790	7.3156	6.0402	0.8860	8.4489
2017.03.07	6.8957	7.2933	6.0578	0.8881	8.4391
2017.03.08	6.9032	7.2929	6.0571	0.8891	8.4228
2017.03.09	6.9125	7.2885	6.0436	0.8900	8.4933
2017.03.10	6.9123	7.3133	6.0042	0.8901	8.5732
2017.03.13	6.8988	7.3671	6.0087	0.8885	8.5508
2017.03.14	6.9118	7.3611	6.0164	0.8901	8.5113
2017.03.15	6.9115	7.3363	6.0280	0.8897	8.5590
2017.03.16	6.8862	7.3994	6.0738	0.8867	8.4754
2017.03.17	6.8873	7.4193	6.0772	0.8874	8.3946
2017.03.20	6.8998	7.4151	6.1260	0.8888	8.3119
2017.03.21	6.9071	7.4167	6.1390	0.8894	8.3006
2017.03.22	6.8889	7.4479	6.1728	0.8870	8.3656
2017.03.23	6.8856	7.4308	6.1869	0.8865	8.3876
2017.03.24	6.8845	7.4208	6.1999	0.8863	8.3369
2017.03.27	6.8701	7.4538	6.2172	0.8846	8.3044
2017.03.28	6.8782	7.4726	6.2149	0.8855	8.2711
2017.03.29	6.8915	7.4547	6.2051	0.8872	8.2708
2017.03.30	6.8889	7.4122	6.1996	0.8867	8.2235
2017.03.31	6.8993	7.3721	6.1766	0.8878	8.1315

2017年1月3日以来人民币汇率中间价

Central parity of RMB against major foreign currencies
Since January 3, 2017

续表

日期 Date	人民币/美元 RMB/USD	人民币/欧元 RMB/EUR	人民币/100日元 RMB/JPY100	人民币/港元 RMB/HKD	卢布/人民币 RUB/RMB
2017.04.05	6.8906	7.3630	6.2221	0.88671	8.1346
2017.04.06	6.8930	7.3619	6.2458	0.88722	8.1843
2017.04.07	6.8949	7.3470	6.2252	0.88740	8.1651
2017.04.10	6.9042	7.3108	6.2119	0.88870	8.3196
2017.04.11	6.8957	7.3081	6.2264	0.88744	8.2863
2017.04.12	6.8940	7.3122	6.2843	0.88717	8.2828
2017.04.13	6.8651	7.3389	6.3106	0.88339	8.2307
2017.04.14	6.8740	7.3103	6.3136	0.88425	8.1665
2017.04.17	6.8785	7.3025	6.3491	0.88485	8.1741
2017.04.18	6.8849	7.3289	6.3152	0.88576	8.1196
2017.04.19	6.8664	7.3722	6.3297	0.88326	8.1797
2017.04.20	6.8792	7.3782	6.3295	0.88486	8.2090
2017.04.21	6.8823	7.3821	6.3007	0.88518	8.1523
2017.04.24	6.8673	7.4624	6.2433	0.88316	8.1872
2017.04.25	6.8833	7.4763	6.2746	0.88478	8.1073
2017.04.26	6.8845	7.5250	6.1964	0.88477	8.1487
2017.04.27	6.8896	7.5187	6.1977	0.88546	8.2794
2017.04.28	6.8931	7.4945	6.2023	0.88584	8.2693
2017.05.02	6.8956	7.5227	6.1677	0.88653	8.2673
2017.05.03	6.8892	7.5348	6.1538	0.88538	8.2634
2017.05.04	6.8957	7.5120	6.1208	0.88621	8.3104
2017.05.05	6.8884	7.5655	6.1215	0.88507	8.4553
2017.05.08	6.8947	7.5677	6.1159	0.88582	8.3957
2017.05.09	6.9037	7.5511	6.1063	0.88681	8.4351
2017.05.10	6.9066	7.5239	6.0755	0.88726	8.4356
2017.05.11	6.9051	7.5080	6.0452	0.88676	8.3215
2017.05.12	6.8948	7.5016	6.0657	0.88507	8.2658
2017.05.15	6.8852	7.5291	6.0827	0.88338	8.2785
2017.05.16	6.8790	7.5655	6.0622	0.88329	8.1811
2017.05.17	6.8635	7.6276	6.1041	0.88127	8.2212

日期 Date	人民币/美元 RMB/USD	人民币/欧元 RMB/EUR	人民币/100日元 RMB/JPY100	人民币/港元 RMB/HKD	卢布/人民币 RUB/RMB
2017.05.18	6.8612	7.6691	6.1903	0.88130	8.3079
2017.05.19	6.8786	7.6586	6.1927	0.88379	8.3476
2017.05.22	6.8673	7.7041	6.1816	0.88224	8.2773
2017.05.23	6.8661	7.7315	6.1947	0.88190	8.2172
2017.05.24	6.8758	7.7104	6.1654	0.88291	8.1835
2017.05.25	6.8695	7.7199	6.1637	0.88203	8.1820
2017.05.26	6.8698	7.7041	6.1527	0.88171	8.2687
2017.05.31	6.8633	7.6760	6.1995	0.88075	8.2430
2017.06.01	6.8090	7.6658	6.1526	0.87391	8.3104
2017.06.02	6.8070	7.6368	6.1103	0.87365	8.2889
2017.06.05	6.7935	7.6629	6.1522	0.87208	8.3212
2017.06.06	6.7934	7.6495	6.1542	0.87178	8.3093
2017.06.07	6.7858	7.6525	6.2015	0.87059	8.3244
2017.06.08	6.7930	7.6466	6.1849	0.87142	8.3944
2017.06.09	6.7971	7.6084	6.1853	0.87172	8.3765
2017.06.12	6.7948	7.6137	6.1615	0.87150	8.3855
2017.06.13	6.7954	7.6109	6.1820	0.87129	8.3868
2017.06.14	6.7939	7.6163	6.1716	0.87119	8.3869
2017.06.15	6.7852	7.6114	6.2017	0.87010	8.4338
2017.06.16	6.7995	7.5803	6.1289	0.87151	8.4981
2017.06.19	6.7972	7.6143	6.1285	0.87148	8.4659
2017.06.20	6.8096	7.5918	6.1000	0.87315	8.5730
2017.06.21	6.8193	7.5943	6.1285	0.87422	8.7277
2017.06.22	6.8197	7.6148	6.1287	0.87430	8.8196
2017.06.23	6.8238	7.6072	6.1329	0.87496	8.7856
2017.06.26	6.8220	7.6391	6.1323	0.87472	8.6971
2017.06.27	6.8292	7.6371	6.1044	0.87565	8.5982
2017.06.28	6.8053	7.7181	6.0692	0.87244	8.7201
2017.06.29	6.7940	7.7335	6.0476	0.87065	8.7099
2017.06.30	6.7744	7.7496	6.0485	0.86792	8.7565

九、中央银行公开市场业务
9. Central Bank Open Market Operations

中央银行公开市场业务交易
Central bank open market operations

日期 Date		操作工具 Mode of transaction	招标方式 Mode of bidding	期限品种（天）Maturity (Day)	招标数量（亿元）Bidding amount (RMB100 million)	交易量（亿元）Transaction volume (RMB100 million)	中标利率（%）Interest rate of successful bidding(%)
2017.01.03	周二 Tuesday	逆回购 Repurchase	利率招标 Interest rate bidding	7天 7-day	200	200	2.25
2017.01.03	周二 Tuesday	逆回购 Repurchase	利率招标 Interest rate bidding	14天 14-day	200	200	2.40
2017.01.04	周三 Wednesday	逆回购 Repurchase	利率招标 Interest rate bidding	7天 7-day	100	100	2.25
2017.01.04	周三 Wednesday	逆回购 Repurchase	利率招标 Interest rate bidding	14天 14-day	100	100	2.40
2017.01.05	周四 Thursday	逆回购 Repurchase	利率招标 Interest rate bidding	7天 7-day	100	100	2.25
2017.01.06	周五 Friday	逆回购 Repurchase	利率招标 Interest rate bidding	7天 7-day	100	100	2.25
2017.01.06	周五 Friday	逆回购 Repurchase	利率招标 Interest rate bidding	28天 28-day	700	700	2.55
2017.01.09	周一 Monday	逆回购 Repurchase	利率招标 Interest rate bidding	7天 7-day	100	100	2.25
2017.01.09	周一 Monday	逆回购 Repurchase	利率招标 Interest rate bidding	28天 28-day	1 000	1 000	2.55
2017.01.10	周二 Tuesday	逆回购 Repurchase	利率招标 Interest rate bidding	7天 7-day	100	100	2.25
2017.01.10	周二 Tuesday	逆回购 Repurchase	利率招标 Interest rate bidding	28天 28-day	1 100	1 100	2.55
2017.01.11	周三 Wednesday	逆回购 Repurchase	利率招标 Interest rate bidding	7天 7-day	100	100	2.25
2017.01.11	周三 Wednesday	逆回购 Repurchase	利率招标 Interest rate bidding	28天 28-day	1 100	1 100	2.55
2017.01.12	周四 Thursday	逆回购 Repurchase	利率招标 Interest rate bidding	7天 7-day	100	100	2.25
2017.01.12	周四 Thursday	逆回购 Repurchase	利率招标 Interest rate bidding	28天 28-day	1 000	1 000	2.55
2017.01.13	周五 Friday	逆回购 Repurchase	利率招标 Interest rate bidding	7天 7-day	100	100	2.25

中央银行公开市场业务交易
Central bank open market operations

续表

日期 Date		操作工具 Mode of transaction	招标方式 Mode of bidding	期限品种（天）Maturity (Day)	招标数量（亿元）Bidding amount (RMB100 million)	交易量（亿元）Transaction volume (RMB100 million)	中标利率（%）Interest rate of successful bidding(%)
2017.01.13	周五 Friday	逆回购 Repurchase	利率招标 Interest rate bidding	28天 28-day	600	600	2.55
2017.01.16	周一 Monday	逆回购 Repurchase	利率招标 Interest rate bidding	7天 7-day	400	400	2.25
2017.01.16	周一 Monday	逆回购 Repurchase	利率招标 Interest rate bidding	28天 28-day	1 900	1 900	2.55
2017.01.17	周二 Tuesday	逆回购 Repurchase	利率招标 Interest rate bidding	7天 7-day	1 000	1 000	2.25
2017.01.17	周二 Tuesday	逆回购 Repurchase	利率招标 Interest rate bidding	28天 28-day	2 300	2 300	2.55
2017.01.18	周三 Wednesday	逆回购 Repurchase	利率招标 Interest rate bidding	7天 7-day	2 000	2 000	2.25
2017.01.18	周三 Wednesday	逆回购 Repurchase	利率招标 Interest rate bidding	28天 28-day	2 600	2 600	2.55
2017.01.19	周四 Thursday	逆回购 Repurchase	利率招标 Interest rate bidding	7天 7-day	1 000	1 000	2.25
2017.01.19	周四 Thursday	逆回购 Repurchase	利率招标 Interest rate bidding	28天 28-day	1 500	1 500	2.55
2017.01.20	周五 Friday	逆回购 Repurchase	利率招标 Interest rate bidding	14天 14-day	500	500	2.40
2017.01.20	周五 Friday	逆回购 Repurchase	利率招标 Interest rate bidding	28天 28-day	600	600	2.55
2017.01.22	周日 Sunday	逆回购 Repurchase	利率招标 Interest rate bidding	14天 14-day	300	300	2.40
2017.01.22	周日 Sunday	逆回购 Repurchase	利率招标 Interest rate bidding	28天 28-day	300	300	2.55
2017.01.23	周一 Monday	逆回购 Repurchase	利率招标 Interest rate bidding	14天 14-day	200	200	2.40
2017.01.23	周一 Monday	逆回购 Repurchase	利率招标 Interest rate bidding	28天 28-day	200	200	2.55
2017.01.24	周二 Tuesday	逆回购 Repurchase	利率招标 Interest rate bidding	14天 14-day	100	100	2.40
2017.01.24	周二 Tuesday	逆回购 Repurchase	利率招标 Interest rate bidding	28天 28-day	100	100	2.55
2017.01.25	周三 Wednesday	逆回购 Repurchase	利率招标 Interest rate bidding	14天 14-day	150	150	2.40

中央银行公开市场业务交易
Central bank open market operations

续表

日期 Date		操作工具 Mode of transaction	招标方式 Mode of bidding	期限品种（天） Maturity (Day)	招标数量（亿元） Bidding amount (RMB100 million)	交易量（亿元） Transaction volume (RMB100 million)	中标利率（%） Interest rate of successful bidding(%)
2017.01.25	周三 Wednesday	逆回购 Repurchase	利率招标 Interest rate bidding	28天 28-day	150	150	2.55
2017.01.26	周四 Thursday	逆回购 Repurchase	利率招标 Interest rate bidding	14天 14-day	500	500	2.40
2017.01.26	周四 Thursday	逆回购 Repurchase	利率招标 Interest rate bidding	28天 28-day	100	100	2.55
2017.02.03	周五 Friday	逆回购 Repurchase	利率招标 Interest rate bidding	7天 7-day	200	200	2.35
2017.02.03	周五 Friday	逆回购 Repurchase	利率招标 Interest rate bidding	14天 14-day	100	100	2.5
2017.02.03	周五 Friday	逆回购 Repurchase	利率招标 Interest rate bidding	28天 28-day	200	200	2.65
2017.02.13	周一 Monday	逆回购 Repurchase	利率招标 Interest rate bidding	7天 7-day	200	200	2.35
2017.02.13	周一 Monday	逆回购 Repurchase	利率招标 Interest rate bidding	14天 14-day	300	300	2.5
2017.02.13	周一 Monday	逆回购 Repurchase	利率招标 Interest rate bidding	28天 28-day	500	500	2.65
2017.02.14	周二 Tuesday	逆回购 Repurchase	利率招标 Interest rate bidding	7天 7-day	300	300	2.35
2017.02.14	周二 Tuesday	逆回购 Repurchase	利率招标 Interest rate bidding	14天 14-day	400	400	2.5
2017.02.14	周二 Tuesday	逆回购 Repurchase	利率招标 Interest rate bidding	28天 28-day	600	600	2.65
2017.02.15	周三 Wednesday	逆回购 Repurchase	利率招标 Interest rate bidding	7天 7-day	500	500	2.35
2017.02.15	周三 Wednesday	逆回购 Repurchase	利率招标 Interest rate bidding	14天 14-day	200	200	2.5
2017.02.15	周三 Wednesday	逆回购 Repurchase	利率招标 Interest rate bidding	28天 28-day	500	500	2.65
2017.02.16	周四 Thursday	逆回购 Repurchase	利率招标 Interest rate bidding	7天 7-day	800	800	2.35
2017.02.16	周四 Thursday	逆回购 Repurchase	利率招标 Interest rate bidding	14天 14-day	800	800	2.5
2017.02.16	周四 Thursday	逆回购 Repurchase	利率招标 Interest rate bidding	28天 28-day	900	900	2.65

中央银行公开市场业务交易
Central bank open market operations

续表

日期 Date		操作工具 Mode of transaction	招标方式 Mode of bidding	期限品种（天） Maturity (Day)	招标数量（亿元） Bidding amount (RMB100 million)	交易量（亿元） Transaction volume (RMB100 million)	中标利率（%） Interest rate of successful bidding(%)
2017.02.17	周五 Friday	逆回购 Repurchase	利率招标 Interest rate bidding	7天 7-day	500	500	2.35
2017.02.17	周五 Friday	逆回购 Repurchase	利率招标 Interest rate bidding	14天 14-day	500	500	2.5
2017.02.17	周五 Friday	逆回购 Repurchase	利率招标 Interest rate bidding	28天 28-day	500	500	2.65
2017.02.20	周一 Monday	逆回购 Repurchase	利率招标 Interest rate bidding	7天 7-day	700	700	2.35
2017.02.20	周一 Monday	逆回购 Repurchase	利率招标 Interest rate bidding	14天 14-day	600	600	2.5
2017.02.20	周一 Monday	逆回购 Repurchase	利率招标 Interest rate bidding	28天 28-day	400	400	2.65
2017.02.21	周二 Tuesday	逆回购 Repurchase	利率招标 Interest rate bidding	7天 7-day	400	400	2.35
2017.02.21	周二 Tuesday	逆回购 Repurchase	利率招标 Interest rate bidding	14天 14-day	300	300	2.5
2017.02.21	周二 Tuesday	逆回购 Repurchase	利率招标 Interest rate bidding	28天 28-day	300	300	2.65
2017.02.22	周三 Wednesday	逆回购 Repurchase	利率招标 Interest rate bidding	7天 7-day	500	500	2.35
2017.02.22	周三 Wednesday	逆回购 Repurchase	利率招标 Interest rate bidding	14天 14-day	400	400	2.5
2017.02.22	周三 Wednesday	逆回购 Repurchase	利率招标 Interest rate bidding	28天 28-day	300	300	2.65
2017.02.23	周四 Thursday	逆回购 Repurchase	利率招标 Interest rate bidding	7天 7-day	200	200	2.35
2017.02.23	周四 Thursday	逆回购 Repurchase	利率招标 Interest rate bidding	14天 14-day	200	200	2.5
2017.02.23	周四 Thursday	逆回购 Repurchase	利率招标 Interest rate bidding	28天 28-day	100	100	2.65
2017.02.24	周五 Friday	逆回购 Repurchase	利率招标 Interest rate bidding	7天 7-day	100	100	2.35
2017.02.24	周五 Friday	逆回购 Repurchase	利率招标 Interest rate bidding	14天 14-day	100	100	2.5
2017.02.24	周五 Friday	逆回购 Repurchase	利率招标 Interest rate bidding	28天 28-day	100	100	2.65

中央银行公开市场业务交易
Central bank open market operations

续表

日期 Date		操作工具 Mode of transaction	招标方式 Mode of bidding	期限品种（天）Maturity (Day)	招标数量（亿元）Bidding amount (RMB100 million)	交易量（亿元）Transaction volume (RMB100 million)	中标利率（%）Interest rate of successful bidding(%)
2017.02.27	周一 Monday	逆回购 Repurchase	利率招标 Interest rate bidding	7天 7-day	100	100	2.35
2017.02.27	周一 Monday	逆回购 Repurchase	利率招标 Interest rate bidding	14天 14-day	100	100	2.5
2017.02.27	周一 Monday	逆回购 Repurchase	利率招标 Interest rate bidding	28天 28-day	100	100	2.65
2017.02.28	周二 Tuesday	逆回购 Repurchase	利率招标 Interest rate bidding	7天 7-day	100	100	2.35
2017.02.28	周二 Tuesday	逆回购 Repurchase	利率招标 Interest rate bidding	14天 14-day	100	100	2.5
2017.02.28	周二 Tuesday	逆回购 Repurchase	利率招标 Interest rate bidding	28天 28-day	100	100	2.65
2017.03.01	周三 Wednesday	逆回购 Repurchase	利率招标 Interest rate bidding	7天 7-day	100	100	2.35
2017.03.01	周三 Wednesday	逆回购 Repurchase	利率招标 Interest rate bidding	14天 14-day	100	100	2.5
2017.03.01	周三 Wednesday	逆回购 Repurchase	利率招标 Interest rate bidding	28天 28-day	100	100	2.65
2017.03.02	周四 Thursday	逆回购 Repurchase	利率招标 Interest rate bidding	7天 7-day	100	100	2.35
2017.03.02	周四 Thursday	逆回购 Repurchase	利率招标 Interest rate bidding	14天 14-day	100	100	2.5
2017.03.02	周四 Thursday	逆回购 Repurchase	利率招标 Interest rate bidding	28天 28-day	100	100	2.65
2017.03.03	周五 Friday	逆回购 Repurchase	利率招标 Interest rate bidding	7天 7-day	100	100	2.35
2017.03.03	周五 Friday	逆回购 Repurchase	利率招标 Interest rate bidding	14天 14-day	100	100	2.5
2017.03.03	周五 Friday	逆回购 Repurchase	利率招标 Interest rate bidding	28天 28-day	100	100	2.65
2017.03.06	周一 Monday	逆回购 Repurchase	利率招标 Interest rate bidding	7天 7-day	200	200	2.35
2017.03.06	周一 Monday	逆回购 Repurchase	利率招标 Interest rate bidding	14天 14-day	100	100	2.5
2017.03.06	周一 Monday	逆回购 Repurchase	利率招标 Interest rate bidding	28天 28-day	100	100	2.65

中央银行公开市场业务交易
Central bank open market operations

续表

日期 Date		操作工具 Mode of transaction	招标方式 Mode of bidding	期限品种（天） Maturity (Day)	招标数量（亿元） Bidding amount (RMB100 million)	交易量（亿元） Transaction volume (RMB100 million)	中标利率（%） Interest rate of successful bidding(%)
2017.03.07	周二 Tuesday	逆回购 Repurchase	利率招标 Interest rate bidding	7天 7-day	100	100	2.35
2017.03.07	周二 Tuesday	逆回购 Repurchase	利率招标 Interest rate bidding	14天 14-day	100	100	2.5
2017.03.07	周二 Tuesday	逆回购 Repurchase	利率招标 Interest rate bidding	28天 28 day	100	100	2.65
2017.03.08	周三 Wednesday	逆回购 Repurchase	利率招标 Interest rate bidding	7天 7-day	100	100	2.35
2017.03.08	周三 Wednesday	逆回购 Repurchase	利率招标 Interest rate bidding	14天 14-day	100	100	2.5
2017.03.08	周三 Wednesday	逆回购 Repurchase	利率招标 Interest rate bidding	28天 28-day	100	100	2.65
2017.03.13	周一 Monday	逆回购 Repurchase	利率招标 Interest rate bidding	7天 7-day	100	100	2.35
2017.03.13	周一 Monday	逆回购 Repurchase	利率招标 Interest rate bidding	14天 14-day	100	100	2.5
2017.03.13	周一 Monday	逆回购 Repurchase	利率招标 Interest rate bidding	28天 28-day	100	100	2.65
2017.03.14	周二 Tuesday	逆回购 Repurchase	利率招标 Interest rate bidding	7天 7-day	100	100	2.35
2017.03.14	周二 Tuesday	逆回购 Repurchase	利率招标 Interest rate bidding	14天 14-day	100	100	2.5
2017.03.14	周二 Tuesday	逆回购 Repurchase	利率招标 Interest rate bidding	28天 28-day	200	200	2.65
2017.03.15	周三 Wednesday	逆回购 Repurchase	利率招标 Interest rate bidding	7天 7-day	100	100	2.35
2017.03.15	周三 Wednesday	逆回购 Repurchase	利率招标 Interest rate bidding	14天 14-day	100	100	2.5
2017.03.15	周三 Wednesday	逆回购 Repurchase	利率招标 Interest rate bidding	28天 28-day	400	400	2.65
2017.03.16	周四 Thursday	逆回购 Repurchase	利率招标 Interest rate bidding	7天 7-day	200	200	2.45
2017.03.16	周四 Thursday	逆回购 Repurchase	利率招标 Interest rate bidding	14天 14-day	200	200	2.6
2017.03.16	周四 Thursday	逆回购 Repurchase	利率招标 Interest rate bidding	28天 28-day	400	400	2.75

中央银行公开市场业务交易
Central bank open market operations

续表

日期 Date		操作工具 Mode of transaction	招标方式 Mode of bidding	期限品种（天） Maturity (Day)	招标数量（亿元） Bidding amount (RMB100 million)	交易量（亿元） Transaction volume (RMB100 million)	中标利率（%） Interest rate of successful bidding(%)
2017.03.17	周五 Friday	逆回购 Repurchase	利率招标 Interest rate bidding	7天 7-day	200	200	2.45
2017.03.17	周五 Friday	逆回购 Repurchase	利率招标 Interest rate bidding	14天 14-day	200	200	2.6
2017.03.17	周五 Friday	逆回购 Repurchase	利率招标 Interest rate bidding	28天 28-day	200	200	2.75
2017.03.20	周一 Monday	逆回购 Repurchase	利率招标 Interest rate bidding	7天 7-day	600	600	2.45
2017.03.20	周一 Monday	逆回购 Repurchase	利率招标 Interest rate bidding	14天 14-day	200	200	2.6
2017.03.20	周一 Monday	逆回购 Repurchase	利率招标 Interest rate bidding	28天 28-day	200	200	2.75
2017.03.21	周二 Tuesday	逆回购 Repurchase	利率招标 Interest rate bidding	7天 7-day	500	500	2.45
2017.03.21	周二 Tuesday	逆回购 Repurchase	利率招标 Interest rate bidding	14天 14-day	200	200	2.6
2017.03.21	周二 Tuesday	逆回购 Repurchase	利率招标 Interest rate bidding	28天 28-day	100	100	2.75
2017.03.22	周三 Wednesday	逆回购 Repurchase	利率招标 Interest rate bidding	7天 7-day	500	500	2.45
2017.03.22	周三 Wednesday	逆回购 Repurchase	利率招标 Interest rate bidding	14天 14-day	200	200	2.6
2017.03.22	周三 Wednesday	逆回购 Repurchase	利率招标 Interest rate bidding	28天 28-day	200	200	2.75
2017.03.23	周四 Thursday	逆回购 Repurchase	利率招标 Interest rate bidding	7天 7-day	100	100	2.45
2017.03.23	周四 Thursday	逆回购 Repurchase	利率招标 Interest rate bidding	14天 14-day	100	100	2.6
2017.03.23	周四 Thursday	逆回购 Repurchase	利率招标 Interest rate bidding	28天 28-day	100	100	2.75
2017.04.13	周四 Thursday	逆回购 Repurchase	利率招标 Interest rate bidding	7天 7-day	700	700	2.45
2017.04.13	周四 Thursday	逆回购 Repurchase	利率招标 Interest rate bidding	14天 14-day	200	200	2.6
2017.04.13	周四 Thursday	逆回购 Repurchase	利率招标 Interest rate bidding	28天 28-day	200	200	2.75

中央银行公开市场业务交易
Central bank open market operations

续表

日期 Date		操作工具 Mode of transaction	招标方式 Mode of bidding	期限品种（天） Maturity (Day)	招标数量（亿元） Bidding amount (RMB100 million)	交易量（亿元） Transaction volume (RMB100 million)	中标利率（%） Interest rate of successful bidding(%)
2017.04.14	周五 Friday	逆回购 Repurchase	利率招标 Interest rate bidding	7天 7-day	600	600	2.45
2017.04.14	周五 Friday	逆回购 Repurchase	利率招标 Interest rate bidding	14天 14-day	200	200	2.6
2017.04.14	周五 Friday	逆回购 Repurchase	利率招标 Interest rate bidding	28天 28 day	100	100	2.75
2017.04.18	周二 Tuesday	逆回购 Repurchase	利率招标 Interest rate bidding	7天 7-day	400	400	2.45
2017.04.18	周二 Tuesday	逆回购 Repurchase	利率招标 Interest rate bidding	14天 14-day	200	200	2.6
2017.04.18	周二 Tuesday	逆回购 Repurchase	利率招标 Interest rate bidding	28天 28-day	200	200	2.75
2017.04.19	周三 Wednesday	逆回购 Repurchase	利率招标 Interest rate bidding	7天 7-day	400	400	2.45
2017.04.19	周三 Wednesday	逆回购 Repurchase	利率招标 Interest rate bidding	14天 14-day	200	200	2.6
2017.04.19	周三 Wednesday	逆回购 Repurchase	利率招标 Interest rate bidding	28天 28-day	200	200	2.75
2017.04.20	周四 Thursday	逆回购 Repurchase	利率招标 Interest rate bidding	7天 7-day	700	700	2.45
2017.04.20	周四 Thursday	逆回购 Repurchase	利率招标 Interest rate bidding	14天 14-day	200	200	2.6
2017.04.20	周四 Thursday	逆回购 Repurchase	利率招标 Interest rate bidding	28天 28-day	100	100	2.75
2017.04.21	周五 Friday	逆回购 Repurchase	利率招标 Interest rate bidding	7天 7-day	600	600	2.45
2017.04.21	周五 Friday	逆回购 Repurchase	利率招标 Interest rate bidding	14天 14-day	200	200	2.6
2017.04.21	周五 Friday	逆回购 Repurchase	利率招标 Interest rate bidding	28天 28-day	200	200	2.75
2017.04.24	周一 Monday	逆回购 Repurchase	利率招标 Interest rate bidding	7天 7-day	100	100	2.45
2017.04.24	周一 Monday	逆回购 Repurchase	利率招标 Interest rate bidding	14天 14-day	100	100	2.6
2017.04.24	周一 Monday	逆回购 Repurchase	利率招标 Interest rate bidding	28天 28-day	100	100	2.75

中央银行公开市场业务交易
Central bank open market operations

续表

日期 Date		操作工具 Mode of transaction	招标方式 Mode of bidding	期限品种（天） Maturity (Day)	招标数量（亿元） Bidding amount (RMB100 million)	交易量（亿元） Transaction volume (RMB100 million)	中标利率（%） Interest rate of successful bidding(%)
2017.04.25	周二 Tuesday	逆回购 Repurchase	利率招标 Interest rate bidding	7天 7-day	400	400	2.45
2017.04.25	周二 Tuesday	逆回购 Repurchase	利率招标 Interest rate bidding	14天 14-day	200	200	2.6
2017.04.25	周二 Tuesday	逆回购 Repurchase	利率招标 Interest rate bidding	28天 28-day	200	200	2.75
2017.04.26	周三 Wednesday	逆回购 Repurchase	利率招标 Interest rate bidding	7天 7-day	400	400	2.45
2017.04.26	周三 Wednesday	逆回购 Repurchase	利率招标 Interest rate bidding	14天 14-day	200	200	2.6
2017.04.26	周三 Wednesday	逆回购 Repurchase	利率招标 Interest rate bidding	28天 28-day	200	200	2.75
2017.04.27	周四 Thursday	逆回购 Repurchase	利率招标 Interest rate bidding	7天 7-day	300	300	2.45
2017.04.27	周四 Thursday	逆回购 Repurchase	利率招标 Interest rate bidding	14天 14-day	100	100	2.6
2017.04.27	周四 Thursday	逆回购 Repurchase	利率招标 Interest rate bidding	28天 28-day	100	100	2.75
2017.04.28	周五 Friday	逆回购 Repurchase	利率招标 Interest rate bidding	7天 7-day	400	400	2.45
2017.04.28	周五 Friday	逆回购 Repurchase	利率招标 Interest rate bidding	14天 14-day	200	200	2.6
2017.04.28	周五 Friday	逆回购 Repurchase	利率招标 Interest rate bidding	28天 28-day	200	200	2.75
2017.05.03	周三 Wednesday	逆回购 Repurchase	利率招标 Interest rate bidding	7天 7-day	1 700	1 700	2.45
2017.05.03	周三 Wednesday	逆回购 Repurchase	利率招标 Interest rate bidding	14天 14-day	200	200	2.6
2017.05.03	周三 Wednesday	逆回购 Repurchase	利率招标 Interest rate bidding	28天 28-day	100	100	2.75
2017.05.04	周四 Thursday	逆回购 Repurchase	利率招标 Interest rate bidding	7天 7-day	300	300	2.45
2017.05.04	周四 Thursday	逆回购 Repurchase	利率招标 Interest rate bidding	14天 14-day	100	100	2.6
2017.05.04	周四 Thursday	逆回购 Repurchase	利率招标 Interest rate bidding	28天 28-day	100	100	2.75

中央银行公开市场业务交易
Central bank open market operations

续表

日期 Date		操作工具 Mode of transaction	招标方式 Mode of bidding	期限品种（天） Maturity (Day)	招标数量（亿元） Bidding amount (RMB100 million)	交易量（亿元） Transaction volume (RMB100 million)	中标利率（%） Interest rate of successful bidding(%)
2017.05.10	周三 Wednesday	逆回购 Repurchase	利率招标 Interest rate bidding	7天 7-day	900	900	2.45
2017.05.10	周三 Wednesday	逆回购 Repurchase	利率招标 Interest rate bidding	14天 14-day	100	100	2.6
2017.05.10	周三 Wednesday	逆回购 Repurchase	利率招标 Interest rate bidding	28天 28-day	100	100	2.75
2017.05.11	周四 Thursday	逆回购 Repurchase	利率招标 Interest rate bidding	7天 7-day	600	600	2.45
2017.05.11	周四 Thursday	逆回购 Repurchase	利率招标 Interest rate bidding	14天 14-day	100	100	2.6
2017.05.11	周四 Thursday	逆回购 Repurchase	利率招标 Interest rate bidding	28天 28-day	100	100	2.75
2017.05.16	周二 Tuesday	逆回购 Repurchase	利率招标 Interest rate bidding	7天 7-day	1 500	1 500	2.45
2017.05.16	周二 Tuesday	逆回购 Repurchase	利率招标 Interest rate bidding	14天 14-day	400	400	2.6
2017.05.17	周三 Wednesday	逆回购 Repurchase	利率招标 Interest rate bidding	7天 7-day	1 100	1 100	2.45
2017.05.17	周三 Wednesday	逆回购 Repurchase	利率招标 Interest rate bidding	14天 14-day	300	300	2.6
2017.05.18	周四 Thursday	逆回购 Repurchase	利率招标 Interest rate bidding	7天 7-day	500	500	2.45
2017.05.18	周四 Thursday	逆回购 Repurchase	利率招标 Interest rate bidding	14天 14-day	300	300	2.6
2017.05.22	周一 Monday	逆回购 Repurchase	利率招标 Interest rate bidding	7天 7-day	100	100	2.45
2017.05.22	周一 Monday	逆回购 Repurchase	利率招标 Interest rate bidding	14天 14-day	300	300	2.6
2017.05.23	周二 Tuesday	逆回购 Repurchase	利率招标 Interest rate bidding	7天 7-day	800	800	2.45
2017.05.23	周二 Tuesday	逆回购 Repurchase	利率招标 Interest rate bidding	14天 14-day	600	600	2.6
2017.05.24	周三 Wednesday	逆回购 Repurchase	利率招标 Interest rate bidding	7天 7-day	400	400	2.45
2017.05.24	周三 Wednesday	逆回购 Repurchase	利率招标 Interest rate bidding	14天 14-day	500	500	2.6

中央银行公开市场业务交易
Central bank open market operations

续表

日期 Date		操作工具 Mode of transaction	招标方式 Mode of bidding	期限品种（天） Maturity (Day)	招标数量（亿元） Bidding amount (RMB100 million)	交易量（亿元） Transaction volume (RMB100 million)	中标利率（%） Interest rate of successful bidding(%)
2017.05.25	周四 Thursday	逆回购 Repurchase	利率招标 Interest rate bidding	7天 7-day	600	600	2.45
2017.05.25	周四 Thursday	逆回购 Repurchase	利率招标 Interest rate bidding	14天 14-day	100	100	2.6
2017.05.26	周五 Friday	逆回购 Repurchase	利率招标 Interest rate bidding	7天 7-day	200	200	2.45
2017.05.26	周五 Friday	逆回购 Repurchase	利率招标 Interest rate bidding	14天 14-day	200	200	2.6
2017.05.31	周三 Wednesday	逆回购 Repurchase	利率招标 Interest rate bidding	7天 7-day	1800	1800	2.45
2017.05.31	周三 Wednesday	逆回购 Repurchase	利率招标 Interest rate bidding	14天 14-day	300	300	2.6
2017.06.01	周四 Thursday	逆回购 Repurchase	利率招标 Interest rate bidding	7天 7-day	700	700	2.45
2017.06.01	周四 Thursday	逆回购 Repurchase	利率招标 Interest rate bidding	14天 14-day	300	300	2.6
2017.06.02	周五 Friday	逆回购 Repurchase	利率招标 Interest rate bidding	7天 7-day	300	300	2.45
2017.06.02	周五 Friday	逆回购 Repurchase	利率招标 Interest rate bidding	14天 14-day	200	200	2.6
2017.06.05	周一 Monday	逆回购 Repurchase	利率招标 Interest rate bidding	7天 7-day	400	400	2.45
2017.06.05	周一 Monday	逆回购 Repurchase	利率招标 Interest rate bidding	28天 28-day	300	300	2.75
2017.06.07	周三 Wednesday	逆回购 Repurchase	利率招标 Interest rate bidding	7天 7-day	400	400	2.45
2017.06.07	周三 Wednesday	逆回购 Repurchase	利率招标 Interest rate bidding	14天 14-day	500	500	2.6
2017.06.07	周三 Wednesday	逆回购 Repurchase	利率招标 Interest rate bidding	28天 28-day	900	900	2.75
2017.06.08	周四 Thursday	逆回购 Repurchase	利率招标 Interest rate bidding	7天 7-day	300	300	2.45
2017.06.08	周四 Thursday	逆回购 Repurchase	利率招标 Interest rate bidding	14天 14-day	500	500	2.6
2017.06.08	周四 Thursday	逆回购 Repurchase	利率招标 Interest rate bidding	28天 28-day	700	700	2.75

中央银行公开市场业务交易
Central bank open market operations

续表

日期 Date		操作工具 Mode of transaction	招标方式 Mode of bidding	期限品种（天） Maturity (Day)	招标数量（亿元） Bidding amount (RMB100 million)	交易量（亿元） Transaction volume (RMB100 million)	中标利率（%） Interest rate of successful bidding(%)
2017.06.09	周五 Friday	逆回购 Repurchase	利率招标 Interest rate bidding	7天 7-day	200	200	2.45
2017.06.09	周五 Friday	逆回购 Repurchase	利率招标 Interest rate bidding	14天 14-day	200	200	2.6
2017.06.09	周五 Friday	逆回购 Repurchase	利率招标 Interest rate bidding	28天 28-day	200	200	2.75
2017.06.12	周一 Monday	逆回购 Repurchase	利率招标 Interest rate bidding	7天 7-day	100	100	2.45
2017.06.12	周一 Monday	逆回购 Repurchase	利率招标 Interest rate bidding	28天 28-day	300	300	2.75
2017.06.13	周二 Tuesday	逆回购 Repurchase	利率招标 Interest rate bidding	7天 7-day	100	100	2.45
2017.06.13	周二 Tuesday	逆回购 Repurchase	利率招标 Interest rate bidding	28天 28-day	400	400	2.75
2017.06.14	周三 Wednesday	逆回购 Repurchase	利率招标 Interest rate bidding	7天 7-day	300	300	2.45
2017.06.14	周三 Wednesday	逆回购 Repurchase	利率招标 Interest rate bidding	14天 14-day	100	100	2.6
2017.06.14	周三 Wednesday	逆回购 Repurchase	利率招标 Interest rate bidding	28天 28-day	500	500	2.75
2017.06.15	周四 Thursday	逆回购 Repurchase	利率招标 Interest rate bidding	7天 7-day	500	500	2.45
2017.06.15	周四 Thursday	逆回购 Repurchase	利率招标 Interest rate bidding	14天 14-day	400	400	2.6
2017.06.15	周四 Thursday	逆回购 Repurchase	利率招标 Interest rate bidding	28天 28-day	600	600	2.75
2017.06.16	周五 Friday	逆回购 Repurchase	利率招标 Interest rate bidding	7天 7-day	300	300	2.45
2017.06.16	周五 Friday	逆回购 Repurchase	利率招标 Interest rate bidding	14天 14-day	1 600	1 600	2.6
2017.06.16	周五 Friday	逆回购 Repurchase	利率招标 Interest rate bidding	28天 28-day	1 000	1 000	2.75
2017.06.19	周一 Monday	逆回购 Repurchase	利率招标 Interest rate bidding	7天 7-day	500	500	2.45
2017.06.19	周一 Monday	逆回购 Repurchase	利率招标 Interest rate bidding	14天 14-day	400	400	2.6

中央银行公开市场业务交易
Central bank open market operations

续表

日期 Date		操作工具 Mode of transaction	招标方式 Mode of bidding	期限品种（天）Maturity (Day)	招标数量（亿元）Bidding amount (RMB100 million)	交易量（亿元）Transaction volume (RMB100 million)	中标利率（%）Interest rate of successful bidding(%)
2017.06.19	周一 Monday	逆回购 Repurchase	利率招标 Interest rate bidding	28天 28-day	300	300	2.75
2017.06.20	周二 Tuesday	逆回购 Repurchase	利率招标 Interest rate bidding	7天 7-day	100	100	2.45
2017.06.21	周三 Wednesday	逆回购 Repurchase	利率招标 Interest rate bidding	7天 7-day	400	400	2.45
2017.06.22	周四 Thursday	逆回购 Repurchase	利率招标 Interest rate bidding	7天 7-day	200	200	2.45

附录四 世界主要经济体经济和金融指标
Appendix 4 Economic and Financial Indicators of Major Economies

一、经济增长率
1. Economic Growth Rate

世界经济增长率

World economic growth rate

单位：% Unit: %

		2014	2015	2016	2017年4月预计 Projection in April,2017		2017年7月预计 Projection in July , 2017	
					2017	2018	2017	2018
国际货币基金组织 IMF	按购买力平价方法计算的实际GDP增长率 Real GDP growth rate based on PPP	3.4	3.4	3.1	3.5	3.6	3.5	3.6
	按市场汇率法计算的实际GDP增长率 Real GDP growth rate based on market exchange rate	2.7	2.6	2.4	2.9	3.0	2.9	3.0
世界银行 World Bank	按2005年不变价及市场汇率法计算的实际GDP增长率 Real GDP growth rate based on 2005 constant price and market exchange rate	2.8	2.7	2.4	—	—	2.7	2.9

数据来源：国际货币基金组织《世界经济展望更新》（2017年7月），世界银行《全球经济展望》（2017年6月）。

Sources: *World Economic Outlook Update*, IMF, July, 2017; *Global Economic Prospects Forecast*, The World Bank, June, 2017.

世界经济增长率

World economic growth rate

单位：% Unit: %

年 Year	国际货币基金组织按购买力平价方法计算的实际GDP增长率 Real GDP growth rate based on PPP (IMF)	国际货币基金组织按市场汇率法计算的实际GDP增长率 Real GDP growth rate based on market exchange rate (IMF)
1985	3.6	3.6
1986	3.5	3.3
1987	3.7	3.5
1988	4.5	4.5
1989	3.7	3.7
1990	2.9	2.8
1991	1.5	1.0
1992	2.0	1.2
1993	2.0	1.2
1994	3.4	3.0
1995	3.3	2.9
1996	3.7	3.2
1997	4.0	3.5
1998	2.5	2.1
1999	3.5	3.1
2000	4.7	4.1
2001	2.2	1.5
2002	2.8	1.9
2003	3.6	2.6
2004	4.9	4.0
2005	4.4	3.4
2006	5.1	3.9
2007	5.2	3.7
2008	3.0	1.8
2009	-0.7	-2.3
2010	5.1	4.1
2011	3.9	2.9
2012	3.4	2.4
2013	3.4	2.5
2014	3.4	2.7
2015	3.4	2.6
2016	3.1	2.4
2017*	3.5	2.9
2018*	3.6	3.0

注：*为预测数。

Note: * Projection.

世界经济增长

World economic growth

国际货币基金组织按购买力平价方法计算的实际GDP增长率 Real GDP growth rate based on PPP (IMF)

国际货币基金组织按市场汇率法计算的实际GDP增长率 Real GDP growth rate based on market exchange rate (IMF)

注：*为预测数。

Note: * Projection.

GDP年度增长率
Annual growth rate of GDP

单位：% Unit: %

年 Year	美国 U.S.	日本 Japan	欧元区 Euro Area	英国 U.K.
2002	1.6	0.3	0.9	2.1
2003	2.5	1.4	0.8	2.8
2004	3.6	2.7	2.1	3.3
2005	2.9	1.9	1.6	1.8
2006	2.8	2.4	2.8	2.8
2007	2.1	2.3	2.7	2.6
2008	0.0	-1.2	0.5	-0.1
2009	-3.5	-6.3	-4.3	-4.9
2010	2.4	4.5	2.0	1.8
2011	1.8	-0.6	1.5	1.1
2012	2.3	1.5	-0.7	0.3
2013	2.2	1.6	-0.4	1.7
2014	2.4	0.0	0.9	2.9
2015	2.6	1.1	2.0	2.2
2016*	1.6	1.0	1.8	1.8
2017*	2.1	1.3	1.9	1.7
2018*	2.1	0.6	1.7	1.5

注：*为预测数。日本当局于2016年12月对历史国民账户数据进行了修订，将国民经济账户体系由1993年版调整至2008年版，基准年度由2005年调整至2011年。本表中日本2015年以后的数据体现了这一变化。

Note:*Projection.Japan's historical national accounts figures reflect a comprehensive revision by the national authorities, released in December 2016.The main revisions are the switch from the System of National Accounts 1993 to the System of National Accounts 2008 and the updating of the benchmark year from 2005 to 2011.The data of Japan in this table reflect this revision since 2015.

GDP季度同比增长率
Year-on-year growth rate of GDP

单位：% Unit: %

年/季 Year/Quarter	美国 U.S.	日本 Japan	欧元区 Euro Area	英国 U.K.
2013Q3	3.1	2.8	-0.3	1.9
2013Q4	4.0	2.7	0.5	2.6
2014Q1	-0.9	3.1	0.9	2.8
2014Q2	4.6	-0.3	0.8	3.1
2014Q3	5.2	-1.1	0.8	3.0
2014Q4	2.0	-0.3	0.9	3.3
2015Q1	3.2	-0.2	1.2	2.7
2015Q2	2.7	1.7	1.6	2.5
2015Q3	1.6	2.0	1.6	2.1
2015Q4	0.5	0.9	1.7	2.1
2016Q1	0.6	0.5	1.7	1.9
2016Q2	2.2	0.9	1.7	1.8
2016Q3	2.8	1.1	1.7	1.8
2016Q4	1.8	1.7	1.9	1.6
2017Q1	1.2	1.5	2.0	1.8
2017Q2	3.1	1.4	2.3	1.5

GDP年度增长率
Annual growth rate of GDP

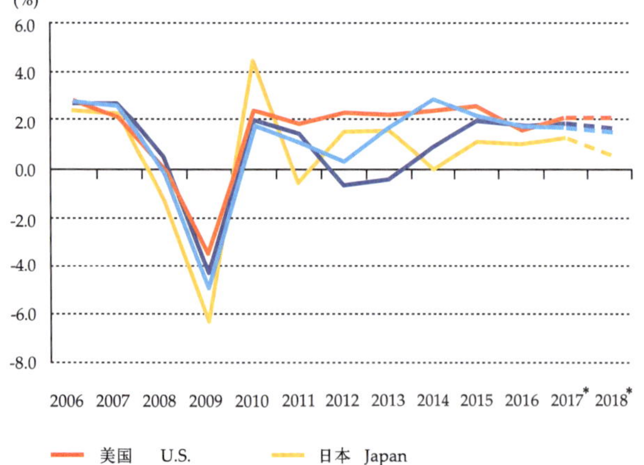

注：＊为预测数。
Note: ＊Projection.
数据来源：国际货币基金组织《世界经济展望更新》(2017年7月)。
Source: *World Economic Outlook Update*, IMF, July, 2017.

GDP季度同比增长率
Year-on-year growth rate of GDP

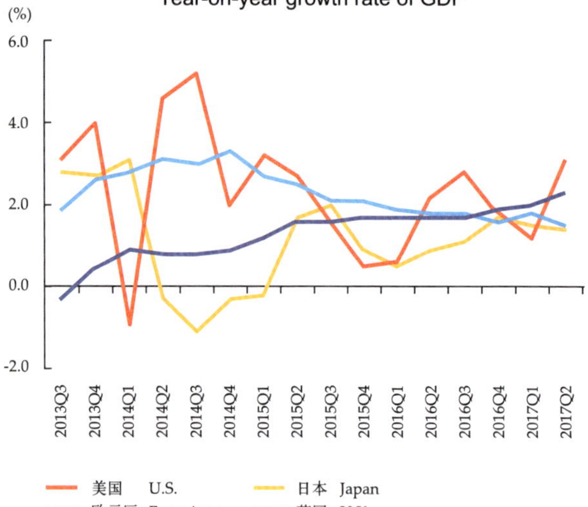

注：美国GDP增长率为环比折年率季节调整后的数据，折年率方法为$[(GDP_1/GDP_0)^4-1]\times100$。

Note: The U.S. GDP growth rate is an annualized rate after a seasonal adjustment. It can be written as $[(GDP_1/GDP_0)^4-1]\times100$.

数据来源：各经济体官方统计网站。

Source: Official statistical websites of the economies.

二、消费价格指数
2. CPI

消费价格当月同比指数
Monthly CPI (YOY)

单位：% Unit: %

年/月 Year/Month	美国 U.S.	日本 Japan	欧元区 Euro Area	英国 U.K.
2016.04	1.1	-0.3	-0.2	0.7
2016.05	1.1	-0.5	-0.1	0.7
2016.06	1.0	-0.4	0.1	0.8
2016.07	0.9	-0.4	0.2	0.9
2016.08	1.1	-0.5	0.2	1.0
2016.09	1.5	-0.5	0.4	1.3
2016.10	1.6	0.1	0.5	1.3
2016.11	1.7	0.5	0.6	1.5
2016.12	2.1	0.3	1.1	1.8
2017.01	2.5	0.4	1.8	1.9
2017.02	2.7	0.3	2.0	2.3
2017.03	2.4	0.2	1.5	2.3
2017.04	2.2	0.4	1.9	2.6
2017.05	1.9	0.4	1.4	2.7
2017.06	1.6	0.4	1.3	2.6

数据来源：各经济体官方统计网站。
Source: Official statistical websites of the economies.

三、失业率
3. Unemployment Rate

失业率（季节调整后）
Unemployment rate
(after seasonal adjustment)

单位：% Unit: %

年/月 Year/Month	美国 U.S.	日本 Japan	欧元区 Euro Area	英国 U.K.
2016.04	5.0	3.2	10.2	4.9
2016.05	4.7	3.2	10.1	4.9
2016.06	4.9	3.1	10.1	4.9
2016.07	4.9	3.0	10.0	5.0
2016.08	4.9	3.1	10.0	4.8
2016.09	5.0	3.0	9.9	4.8
2016.10	4.9	3.0	9.8	4.8
2016.11	4.6	3.1	9.7	4.8
2016.12	4.7	3.1	9.6	4.7
2017.01	4.8	3.0	9.6	4.7
2017.02	4.7	2.8	9.5	4.6
2017.03	4.5	2.8	9.4	4.6
2017.04	4.4	2.8	9.2	4.5
2017.05	4.3	3.1	9.2	4.4
2017.06	4.4	2.8	9.1	4.3

数据来源：各经济体官方统计网站。
Source: Official statistical websites of the economies.

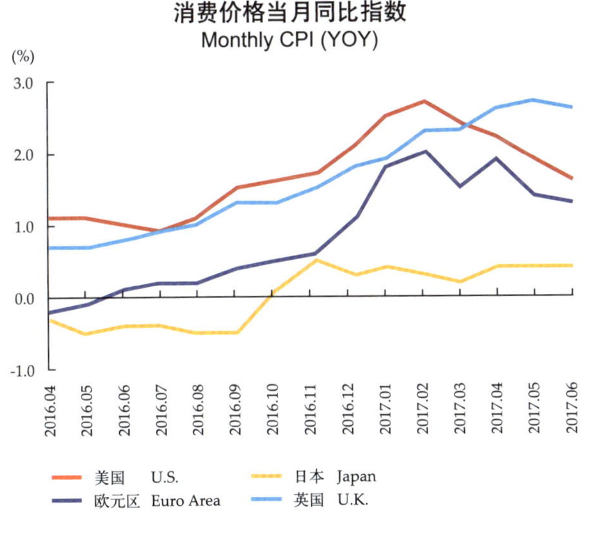

数据来源：各经济体官方统计网站。
Source: Official statistical websites of the economies.

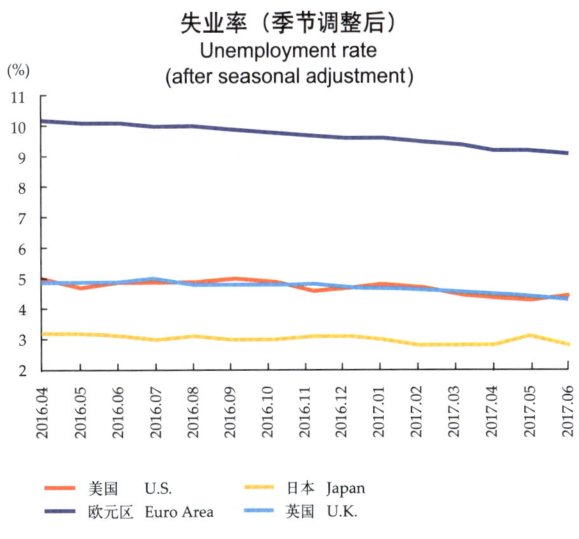

数据来源：各经济体官方统计网站。
Source: Official statistical websites of the economies.

四、国际收支①
4. BOP[1]

经常项目差额
Current account balance

单位：10亿美元
Unit: USD1 billion

年/季 Year/Quarter	美国 U.S.	日本 Japan	欧元区 Euro Area	英国 U.K.
2012Q2	-126.48	13.13	35.76	-27.63
2012Q3	-129.48	20.04	56.91	-26.70
2012Q4	-102.98	0.13	81.68	-21.76
2013Q1	-81.02	17.15	38.03	-24.32
2013Q2	-113.09	17.51	79.02	-10.84
2013Q3	-111.72	16.33	68.84	-45.91
2013Q4	-80.71	-14.26	119.52	-37.92
2014Q1	-73.16	-8.44	43.51	-33.15
2014Q2	-99.33	8.67	56.31	-27.78
2014Q3	-115.33	18.79	102.64	-49.61
2014Q4	-107.07	13.14	125.36	-36.34
2015Q1	-92.14	36.73	62.18	-29.96
2015Q2	-119.19	30.66	75.03	-23.29
2015Q3	-129.21	40.16	110.78	-34.38
2015Q4	-104.81	25.89	119.29	-34.94
2016Q1	-98.89	51.35	75.62	-35.45
2016Q2	-114.89	42.06	113.90	-27.88
2016Q3	-126.03	56.39	114.92	-39.70
2016Q4	-111.88	37.46	108.39	-12.50
2017Q1	-93.45	52.54	74.29	-20.55

资本项目差额
Capital account balance

单位：10亿美元
Unit: USD1 billion

年/季 Year/Quarter	美国 U.S.	日本 Japan	欧元区 Euro Area	英国 U.K.
2012Q2	-0.24	0.28	1.46	1.64
2012Q3	-0.47	-1.51	4.17	1.71
2012Q4	7.67	-0.54	10.51	1.65
2013Q1	-0.04	-2.49	2.62	1.58
2013Q2	-0.23	-3.52	7.09	2.47
2013Q3	-0.15	-1.12	5.79	0.04
2013Q4	0.00	-0.54	12.40	-0.93
2014Q1	-0.04	-0.59	7.79	-0.30
2014Q2	0.00	-0.38	5.36	-0.36
2014Q3	0.00	-0.65	5.01	-0.45
2014Q4	0.00	-0.28	6.95	-0.51
2015Q1	-0.02	-1.11	1.10	0.11
2015Q2	-0.02	-0.22	-30.17	-0.43
2015Q3	0.00	-0.53	5.53	-0.41
2015Q4	0.00	-0.39	9.60	-0.97
2016Q1	-0.06	-4.86	-2.21	0.68
2016Q2	0.00	0.03	-0.96	-0.38
2016Q3	0.00	-0.84	1.21	-0.77
2016Q4	0.00	-0.91	-0.50	-1.97
2017Q1	0.00	-0.59	-16.59	-0.18

经常项目差额
Current account balance

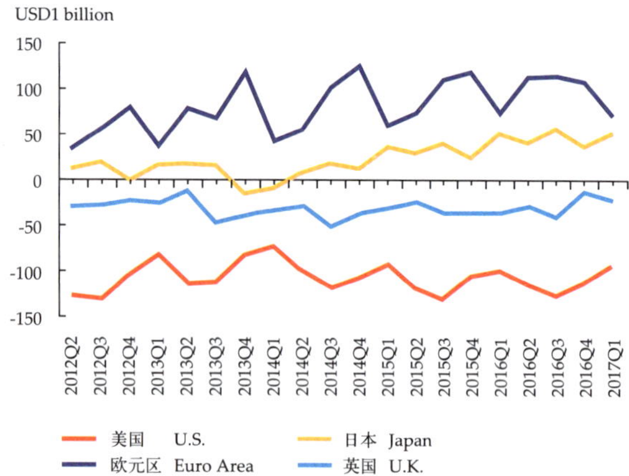

数据来源：国际货币基金组织《国际金融统计》(2017年8月)。
Source: *International Finance Statistics*, IMF, August, 2017.

资本项目差额
Capital account balance

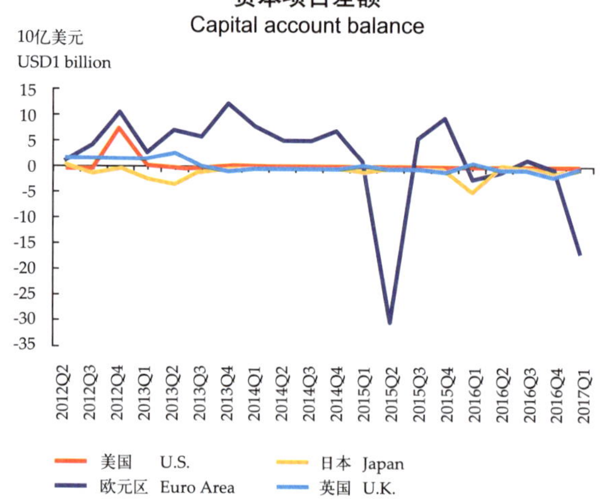

数据来源：国际货币基金组织《国际金融统计》(2017年8月)。
Source: *International Finance Statistics*, IMF, August, 2017.

①国际货币基金组织《国际金融统计》自2012年8月起，将国际收支统计规则由BPM5调整至BPM6。数据从2005年起调整。根据BMP6，金融账户由“贷方和借方”改为“金融资产净获得和负债净产生”，金融账户的总差额为净贷款/净借款。净贷款表示，考虑了金融资产的取得和处置以及负债的发生和偿还后，一个经济体向世界其他地方提供资金。

1. The IMF's *International Financial Statistics* (IFS) is publishing balance of payments data on BPM6 presentational basis instead of BPM5 since August, 2012.The data series starts in 2005. In BPM6, the headings of the financial account have been changed from "credit and debits" to "net acquisition of financial assets" and "net incurrence of liabilities". The overall balance on the financial account is called net lending/net borrowing. Net lending means the economy supplies funds to the rest of the world, taking into account acquisition and disposal of financial assets and incurrence and repayment of liabilities.

金融项目差额
Financial account balance

单位：10亿美元
Unit: USD1 billion

年/季 Year/Quarter	美国 U.S.	日本 Japan	欧元区 Euro Area	英国 U.K.
2012Q2	-31.11	36.86	29.19	-44.94
2012Q3	7.29	28.32	62.35	-26.40
2012Q4	-161.23	-4.44	136.43	-36.98
2013Q1	-60.18	-4.35	38.10	-16.21
2013Q2	-78.35	-26.88	94.10	-0.76
2013Q3	-122.19	9.08	72.84	-47.85
2013Q4	-211.98	-30.51	140.11	-43.68
2014Q1	-108.47	-19.98	98.12	-33.14
2014Q2	-45.61	22.08	108.28	-43.75
2014Q3	-15.90	29.61	135.71	-57.32
2014Q4	-43.81	15.80	116.82	-55.55
2015Q1	-20.20	53.02	-68.52	-63.60
2015Q2	-96.39	34.47	92.49	-15.66
2015Q3	-27.03	43.76	102.77	-22.40
2015Q4	-46.03	34.83	136.30	-32.78
2016Q1	-73.52	77.87	58.25	-15.07
2016Q2	-35.43	65.33	94.25	-32.97
2016Q3	-164.24	103.69	136.64	-39.29
2016Q4	-106.59	23.83	82.38	-64.33
2017Q1	-101.77	35.88	57.24	-19.11

金融项目差额
Financial account balance

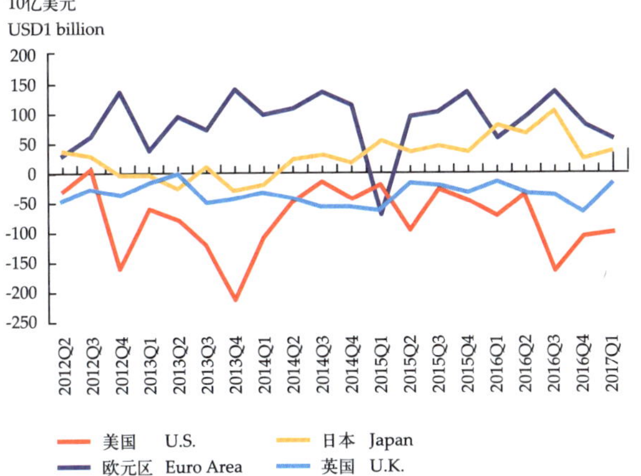

数据来源：国际货币基金组织《国际金融统计》(2017年8月)。
Source: *International Finance Statistics*, IMF, August, 2017.

五、利率
5. Interest Rates

1. 中央银行目标利率
(1) Central bank base rates

中央银行目标利率
Central bank base rates

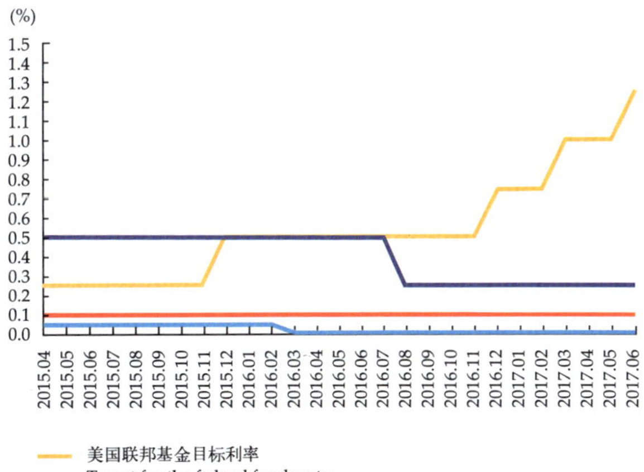

注：2016年1月29日，日本央行宣布实施负利率政策，商业银行存放在日本央行的超额准备金存款利率降至-0.1%，目前仍维持在-0.1%的水平。
Note: On January 29, 2016, Bank of Japan decided to introduce negative interest rate of minus 0.1 percent to current accounts that financial institutions hold at the Bank. Up to now it has remained unchanged.
数据来源：各经济体中央银行网站。
Source: Central bank websites of the economies.

2.短期利率
(2) Short-term interest rates

3个月期银行间市场拆借利率
（年率，月平均）
3-month inter-bank rate (annualized, monthly average)

单位：% Unit: %

年/月 Year/Month	美元 USD	日元 JPY	欧元 EUR	英镑 GBP
2016.04	0.63	-0.02	-0.25	0.56
2016.05	0.64	-0.03	-0.26	0.56
2016.06	0.65	-0.03	-0.27	0.56
2016.07	0.70	-0.03	-0.29	0.54
2016.08	0.81	-0.02	-0.30	0.47
2016.09	0.85	-0.03	-0.30	0.36
2016.10	0.88	-0.02	-0.31	0.37
2016.11	0.91	-0.06	-0.31	0.38
2016.12	0.98	-0.04	-0.32	0.38
2017.01	1.03	-0.02	-0.33	0.35
2017.02	1.04	-0.01	-0.33	0.34
2017.03	1.13	0.00	-0.33	0.33
2017.04	1.16	0.02	-0.33	0.33
2017.05	1.19	-0.01	-0.33	0.33
2017.06	1.26	-0.01	-0.33	0.32

3.长期利率
(3) Long-term interest rates

10年期国债收益率（年率，月平均）
10-year government bond yield
(annualized, monthly average)

单位：% Unit: %

年/月 Year/Month	美元 USD	日元 JPY	欧元 EUR	英镑 GBP
2016.04	1.81	-0.09	0.96	1.57
2016.05	1.81	-0.10	0.97	1.54
2016.06	1.64	-0.16	0.88	1.31
2016.07	1.50	-0.26	0.62	0.96
2016.08	1.56	-0.08	0.61	0.74
2016.09	1.63	-0.05	0.74	0.82
2016.10	1.76	-0.06	0.78	1.08
2016.11	2.14	-0.01	1.23	1.38
2016.12	2.49	0.05	1.29	1.43
2017.01	2.43	0.06	1.31	1.42
2017.02	2.42	0.09	1.45	1.31
2017.03	2.48	0.07	1.46	1.19
2017.04	2.30	0.03	1.26	1.08
2017.05	2.30	0.04	1.18	1.12
2017.06	2.19	0.05	1.07	1.08

3个月期银行间市场拆借利率（年率，月平均）
3-month inter-bank rate
(annualized, monthly average)

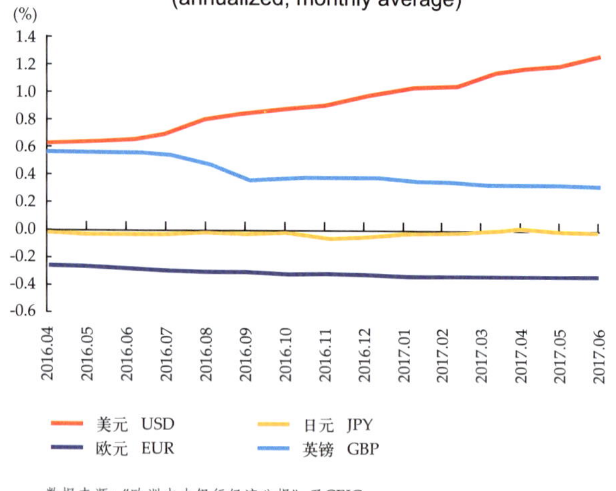

数据来源：《欧洲中央银行经济公报》及CEIC。
Source: *Economic Bulletin of ECB*, CEIC.

10年期国债收益率（年率，月平均）
10-year government bond yield
(annualized, monthly average)

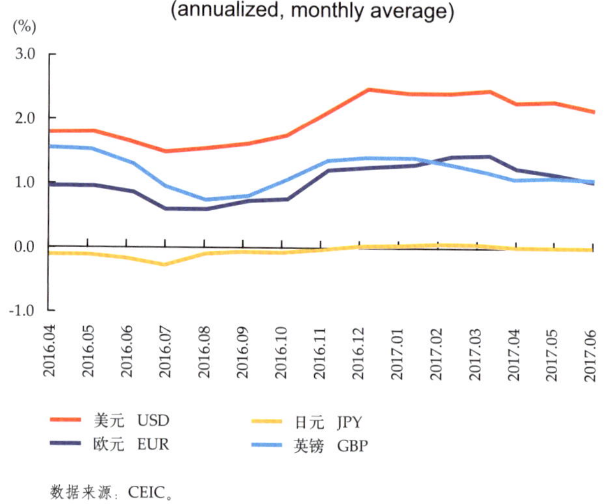

数据来源：CEIC。
Source: CEIC.

六、汇率
6. Exchange Rates

汇率（月平均）
Exchange rates (monthly average)

年/月 Year/Month	美元/欧元 USD/EUR	美元/英镑 USD/GBP	日元/美元 JPY/USD
2016.04	1.1339	1.4312	109.97
2016.05	1.1311	1.4524	109.06
2016.06	1.1229	1.4215	105.49
2016.07	1.1069	1.3151	103.97
2016.08	1.1212	1.3116	101.27
2016.09	1.1212	1.3141	101.94
2016.10	1.1026	1.2344	103.82
2016.11	1.0799	1.2433	107.62
2016.12	1.0543	1.2501	115.90
2017.01	1.0614	1.2345	114.75
2017.02	1.0643	1.2485	113.07
2017.03	1.0799	1.2433	107.62
2017.04	1.0543	1.2501	115.90
2017.05	1.0614	1.2345	114.75
2017.06	1.0643	1.2485	113.07

实际有效汇率（月平均，2010年=100）
Real effective exchange rates (monthly average, year 2010=100)

年/月 Year/Month	美元 USD	欧元 EUR	日元 JPY	英镑 GBP
2016.04	114.4	91.9	77.2	112.9
2016.05	115.3	82.2	78.3	115.2
2016.06	115.6	91.6	81.2	113.6
2016.07	116.2	91.4	82.5	106.4
2016.08	115.1	91.9	84.0	105.1
2016.09	116.1	92.0	83.5	105.4
2016.10	117.6	91.9	83.2	100.3
2016.11	120.4	91.3	81.4	103.1
2016.12	123.1	90.6	76.1	106.0
2017.01	122.9	91.1	76.5	103.9
2017.02	121.4	90.2	76.7	105.1
2017.03	120.5	90.4	76.6	104.0
2017.04	119.4	90.1	78.3	106.4
2017.05	118.4	92.0	76.2	107.2
2017.06	116.7	92.9	76.5	105.2

汇率(月平均)
Exchange rates (monthly average)

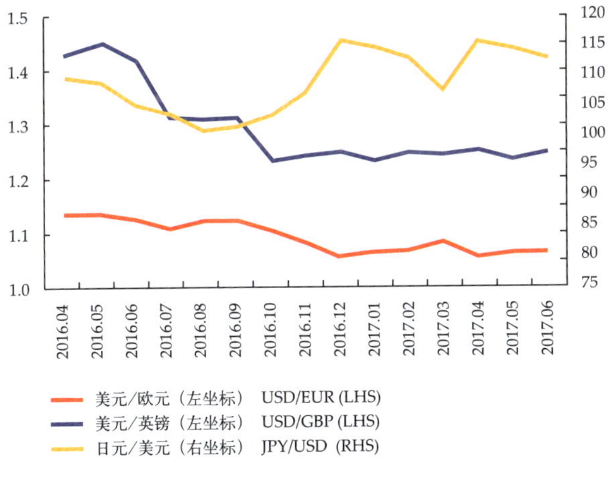

数据来源：国际货币基金组织《国际金融统计》(2017年8月)。
Source: *International Finance Statistics*, IMF, August, 2017.

实际有效汇率（月平均，2010年=100）
Real effective exchange rates (monthly average, year 2010=100)

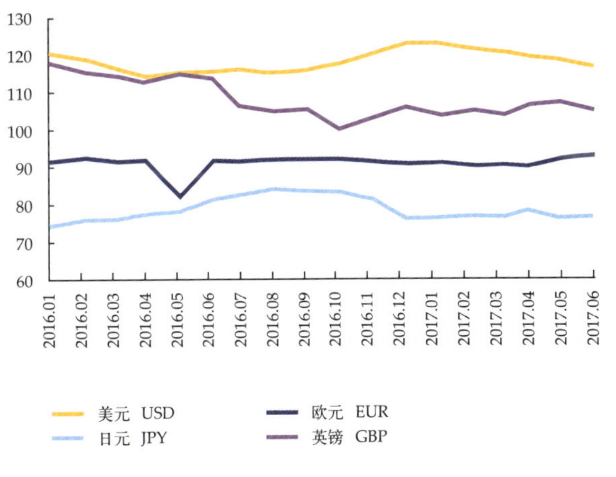

数据来源：国际货币基金组织《国际金融统计》(2017年8月)。
Source: *International Finance Statistics*, IMF, August, 2017.

七、股票市场指数
7. Stock Market Indices

主要股票市场指数（期末）
Major stock market indices (end-period)

年/月 Year/Month	美国道琼斯30种股票平均价格指数 Dow Jones 30	纳斯达克综合指数 NASDAQ	日本日经225种股票平均价格指数 Nikkei 225	道琼斯欧元区STOXX50股票指数 Dow Jones EURO STOXX 50
2016.04	17 774	4 775	16 666	3 028
2016.05	17 787	4 948	17 235	3 063
2016.06	17 930	4 843	15 576	2 865
2016.07	18 432	5 162	16 569	2 991
2016.08	18 401	5 213	16 888	3 023
2016.09	18 308	5 312	16 450	3 002
2016.10	18 142	5 189	17 425	3 055
2016.11	19 124	5 324	18 308	3 052
2016.12	19 763	5 383	19 114	3 291
2017.01	19 864	5 615	19 041	3 231
2017.02	20 812	5 825	19 119	3 320
2017.03	20 663	5 912	18 909	3 501
2017.04	20 941	6 048	19 197	3 560
2017.05	21 009	6 199	19 651	3 555
2017.06	21 350	6 140	20 033	3 442

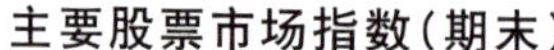

主要股票市场指数（期末）
Major stock market indices (end-period)

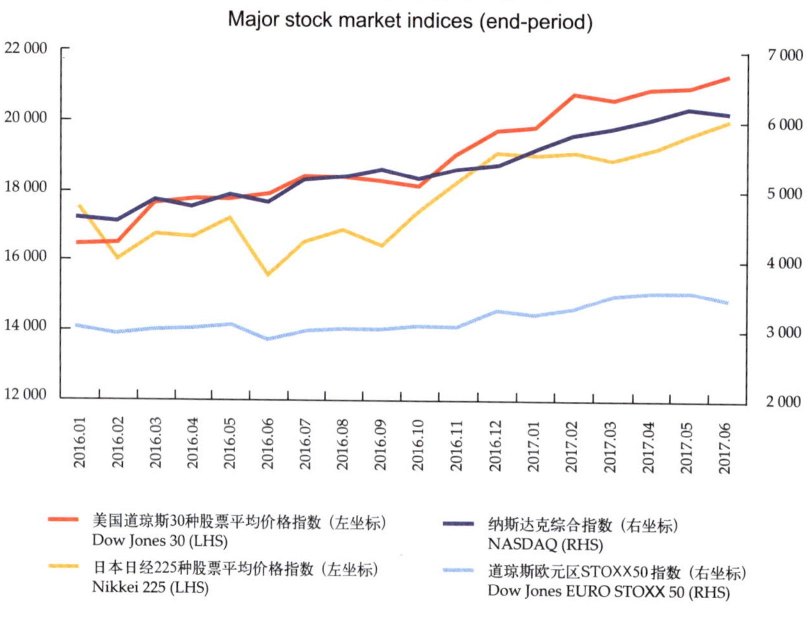